王国维未刊来往书信集

（修订版）

马奔腾 整理

清华大学出版社
北京

内容简介

本书收录王国维未刊来往书信近五百封，主要包括王国维致其子王潜明的信，以及梁启超、胡适、沈兼士、顾颉刚、梁漱溟、内藤湖南等国内外六十余人致王国维的信。信件内容丰富，涉及学术、社会生活、个人情感等诸多方面。作为新发掘的重要史料，信件所蕴含的大量信息，不仅有助于推进对王国维等一批著名历史人物的研究，也可以补充和深化对特定历史阶段社会及人文状况的认知，具有不可替代的文献价值。

图书在版编目(CIP)数据

王国维未刊来往书信集/马奔腾整理. —2版(修订版). —北京：清华大学出版社，2024.1

ISBN 978-7-302-65138-3

Ⅰ. ①王…　Ⅱ. ①马…　Ⅲ. ①王国维(1877—1927)－书信集　Ⅳ. ①K825.4

中国国家版本馆CIP数据核字(2023)第244911号

责任编辑：马庆洲
封面设计：曲晓华
责任校对：王淑云
责任印制：杨　艳

出版发行：清华大学出版社
网　　址：https://www.tup.com.cn，https://www.wqxuetang.com
地　　址：北京清华大学学研大厦A座　**邮　　编**：100084
社 总 机：010-83470000　**邮　　购**：010-62786544
投稿与读者服务：010-62776969，c-service@tup.tsinghua.edu.cn
质量反馈：010-62772015，zhiliang@tup.tsinghua.edu.cn
印 装 者：三河市东方印刷有限公司
经　　销：全国新华书店
开　　本：155mm×230mm　**印　张**：19　**插　页**：5　**字　数**：302千字
版　　次：2010年11月第1版　2024年1月第2版　**印　次**：2024年1月第1次印刷
定　　价：99.00元

产品编号：101066-01

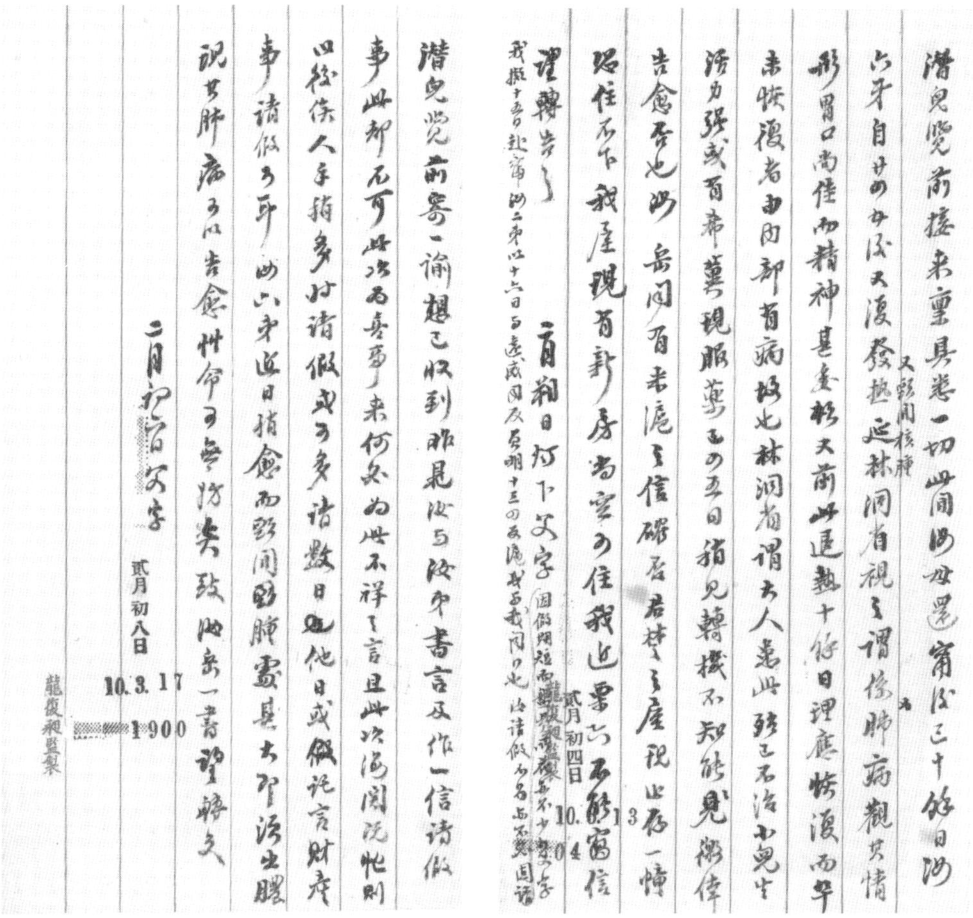

王静安先生家书

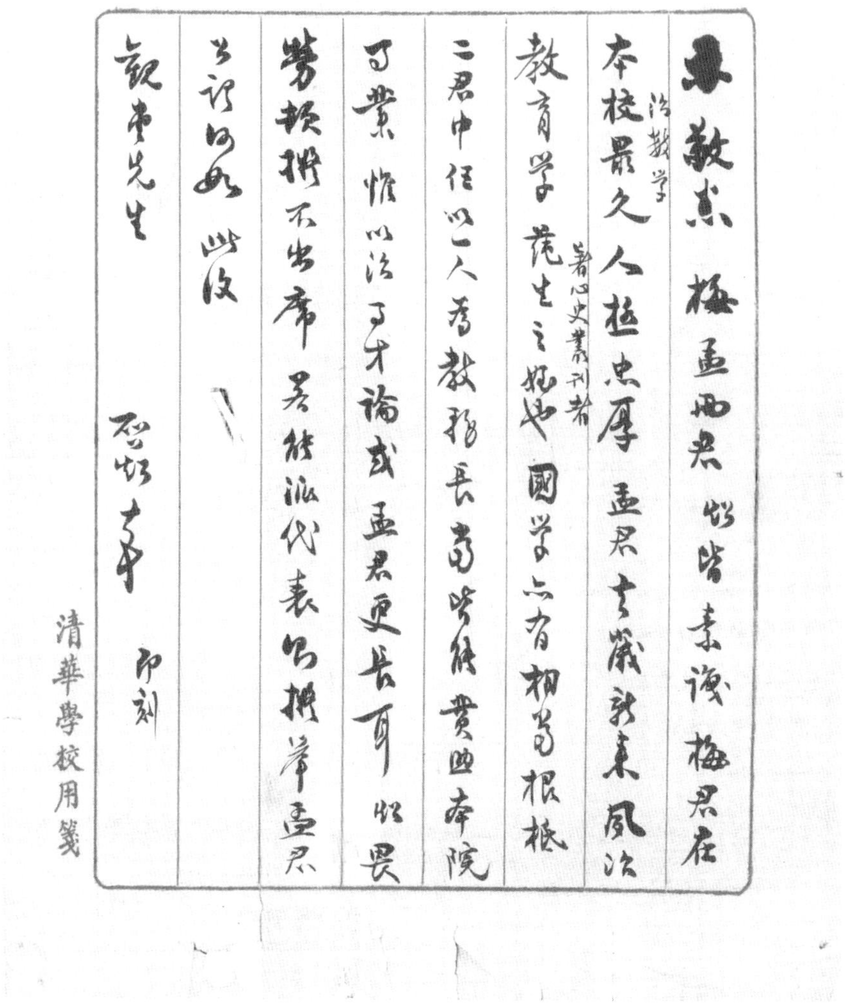

梁启超致王国维信

沈兼士致王国维信

静安先生大鉴：昨读致叔平先生书，敬悉
壹切。大著五代监本考收到时，当由本期
国学季刊尽出，并检上研究所国学门章
程四纸，由叔平先生转寄，祈察入为荷。
北京教育经费风潮现在已将告一段落，阳十
月初当可开学。
先生如有研究题目须提出者，请便掷下，不
胜盼祷之至。敬候
撰安
沈兼士谨上

狩野直喜致王国维信

静安先生有道：客岁奉别后，未能修书
问候，抱歉何似。敬审
道履安泰，为慰为颂。爰接
华翰，并荷
惠贶大箸三种，谢谢甚甚。直喜尤短于史学，
安足评
先生之书，但觉辨晰疑似，补正脱漏，考据之
密，远出洪李诸人上矣，莫任佩服。已将副
册转致湖南矣。桑原则下春病于大学医
院，拟待其少闲传达
雅意。彼病与湖南前年疾患同，但较轻，医
言内科已足，不必施手术，预易
劳尊怀耳。兹敬表谢忱，此颂
道安，伏惟
亮照不备。
弟 狩野直喜顿首
四月二十日

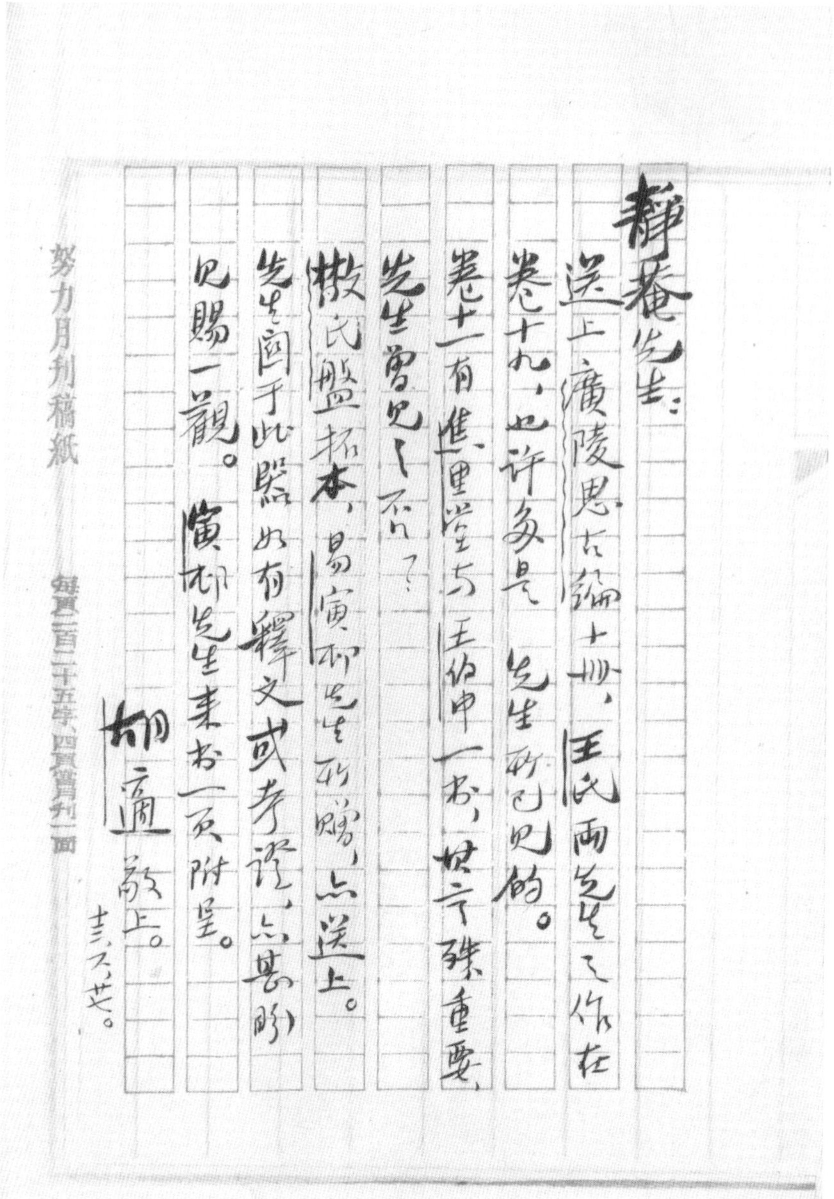

努力月刊稿紙
每頁二百二十五字、四頁當月刊一面

靜庵先生：

送上廣陵思古編十冊。汪氏兩先生之作在卷十九，也許多是先生所已見的。卷十一有焦里堂與王伯申一書，其言殊重要，先生曾見了否？

散氏盤拓本，易寅村先生所贈，亦送上。先生向于此器如有釋文或考證，亦甚盼見賜一觀。寅村先生來書一頁附呈。

胡適敬上。

十三，八，廿。

胡适致王国维信

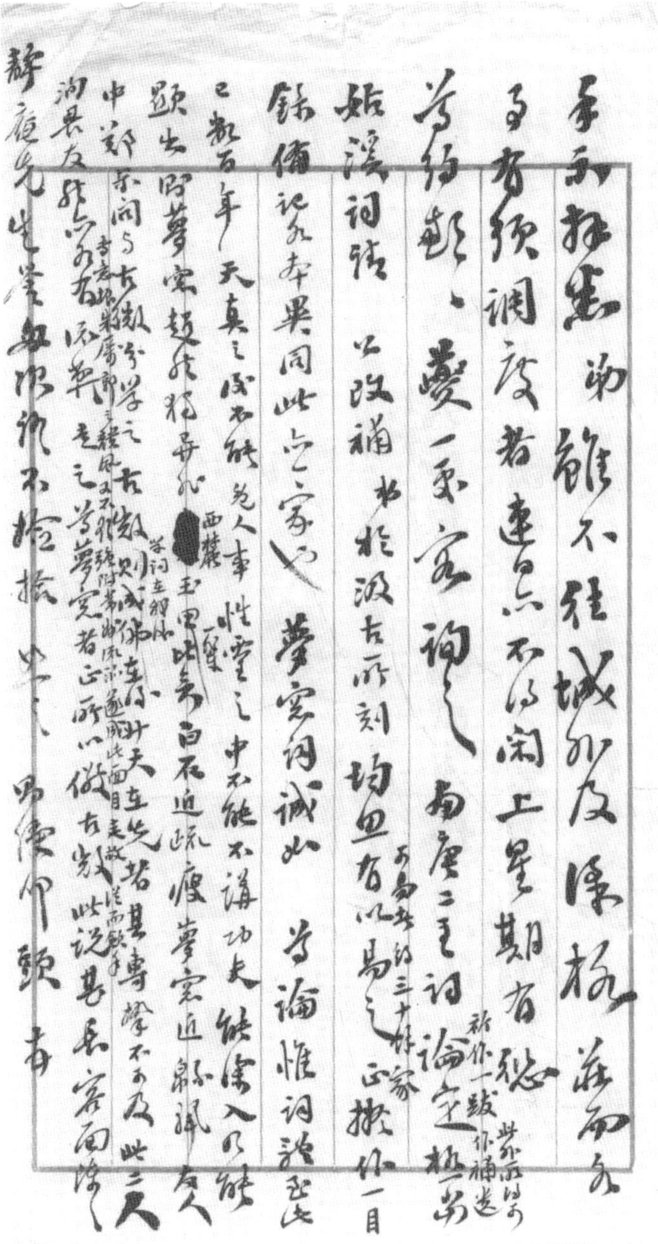

吴昌绶致王国维信

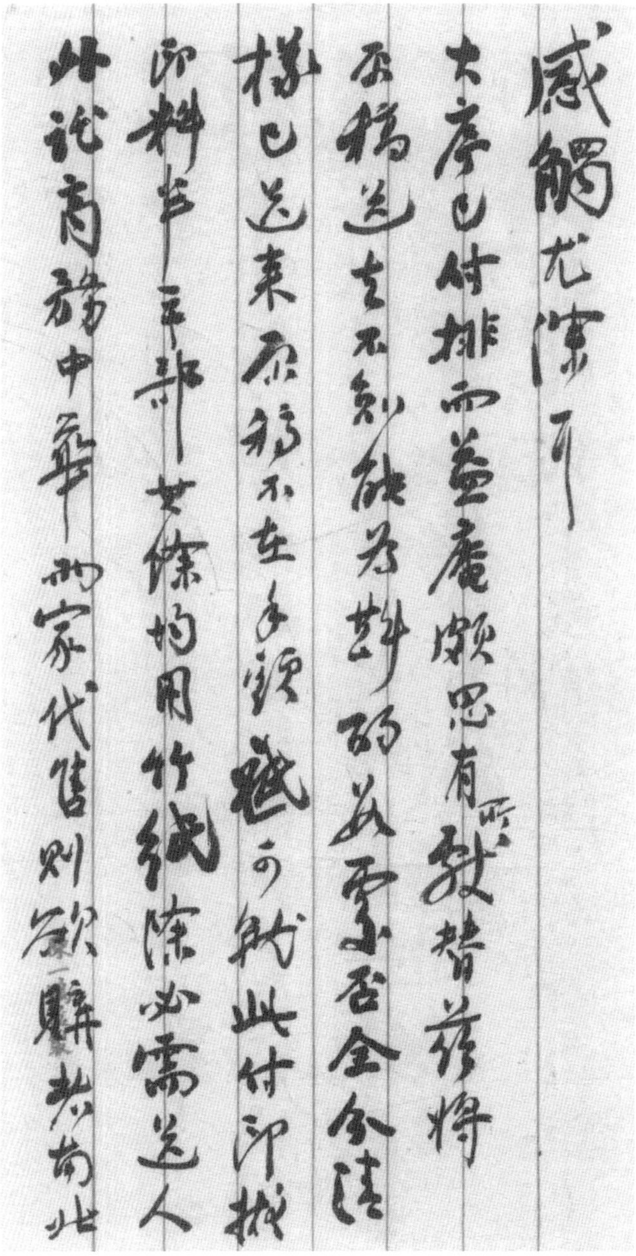

蒋汝藻致王国维信

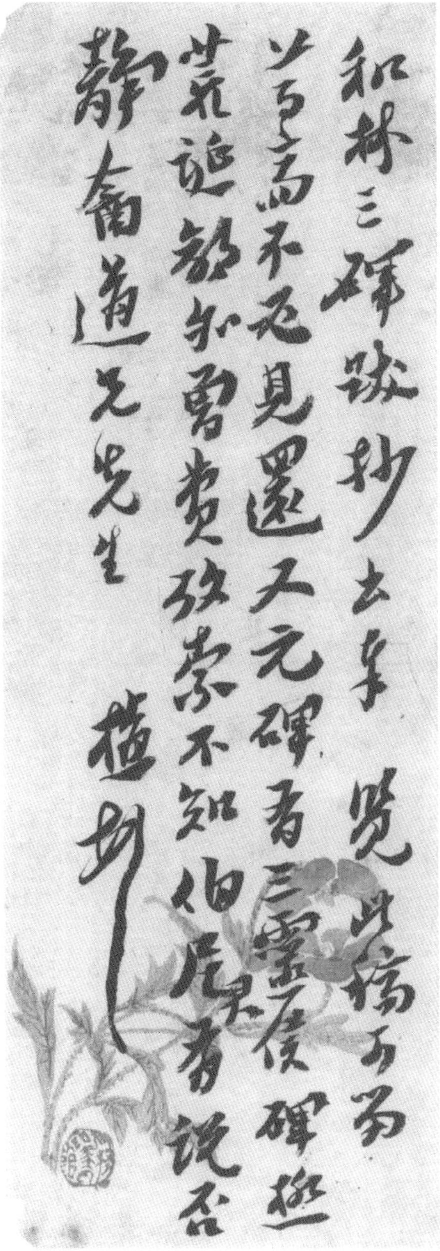
和林三碑跋抄去,幸览。此稿可留。以示高丽不花见罢还。又元碑有三灵侯碑拓本,近貌知曾费考索,不知伯虎果有说否?
静庵道兄先生
植顿

沈曾植致王国维信

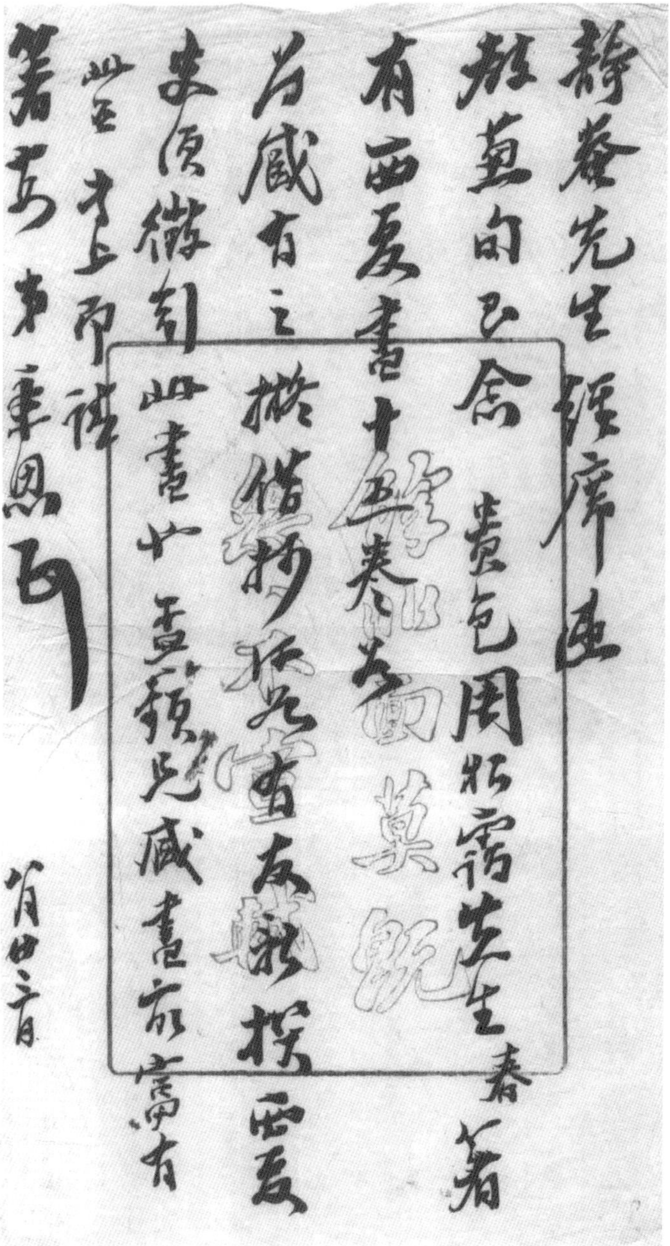

王秉恩致王国维信

序（一）

王令之

奔腾教授最近告诉我，静安先生未刊来往书信集修订已经完成。清华大学出版社马庆洲老师也相告，重版书稿目前即将付梓。事先为写序的事，奔腾教授和我说了数次，盛情难却，只能恭敬不如从命了。

静安先生未刊来往信手稿，真实反映了他和家人及当时学者之间的联系。内容真实，信息丰富。记录了静安先生论学、日常生活、与人往来、工作和社会活动等史实，是研究静安先生学术思想和生平的珍贵资料。奔腾教授 2004 年就接触静安先生未刊来往书信，是整理和研究静安先生这部分书信较早的青年学者。我获悉此事缘起北大。我中文系毕业从事汉语教学和古籍整理研究，曾入北大中文系教师进修班。此前父亲让我留意，祖父有手稿珍藏在北京图书馆（即现在的国家图书馆）。在京期间及后来，我多次为撰写论文查阅资料，跑北图善本特藏部，先后得到赵前老师、冀淑英馆长及北大一些老师的大力帮助。北大中文系前辈学者刘烜教授，他撰有《王国维评传》。刘老师也是奔腾教授的导师。刘老师告知我他自己的研究工作，还寄来他和陈杏珍老师整理选辑的十四封静安先生书信（见《中国文化》，1991 年第 4 期）。父亲据此进行考证，撰有《关于十四封家信写信时间的推算》，并与学者有交流。所以这些未刊书信的辑注和出版，我一直关注着。

刘老师提及，奔腾有志投入静安先生未刊来往书信的整理工作。在完成好教研任务的同时，接手这项一般人看来吃力不讨好的活儿。年轻人肯下功夫整理和研究这些重要的书信手稿，愿意坐冷板凳，我十分欣慰。当时这些资料的阅览还有些限制，我从中做了一点协调，支持奔腾教授工作。整理过程中奔腾教授经常和我交流整理成果和心得，我们也成了忘年挚友。

整理和研究静安先生未刊来往书信是艰巨的工作。仅就书信资料阅读和标点来说，就有不少难题。奔腾教授最初用的是缩微资料。往来书信手稿，写信者有很多人。各人书写习惯和字体特征不同，不少内容还很难看清。从阅读器上逐字逐句抄录和辨识，并作注释，要靠扎实的专业基础，而且必须认认真真，一丝不苟。我曾在学校古籍所工作，有用缩微阅读器阅读古籍的经历，对此我深有体会。阅读器作为一般浏览尚可，而要精准辨识和标点手稿，尤其把缩微的书信一封一封整理出来，确实很费事。奔腾教授坚持做了几年，并且能啃硬骨头，足见功力。整理和研究过程中他经常和我交流，我分享到他的心得，了解不少细节。他这么多年甘坐冷板凳，解决了一些难题，取得了可喜成果。先是北大编《立雪集》收入了部分整理成果，后来又辑成这本《王国维未刊来往书信集》。奔腾教授在完成繁忙的教研工作同时，时时关注有关动态，进行了补充和修订。这种精进不已的治学态度和刻苦精神令我感动。他整理的这部分信件涉及写信人收信人近七十位。书信往来对象除了家人，还有许多重要的学人和朋友。不仅家人读来亲切，于静安学术研究更是需要。对我研究祖父也大有裨益。这个本子引用者不少，发挥了积极作用。

据我所知，奔腾教授整理研究静安先生未刊来往书信，长期沉浸其中，有探寻的辛苦，也有收获的欣慰。同时在文学理论研究方面，他早有专著《禅境与诗境》等。这个题目和整理研究静安先生书信，同样是有助于中华优秀传统文化传承发展创新的有益工作。我认为，他长期对文化葆有敬意，不断进取，这种辛苦付出是很值得的。

2023 年 11 月 10 日于上海

序(二)

刘　烜

马奔腾博士即将在中华书局出版国家项目成果《禅境与诗境》，又要在清华大学出版社出版他辑注的《王国维未刊来往书信集》，真是双喜临门，可喜可贺。这次约我写序，再难推辞了。

本书是一部重要的历史文献资料集，辑注者所做的是历史文献的整理研究工作，直白地说，目前愿意献身这项工作的学者甚少，想从历史文献出发进行研究工作的学者也可谓凤毛麟角。究其原因，经济的指挥棒和学术评价的指挥棒并不指向那里。常说的“甘坐冷板凳”话语十分高雅，真要坐起来其实时时难受。本书是坐冷板凳的产物，所以我先要说一下读这部书稿的感受。

清华大学是树立王国维纪念碑的地方，这座碑昭示后人的主要有十个字：“独立之精神，自由之思想。”这是对王国维先生精神的发扬。我们要具体地把握王国维先生真实的人生，必须了解他的广泛复杂的社会交往。有位社会学家认为人与人的交往是形成社会的基本细胞，这很有见地。现代人交往的途径很多，但王国维的时代写信是人与人之间交往最重要的手段。从这批书信中，可以知道孙中山先生秘书处想了解退位后小朝廷组成人员的名号、住址，是通过胡适向王国维先生打听的。现存的王国维遗物中有一份通讯录记录了这些相关人士的通信处，只是我们还不能确定这就是王国维向胡适提供的那份名单。这些书信材料增加了我们对历史的亲切感。那时的胡适先生常带偏激，打倒旧文学、打倒文言文常挂在嘴边，清华大学要办国学院，请他主持，他却认真地说：我不配，应该请王静安先生。王国维交往的人很多，从这些交往中，我们才可能理解王国维复杂的人生，以及当时复杂的社会情况。这批书信中包含着大量的近代学术史、文化史上的信息，值得我们重视。即便是研究清华大学的校史，也是极有价值的资料。

马奔腾博士开始整理王国维未刊来往书信手稿，我记得是2004年。2005年，王国维写给儿子王潜明的信整理完成后曾在北大中文系编的论文集《立雪集》中予以公开。我作为整理者学术经历的见证人以及这批资料的知情者，想提供一下背景材料。王国维先生是认真的人，对来信认真保存、认真作答复。"文革"以后，据王先生的女公子王东明女士回忆，她曾发现王国维先生自沉前在书房中烧掉过一些书信，她还去看过。后来在大陆发现了大量的王国维来往书信，可以说明没有全烧毁。王东明女士在台湾发表文章说及我发现书信的事，大陆的《参考消息》曾予以转载。王国维是理性的自杀者，既自杀必有偏执，但理性的自杀者是怀有冷静心的，因此他会留有材料让后人评说。在大陆发现的大批材料中，在保存、整理方面有功的学者是赵万里先生，他曾是王国维先生的助手，又是后来北京图书馆的负责人。当时我和朋友曾想访问他，但他已病重不能言语，留下憾事。但王国维所保存的材料哪些列入目录，哪些不列入目录，赵万里先生处理得一清二楚。鉴于这批材料存在的学术价值，王静安先生的公子王登明教授也曾关注和参与整理。在1997年于清华大学召开的王国维国际学术讨论会上，王国维先生的孙女王令之女士曾作报告，提出整理王国维遗著的问题。所以对王国维所存材料中这批书信的真实性与价值，王国维家属和学术界一直是肯定和关注的。但是整理、注释这批资料，工作量非常大，这是很容易理解的事情。

马奔腾博士的研究方向是文学理论，读了他的这部辑注，我颇有感慨。眼下的中国文学理论作为一个学科，路越走越窄，社会似乎在一定程度上忘记了它。究其根源，在于这门学科有脱离社会、脱离文学本身材料的倾向。中国文学史料浩如烟海，面向文学的事实我们就有广阔的道路。其实王国维先生到清华就任以后，第一次发表报告，就是讲新发现的材料对推动学科发展的意义。从事实存在的材料出发进行学术研究，应该是我们重要的学术规范。走这样的路要付出很大的气力，但这对学术研究来说是必要的，真正的创新必须有坚实的资料作为基础。从资料出发进行学术研究，对于端正学风、培养新的学者也是至关重要的。学术研究说到底需要诚实和吃苦，不怕吃苦必有收获，而弄虚作假、投机取巧、八方钻营的行为，则会损害学术事业。

眼下不少人常说“不做历史的旁观者”，创造历史的热情如果成为生活的动力，这是人生的幸运。但是重新发现历史，应该说也是一种新的创造。因为我们为了理解现在，还应该更好地理解昨天。直接从历史文献中品味历史，人们会有一种亲历其境的感受，会有不少“原来如此”的新发现，我们对一个时代给予知识分子心理压力的复杂性也会有真切的体会。这是历史文献的力量。我想本书的读者会从自身的感受中体会到历史的亲切、历史的复杂性，从而感受到历史的真面目。也希望有更多的朋友在发现历史文献、研究历史文献方面点燃学术热情。

总的来说，本书为理解王国维及其时代提供了直接的有价值的信息，在理解王国维思想及其生存环境的复杂性，以及两者的复杂联系方面提供了最基础的材料。不足处是整理工作尚有不完美的地方。不过，马奔腾博士的学术道路还很长，希望他能坚实地走下去。

2010年5月于北京大学

整理说明

一、这批王国维未刊来往书信为王国维先生去世前有选择保留下来的，现存国家图书馆所收藏的王国维手稿之中。本书信集辑录了这批书信的绝大部分内容，涉及六十余人。所涉及之人多为近现代历史上著名的学者或政治人物，甚至有些曾对中国历史的发展进程产生过深远影响。

二、书信涉及人物众多，且大量信件日期标注并不清晰，辑注过程中只对部分信件进行了日期考证。

三、手迹原件行间有许多补笔，辑注时根据内容分别作了格式上的处理，有的加()号置于句后，有的作为相对独立的单元在文中以小字显示。阅读者需要注意的是，对这批信件整理时所作的格式转换必然会影响到原信某些具体信息的传达（如信中表示对收信人敬意时的另起一行等）。

四、辑注时为便于读者阅读，对文字按照当前语言规范进行了简化。但对一些特定称谓、名称及语境中的异体字，则予以保留。辑注以忠实于手稿为原则，对于疑似用错的字，除个别注明外，并未予以改正；对疑似漏掉的字，以加[]号的方式进行处理。

五、整理时根据内容对书信进行了标点和分段。对所涉及的书刊，添加了书名号。对金石铭文、刻辞等均未特别标注。

六、为方便读者阅读时更好地理解信件，整理时对可考的作者简注了生平信息，对信中涉及的一些人物、作品、事件等也作了注释。

目　录

序(一) …………………………………… 王令之　Ⅰ
序(二) ……………………………………… 刘烜　Ⅲ
整理说明 …………………………………………… Ⅶ

王国维致王潜明(97封) ………………………………… 1
王国维致王潜明、王高明(1封) ………………………… 45
梁启超致王国维(4封) …………………………………… 46
胡适致王国维(13封) …………………………………… 49
顾颉刚致王国维(4封) …………………………………… 56
黄节致王国维(1封) ……………………………………… 59
沈兼士致王国维(3封) …………………………………… 60
附:沈兼士致罗振玉 ………………………………… 62
沈兼士致马衡 ………………………………… 62
沈兼士致马裕藻 ………………………………… 63
梁漱溟致王国维(1封) …………………………………… 64
傅增湘致王国维(2封) …………………………………… 65
藤田丰八致王国维(2封) ………………………………… 66
附:藤田丰八致罗振玉 ……………………………… 68
内藤湖南致王国维(1封) ………………………………… 69
铃木虎雄致王国维(1封) ………………………………… 71
狩野直喜致王国维(5封) ………………………………… 72
桥川时雄致王国维(1封) ………………………………… 75
松浦嘉三郎致王国维(1封) ……………………………… 76
八木幸太郎致王国维(1封) ……………………………… 77
木郇得善致王国维(1封) ………………………………… 78

神田信畅致王国维(10 封) …… 79
冈井慎吾致王国维(1 封) …… 87
炳清致王国维(2 封) …… 88
陈懋复致王国维(1 封) …… 90
何日章致王国维(1 封) …… 91
姬觉弥致王国维(1 封) …… 92
沈焜致王国维的诗(1 首) …… 93
徐鸿宝致王国维(1 封) …… 94
应奎致王国维(3 封) …… 95
蒋汝藻致王国维(36 封) …… 97
陈乃乾致王国维(3 封) …… 126
刘承干致王国维(2 封) …… 128
马裕藻致王国维(2 封) …… 130
明义士致王国维(1 封) …… 131
容庚致王国维(4 封) …… 133
高梦旦致王国维(3 封) …… 136
劳乃宣致王国维(1 封) …… 138
王国华致王国维(3 封) …… 139
王豫熙致王国维(1 封) …… 141
肇一致王国维(1 封) …… 143
王蘧常致王国维(1 封) …… 144
耆龄致王国维(1 封) …… 146
马衡致王国维(46 封) …… 147
杨钟羲致王国维(2 封) …… 169
李思纯致王国维(2 封) …… 171
蒋祖诒致王国维(2 封) …… 173
陈汉章致王国维(1 封) …… 175
袁励準致王国维(5 封) …… 178
吴昌绶致王国维(62 封) …… 180
商承祚致王国维(1 封) …… 204

沈祥煦、余霖致王国维(1 封) …………………… 205
升允致王国维(1 封) ………………………………… 206
张美翊致王国维(1 封) ……………………………… 207
刘世珩致王国维(10 封) …………………………… 208
唐兰致王国维(5 封) ………………………………… 212
章梫致王国维(2 封) ………………………………… 218
孙德谦致王国维(6 封) ……………………………… 219
金蓉镜致王国维(2 封) ……………………………… 223
王秉恩致王国维(2 封) ……………………………… 225
附:王秉恩致况周颐 ……………………………… 226
恽毓珂致王国维的诗(1 首) ……………………… 227
马其昶致王国维(1 封) ……………………………… 228
王文焘致王国维(2 封) ……………………………… 229
章鸿钊致王国维(1 封) ……………………………… 232
朱汝珍致王国维(3 封) ……………………………… 233
沈曾植致王国维(20 封) …………………………… 235
张尔田致王国维(67 封) …………………………… 241
陈邦怀致王国维(5 封) ……………………………… 279
张元济致王国维(6 封) ……………………………… 283
附:张元济致罗振玉 ……………………………… 287

后记 ……………………………………………………… 289

王国维致王潜明[①]

（97 封）

一

潜儿入目：

我昨晨行后，于今日午后五时抵津，有君羽在车站相接[②]，即至张庄。汝岳[③]适至北京，约明日还津。我途中一切平善，脚气在途中差愈，昨日走路较平日稍多，然腿上（弯后）却不发麻，睡后觉骨节间酸痛，此前日所无也。不麻而疲乃脚气渐愈之象，恐不数日即可告愈矣。望告知汝母等。汝明日入关[④]办事后即写一详禀来。关上办事之人即有不合，万不可发脾气，至要，至要！

罗宅均安。君美[⑤]在日界未见也。

八月十九日[⑥]午后九时　父字

---

① 王潜明（1899—1926）：王国维长子，1926 年病逝。

② 君羽：即罗福葆（1899—1976），字君羽，罗振玉第四子，为古文字学家。王国维在南方脚气常发，故来北方。

③ 汝岳：指罗振玉，此时为王国维亲家。罗振玉（1866—1940），字式如，又字叔言、叔蕴、叔韫，号雪堂，别号仇亭老人、松翁等。原籍浙江上虞，著名金石学家、文物收藏家。晚清时曾任学部的二等咨议官，1909 年补参事官，兼京师大学堂农科监督。"九一八"事变后参与制造"满洲国"活动，曾任伪满监察院长。著有《殷墟书契》《三代吉金文存》等。

④ 入关：1919 年 10 月潜明考取上海江海关。

⑤ 君美：即罗福成（1885—1960），字君美，罗振玉长子。中国民族文字研究专家，著有《西夏国书字典音同》等。

⑥ 王国维信末署农历日期，八月十九系 1919 年 10 月 12 日。

二

潜儿入目：

十九日抵津后即寄一函，想已收到。脚气在途中已大好，至津后又稍好。然足尚无力，因此病令腿肉消瘦，故病虽愈，欲健步尚需时日也。家中想均好。纪明渐好，惟不可听其行动。此间天已寒，今早仅五十二度①，已御之棉矣。丁辅之②处来稿，俟我来再校。汝至海关后情形望详禀。汝母分娩否？我在此甚好。下月或至京一次亦未可知。此谕。

八月廿六日　父字

三

潜儿览：

前日致汝一谕并汝母一函，谅早收到。我早[来]此已半月，现脚气已大愈，升降一切如常，行路亦不觉疲倦，盖病已全去矣。现拟于初七八后乘轮船返沪。家中一切想如常。此间前十日甚寒，今已稍回温暖，想沪上亦然也。轮船尚未定，俟定后再行谕知。

九月初三日　父字

四

潜儿入目：

前日与汝及汝弟一谕，想已收到。我现已定由新铭船反沪，于明日或后日开行，大约十一日可以抵沪，有冯友③同行，可以不必往船埠相接也。我脚气已愈，唯濒行尚有应酬，此为苦耳。

初六日午后　父字

---

① 五十二度：此指华氏 52 度。等于摄氏 11.1 度。

② 丁辅之：即丁仁(1879—1949)，原名仁友，字子修、辅之，号鹤庐。西泠印社创办人之一，书画家。

③ 冯友：老家人。

五

潜儿入目：

昨接汝初六日信，具悉一切。今日为阳历月初，想已至关办事。午饭想关中亦有厨役可包，不烦外出购食也。汝三弟[1]于初六日得信，调往镇江东面之下蜀车站学习，已于昨晨赴彼。故置办行装甚为局促，唯每月可回沪一次，故有做不及者俟下次带往。下蜀即冯友家所住处，适冯友回彼，即令随往为之铺设行李等。房屋车站必有之，伙食只可帮在站长处。想今明必有信到也。此间天气亦寒，闻汝已购一皮袍，如寒即须穿之，其面俟明年改作不迟。家中均好，餘俟后谕。

十月十日　父字

外致汝岳一函即面交。

六

潜儿览：

昨接一禀，已悉。汝三弟处已三次来禀，冯友亦已来，言其情形尚为安适，惟饭食包在站侧公司，午晚两膳，早晨须另购点心耳。站长日班夜班共二人，其一年廿五六，其一年二十，与汝弟共三人。其电报等即就站长学习。下月初十左右当还家一次也。汝新妇罗宅邀往住数日。家中均安，餘后谕。

十月十九日　父字

七

潜儿览：

今日接来禀，具悉一切。汝岳赴京，想已归津，所延师已定否？

---

① 汝三弟：王贞明，时16岁。

此间前数日已结冰，近复稍暖，昨冬至雨，今日稍有微雪，恐将近下雪矣。汝二弟于初十日往考邮政[①]，不知结果如何。汝在津尚须考试一次，此殆海关常例，因此落第者决甚少也。一切宜安心，不可怀厌恶失望之心；若一事无恒，则他事亦难为矣。汝三弟昨有信来，云此月不能来，须年底回家，亦不言其所以然。殆因年底回或能多留几日也。家中一切如常。汝之罩袍已好，闻日内君美当来此，当令其带津。如不来则邮寄可也。哈园[②]仍日往，下月便须停课也。汝母今日不适未起，殆因劳故，非他病也。

致汝岳一函即转交。

十一月初三夕　父字

八

潜儿入目：

前日寄一谕，想已收到。此间天气骤寒，冰冻数日不解。想津地更甚。闻汝在津皮袍内只穿夹袄，即棉袄亦未上身，罗宅劝汝加衣，汝皆不听，不独人家好意不可孤负，即此天气温度在三十度以下岂竟不知冷暖耶？望速穿，不可违拗。汝二弟已于昨日往考邮政，约半月后可以揭晓。汝母前日病已愈，家中均安。餘后谕。

十一月初十夜　父字

罗宅两书即交付。

九

潜儿览：

今日接来禀，具悉。前日郭寿臣赴津，托带罩袍、文明饼等，想当收到矣。汝二弟考邮政至今已廿餘日，尚未出案。汝三弟则年假

---

① 王国维次子高明在中学参加学生运动，罢课，被学校当局开除，于是决定考邮政。

② 哈园：上海哈同花园。哈同出身于犹太人家庭，只身到上海从事商业冒险，成为富商。他在园中办有仓圣明智大学。王国维应邀在此任教授，并任《学术丛编》主撰，原定每月出一期，出过 24 期。许多奠定王国维学术地位的力作皆发表于此。该校于 1922 年冬关闭。

时可以反沪。汝妹在宁，今年不来，须明春来也。家中用度本可稍省，而汝三弟赴镇治装等共六十餘元，又高明衣服亦须略须预备，故此数月用度仍多。幸浙江通志局送八十元，故得还汝岳五十元，已交季英[①]矣。年底略可敷衍，然须透用正月中薪数十元耳。汝照相收到。戴一皮帽自可以御寒，出外时可将两耳放下则亦可代风帽矣。汝小妹之疖已出脓，即收功矣。

致汝岳父一书望交去。此间今日暖至五十六度，恐天气须变矣。

十二月初三夜　父字

十

潜儿入目：

我伤风数日，今稍愈，而左眼皮生一偷针，乃大肿，恐须出脓乃愈耳。沪地今晨得雪约二寸，顷已晴矣。致汝岳一书望转交。餘无别语。

十二月十二日　父字

津地闹事情形如何？其实，以后各国皆将自顾不暇，外交上不致有吃亏之事。彼等鼓噪，其里面实为过激运动，其附和者皆不自知。汝等前此主张，皆系为虎作伥，助其声势。前见汝与汝弟书，似已知一二，汝须我之观察不误也。又字。

十一

潜儿入目：

晨接禀，已悉。汝三弟已于今晨反沪，一切安善，身材又稍增长，惟稍黑耳。哈园帐房娄某亏空各处三四万元，此次逃走，谅无可踪迹。其学堂尚无更动，至编辑处则裁人极多，唯存章、邹[②]及我三四人。然我则明年学校功课须加增，势不能为编辑事矣。外间亦有

---

① 季英：即刘大绅(1887—1954)，字季缨、季英，刘鄂第四子，后成为罗振玉长婿，时任职上海商务印书馆编辑。学问精于考订，1954年卒于杭州。

② 章：章梫，字一山，清末曾任翰林院检讨。邹：邹寿祺，字景叔，浙江海宁人。

姬君[①]地位摇动之说，但不知真否耳。自中旬以后此地连雨，今日似有放晴之意，不知元旦如何。

除夕　父字

致汝岳丈信二纸即转交。

十二

潜儿入目：

我新年初五六日复患一偷针，下眼肿甚，不能用眼者几一星期，甚为沉闷。新年酬应等亦颇栗六[②]。

汝母开岁后四肢皮肤时或肿起作痛，林洞省[③]谓血液不洁所致，故用清血之药，实则恐犹是痛风旧证也。今月本拟汝莫外祖母及潘外祖母[④]来申，然皆不能来。汝岳有信来，于二月接汝妇归宁。本系君楚夫妇同行，而君楚新接哈校教习[⑤]事，故二月中或由津遣人来接，或由冯友送津，已函商汝岳矣。此次汝妇归宁，似有留津之说，汝岳书中自未便言及，而汝亦未有禀言此事。若数月后即返沪上，此间自不寂寞，而汝夫妇若意在同居，亦属情理之中，惟留津久暂须先行定计禀知，则汝妇动身带物多寡方有标准。又至津后自住汝岳父处，若欲稍久留津，则别居自不相宜。至如何津贴房膳之处，汝亦宜定一法，望详细禀知，我再当作函托汝岳也。

汝二弟考邮务员未取，而前日有函来，言如愿作邮务生者可以前往（月廿四元），仍可应第二届邮务员考试。现无学堂可进，仍令前往，惟尚须经过试验身体等手续，赴局办事不知在何日耳。此次

---

① 姬君：指姬觉弥（1885 前后—1964），本姓潘，名林，佛号佛陀，江苏睢宁人。潘某偶然发现与仓颉同姓，于是改姓姬，名为姬佛陀，字觉弥。少时勤奋，后考取犹太地产商哈同洋行的收租员，并提充为哈同洋行大班。被哈同之妇罗迦陵招进哈同花园后，又成为大总管、哈同洋行经理、仓圣明智大学校长等。他与哈同妻罗迦陵相识后，遂以姐弟相称，被称为“罗门弟子”。1949 年移居香港。王国维称他们“皆谓系下等人”。

② 栗六：俗称忙碌为“栗六”。

③ 林洞省：经常为王国维及他周围朋友看病的医师。

④ 王国维原配莫夫人 1907 年逝世，遗潜明、高明、贞明。后由莫太夫人主持介绍王国维与潘夫人结婚。

⑤ 哈校教习：王国维介绍君楚到此教授梵文。

远威来时，汝姑母与俱至嘉兴汝叔父寓中，因汝叔母下月当生产耳。

致汝岳一函望即交。

正月二十日　父谕

十三

潜儿览：

前日接一禀并汇票，今日复接一禀，均悉。

汇票尚未去取。今年家用当比去年稍少，而所入较丰。浙江通志局月送四十元，作志中《杂记》一门，此事不过年半之局，然足资贴补。然欲稍行储蓄以为汝二弟婚费并海宁修屋之用，恐尚不能多储，而现在却比去年岁夏秋间较宽裕。汝寄来之钱当储之银行不动用矣。汝弟婚事明冬或后年春季亦不能不办。次则汝三弟定婚亦一难事。汝妇归宁后不久留津。是正办汝荣母舅新年曾为之托蒋孟蘋[1]荐事，蒋允于两月后报命。现适沈荡镇有开小绸缎京杂货铺，其经手系钱映阶之兄，其家欲令往彼，而渠意欲待蒋事。然蒋事却亦未必两月后即有。故令其先行来沪一见，蒋必有切实答语，然后定就沈荡事与否。不知渠意如何？观此可见谋事之难，视汝辈如登天矣！海关储金养老办法亦非不善。此事汝可随多数人进退，不必自作主见也。餘俟后谕。

正月廿六日　父字

汝妇现定于下月初九动身，与三少奶奶[2]同行。现已托人向定新铭大官舱两间矣。行时如尚缺资当付之。又及。

致汝岳一函望即交。

---

① 蒋孟蘋：即蒋汝藻（1877—1954），字元采、孟平、孟蘋、孟频，号乐庵，浙江乌程（今湖州）人。光绪二十九年（1903）举人。著名实业家、藏书家，为吴兴三大藏书家之一（另两家是张钧衡、刘承干）。王国维与他同岁，同籍浙西。为给藏书楼藏书编书目事与王国维相识，后交往密切。他是王国维1916年到上海后的重要朋友，对王国维的事业、生活影响甚大，王国维的《观堂集林》即是由蒋汝藻主持出版的。蒋汝藻的书库名“密韵楼”，蒋氏先辈名之曰“传书堂”。王国维应邀为蒋汝藻写《密韵楼藏书》，或称《传书堂藏书志》，蒋每月致薪50元。

② 三少奶奶：罗君楚夫人汪氏。

十四

潜儿览：

昨日媳妇[①]与三少奶奶同坐新铭船赴津，于今晨七点钟开行，十二日可抵津。想君楚已有信报告罗宅矣。此间一切如常，远威忽病疟，前日来势甚猛，发热谵语，急延林洞省，方知是疟。现疟即止，热亦退，然尚未能饭且起也。哈园钟点仍加，因君楚所寄但一班之功课单，此外尚有一班也。此次媳妇赴津带致汝岳函中有洋五十元，乃还去岁所借百元者（餘五十元去岁已还刘季英处）。又恐媳妇不肯持去，故但告以要件，未告以其中有钱，路上想不至有遗失也。

二月初九日　父字

十五

潜儿览：

顷接来禀，具悉。上海近渐暖，昨亦至七十度。前次因天寒多雨，顷已大温，殆可见晴已。远威疟疾病十数日始起，殆亦春温之类。咳已愈而复发胃病，闻亦须一礼拜始愈也。汝母足疾近十日，已大愈，前媳妇有信问及未答，望告之。现冯友之妻已回家，冯友亦送之往家中，唯钱妈[②]婆媳二人，故颇忙也。汝此次关上考试结果如何？家中一切如常。餘俟再谕。

三月三日　父字

致汝岳父一信望交去。汝大妹尚在宁。小弟此次伤风发热一日，愈后渐欲抱矣。荣母舅生意尚未有，上月十二日还宁，近为达衢售布处帮忙。

---

① 媳妇：江浙一带称儿媳妇为媳妇。此处指王潜明夫人罗曼华（字孝纯），罗振玉第三女。1919年5月王国维在上海主持了他们的婚礼。后王潜明从上海海关调至天津海关，寓罗振玉宅。

② 钱妈：莫夫人生前所用的女佣。莫夫人辞世后，钱妈一直留在王家。

十六

潜儿入目：

前日接汝禀，昨又接媳妇禀及汝所钞书一页，已悉。家中现冯友送其妻还家尚未来，五姑娘亦至布厂工作，故人手甚少，唯不做针线则亦不甚忙也。远威病后又发胃病，故汝姑母在嘉兴欲来看之。而远已愈，即令其往嘉兴接之，大约礼拜日可到也。家中无甚事，餘候后谕。

三月十二日　父字

致汝岳一函即转交，汝母言汝若无暇不能多作信，可令媳妇常写信来。

十七

潜儿入目：

前禀已悉，媳妇禀亦已收到。汝姑母尚未到，大约日内可来。汝三弟于二十日返沪，廿二早即行。闻其电报已将学成，再两三月可望派为电报生也。此次季英至津，汝岳所要之龟板书已由君楚处书箱中装去。汝母言此次寄刘处带津之物，有甘蔗十节、麻糕廿小包、榨菜一包、饼干两罐送罗宅。又文明饼廿四个、瓜子两罐与汝妇，想已收到。此间今日又雨，并多时气，皆与肠胃有关，却不似流行性感冒之专入肺部，然往往不易骤愈，此亦一新病也，不知天津有否？

三月廿三日　父谕

十八

潜儿入目：

前日接来禀，具悉一是。此次汝姑母于上月廿四五来沪，我本拟日内趁哈校考试有六日假，即往海宁扫墓，而天气又雨。又潘宅现无用人，招待为难，是以未果。汝母拟于初八日至海宁一次（坐二等车，不携下人，令荣母舅至长安[1]一接，来时亦如之），但携汝五弟往，十餘日即返也。汝二弟此次欲考邮务员，而其室中主任谓照章不可考，至闻他室中有考者则已不及，故须俟下届乃可考也。津地至今已得雨否？米价如何？此间米一石须十元左右，尚须看贵，故人心颇恐慌也。

有致汝岳一函望即交。

四月初五日　父字

十九

潜儿入目：

前接来禀，具悉一切。汝母初八还海宁，因做夏布衣服等，大约于廿四五返沪。汝姑母大约在此过夏，于七月初还宁也。汝三弟于阳历六月初一调至龙潭站，即由下蜀往南京第一站，现升为电报生，惟至龙潭已五六日，尚无信来，大约情形与下蜀无甚异也。汝叔父今年患头眩等证[2]，现已愈，拟于今年末或明年往美一次，叔母等月底闻须迁往海宁也。汝与媳妇想均好。范大先生已动身否？天津已得雨否？今年南方恐不甚安好。我夏间赴北之说，或中止也。

四月二十日　父字

致汝岳父一函即转交。

二十

潜儿入目：

前接来禀，今又接贺节柬，并悉。此间已入梅节，雨水殊足。汝母在宁[3]，因西门屋事，欲催赵姓出屋或令立租契租与彼住，因事未了，故尚未来。昨令冯友往接，想日内必当来沪矣。君羽带来各物均收到。家中无事。夏间因有学生来，或须搬家，现白克路池浜桥

---

① 长安：指海宁长安镇。

② 证：通“症”。

③ 宁：浙江海宁市。王国维故居位于浙江海宁盐官镇西南隅，坐北朝南，面对钱塘江潮。故居529平方米。1989年恢复原貌，正厅立王国维铜像。当时王国维南北任职奔走，一家人仍心系故园。

桥东路南有新造未成之屋若干幢，蒋孟频为我先挂号，俟造成看后再定搬否也。上海现觅屋甚难，恐天津更甚。君羽今年完娶否？媳妇何时可来？望先禀知。

五月初九日　父谕

致汝岳一函即转交。

二十一

潜儿入目：

久不接来禀，甚念。近津地情形何似？上海米价飞涨，至每石十六元，近公议限价石十四元，不知尚能低下否。近日正在梅雨中，晴雨相间，不知北方雨水足否？汝母于初五日返沪，海宁西门老屋已出租，略行修理亦须费六十元左右矣。汝姑母①月底须返宁，远威②同往。汝叔父本拟出洋，嗣因购船票不得而其身体亦未全愈，大约此事已中止，又思改商业则恐未易也。致汝岳父一函望即交去。孙二不日返津，带有麻纱一段，肥皂廿块，系汝母赠罗宅，又洋纱一段、花露水两瓶给媳妇，想不误也。

五月十八日　父字

此间觅屋甚难，白克路池浜桥畔所造新屋索价六十六元，故已决定不迁，其从学之学生须再与商改办法。即将其束脩作房金贴补亦不足也。又字。

二十二

潜儿览：

前日接一禀并媳妇禀，具悉一切。我于初一日发痧、发热泄泻，二日而愈。然迄今体尚疲倦，饮食亦未复原，谅再二三日必全愈也。汝六弟③亦患泄泻，夜中至二三时即不睡欲起，故餘人亦为之不得

---

① 汝姑母：王国维长姊蕴玉。
② 远威：王国维的外甥。
③ 汝六弟：王登明(1919—1997)，王国维幼子，后为上海医科大学药剂学教授。

睡。然数日后当渐复常也。

北方兵事想已了，津地米价现如何？上海米价虽稍减，然以后恐总在十二元以上也。汝在海关既无甚事，无论中学与西学可以自择一门习之，每日读书亦不在多，苟能日以一二小时习一事，积久成绩自有可观。此事一面可以修养身心，若遇有用时亦可以为治生之助。若自己怠忽，则数年以后诚如汝禀所云，只能记住阿剌伯数及地名、船名等，则于自己亦甚危险也。现梅雨期已过，而天尚不甚热，月初数日稍凉，故病者颇多也。

六月七日　父字

致汝岳一函即转交。

二十三

潜儿入目：

前寄一谕，想已收到。多日未接来禀，顷接汝岳书，知媳妇又发热一次，医者言有肋膜炎嫌疑。然前次病已愈，或不至有此，当是外感为病。现已全愈否？望即禀知。沪上自入中旬每日九十餘度，今日尤甚。殆不能作事，每一拈笔，汗下如雨。我泄泻等早愈，汝六弟前患泄泻，后发痧疹，前数日有十许夜，夜辄醒不睡，须人抱持，故他人亦因不能安睡，现已全愈矣。汝姑母尚在此，大约六七月间须归海宁。汝三弟七月中当返沪一次。餘候续谕。致汝岳一函即转交。

六月十七日　父字

二十四

潜儿览：

前日寄一谕，想已收到。阅报知天津热至百十度左右。现上海每日九十四五度已极难受，津地如此当更甚也。汝每日赴关，往反须携伞为佳，每出门时须饮茶一杯，则不至罹日射病也。媳妇前身热，近想愈。金家花园能比热闹处稍凉否？寓中俱安，汝三弟云七月中当返沪一次也。

六月廿三日　父字

二十五

潜儿入目：

前接来禀，具悉一切。此间天气又热至九十一二度，不知津地如何？媳妇所患疖想已全好，身热已退尽否？汝姑母于初七日返宁，潘宅三母舅患外症甚久，中医治之不甚见效，昨日至沪，今日往林洞省处诊视，谓一时不易愈，大约须一二月方有效也。汝三弟于初十日来此，十二早赴龙潭。现已为电报生，月薪廿二元，每月可来沪三日，现令其每月储蓄八元，前此则所餘无几也。哈园二十日开学，媳妇今年既不能归，则冬天之被当由君羽带津也。

七月十六日　父字

二十六

潜儿入目：

前日接媳妇禀，并由新铭船带来洋纱、玫瑰饼，已经收到。罗宅赠物亦一并收到，望令媳妇先行致谢。津地情形如何？北方灾情究竟如报纸所言之重大否？流民到津者尚安静否？又近已得雨否？望禀及。寓中一切如常，惟五姑娘患喉痛，医生谓系喉痧，已打血清，必无妨碍（然体不甚热，疑是医生误诊）。家中小孩已行隔离，想不致传染也。汝三母舅已大愈，可不致成脓。汝六弟热疖其大者至昨始溃，后想可不再患矣。

八月十日　父字

致汝岳父一函即转交。

二十七

潜儿入目：

久未接来禀，不知近如何？家中上旬因五姑娘喉症颇为戒惧，然其愈甚速，恐未必是真喉痧，今已十餘日，可无事矣。汝弟昨受邮局通知调往昆山，今晨即行，故昨夜赶做帐子、被等，甚为忙迫。今晨令冯友送往，旁晚冯友归，可知彼处情形矣。汝三弟以十二晚归，十四晨赴龙潭。家中人俱安。汝三母舅病亦渐好矣。

致汝岳父一函即交去。

八月廿日　父字

二十八

潜儿鉴：

前日接一禀，具悉一切。汝二弟到昆山一礼拜，昨晚因今日放假来此，在彼起居颇不如贞明在龙潭之便，然内地皆如是，不独昆山一处。今晚即行，以后恐须阳历年底考试时再来矣。汝三舅患处已略愈，今晨还海宁。汝妇呕吐等以头眩言似系胃病，否则怀孕亦有此象。如胃药与胎孕者无碍者可服，否则须谨慎也。沪上近日流行小感冒甚多，大都一二日即愈。天气已凉，已可御薄棉矣。致汝岳父一函即交。

九月廿七日　父字

罗宅迁居要送一礼，如何送法可视情形或所喜者送之。又字。

二十九

潜儿览：

汝前禀及媳妇一禀，均早收到。现罗宅迁屋想已毕。新居亮较前稍宽也。此间一切如常。惟汝母食少便秘发小热，与前年略同。此次至中医名刘佐泉处诊治，据云肝阳太盛，肝阴不足。用药三剂，小热已退。又开药四剂，云饮后可勿药矣。莱母舅仍在宁布厂批发所，沪事仍未有。即寓此之钱君初云一月后即至哈尔宾，至今仍无动身消息，可见上海谋事之难。

汝弟在昆不能多回家，汝三弟此月未归，有信来云至南京请稽查等用去二十元左右，已有信切责之。此人用钱素无节度，又虑其荒唐，汝有信可切劝之。汝弟姻事本拟明年下半年，而闻陈宅姑娘又入海宁学堂，恐沾染习气，故汝母意欲于上半年办喜事。现已嘱海宁择日，不知择定何时也。吕姓学生仍来。今年稍宽裕，近购商务所出《四部丛刊》，用去约四百元。汝弟姻事在明年秋冬可以宽舒，若改春间又须促迫矣。致汝岳一函即转交。

九月廿九日　父谕

有絮被、衣料另物托君羽带津，恐十日内即行也。

三十

潜儿入目：

今日接来禀，具悉一切。媳妇小产后身体尚佳，甚慰。惟小产伤身甚于大产，之后宜一切谨慎。此次小产想不由外因，恐由身体不健之故。以后仍宜于身体加意，则将来不致再有此事耳。

此数日内情形如何？仍望禀知为盼。汝海关考试事已定，甚慰。汝弟来禀，云及今年如邮务员考取则明年春间正在学习期内，不能请假，好在前所择期尚未通知坤宅，故决以明年秋冬间办此事矣。汝岳父昨有信来，并致沈培老一函[①]，今日已交去矣。望告知为荷。此间天气前数日甚寒，顷又转暖，大有雨意。津地想必甚寒矣。汝母服药七剂，顷已大愈。汝弟姻事改在明年，则经济上亦较舒也。

十月初六日夕　父字

三十一

前日接来禀，具悉一切。红绣花枕及手套等已带津矣。汝二弟十六日有暇可以来沪，汝三弟上月反沪，此月想亦来，但差早一日耳。汝二弟姻事因今年邮局考试邮务员与否而定。如今冬不考则明年无须练习，或用前择之期亦不定，月内当先以此意通知坤宅也。媳妇明春南归与否，望告一确信，因欲作迁屋计。若迁屋而不来则甚不合算也。又媳妇若不南来，则汝二人在罗宅须作津贴之计。如欲行此，则由我作书亦可，想汝岳亦无从固辞。汝薪水足以办此，则

---

① 沈培老：指沈曾植（1850—1922），又名增植，字子佩、子培，号寐叟、乙庵等，浙江嘉兴人。光绪六年（1880）进士，清朝末年曾任刑部主事、总理衙门章京，曾主讲两湖书院。学识渊博，著有《晋书刑法志》《蒙古源流笺注》《西北舆地考》《海日楼诗集》等。著名诗人、音韵学家、历史学家、书法家。他曾寓上海海日楼，海日楼当时是进行文化研究和遗老聚集的地方。1917 年参与张勋复辟，授学部尚书。

不津贴则随手用去，亦非汝修身之利也。媳妇身体想已如常，此后恐仍宜服调经之药，亦当稍事活动，则身体可复日健矣。

十一月初八日　父字

三十二

潜儿览：

前日接来禀，又接媳妇禀，均悉。汝二弟因替人未到，至廿七日始还上海，现调在文案处，每日九时往五时归，别无夜班，较前为舒服矣。邮务员考试明年正月举行，闻此次不招外生，惟邮务生可考，而汝弟由昆调沪之际，将报名期错过，尚须向邮局长言明此事，不知能许否。喜期仍定明年二月十八日，因即能应考，发表总须在三月中，于婚期仍无碍也。此间现觅屋极难(沪屋均加租，新迁竟不能觅屋)，而北面邻居闻有造屋之举(购地在丁福□家之地，闻明春开工)，恐将迁徙，惟不能知其在何时。若将北屋并租，则甚宽舒，价亦不贵，否则总须移居，因现屋即汝妇明春不能来亦觉偏仄也。

远威有学贾之意，并自致信与美孚洋行。如明年不住我处，则令钱妈等移住楼下，尚可敷住，惟不知如何。钱君即南通富前之钱栎□，现已不往哈尔滨，在此间某洋行，明年此君当然移寓也。媳妇若来则同往海宁(喜事定在宁办理)，尚可一见汝外祖母等。且观热闹亦媳妇所喜，惟现因房屋关系，则来须俟觅屋或并租后屋之后，恐须在明年夏间。若不来，则津贴饭膳事不可再缓。另有函致汝岳望转交。

汝弟婚费今年底或可有五百元，其所短者无多，明年在蒋处支三百元便可了之耳。媳妇禀中言令其致信海宁，此事不然。前汝母谕令汝致书问候汝外祖母，非令媳妇致书。恐远威代写信时致误耳。馀俟后谕。

十一月廿九日　父字

三十三

潜儿览：

前日接来禀并媳妇禀，均悉。汝明春能南归，甚善。但不知未及二年，请假得准否？汝三弟今日来此。汝母明正二十左右即须赴宁料理衣服及一切他事。我则须二月十五六往也。哈园明岁大约仍旧。我功课今年已每日二时，不能再增矣。汝明年拟请假四礼拜，则大约于二月中旬到沪，即不迟。媳妇与三少奶奶同来，亦想在此时也。家中均安。媳妇近想健壮矣。有致汝岳一书即转交。

十二月十五夜　父字[①]

三十四

潜儿入目：

前日来禀及媳妇禀，均已收悉。此间廿四五又得雪一次，天气稍正。汝弟患颊肿（俗名吐哺风），给假一礼拜，顷已将愈矣。汝三弟已于廿七日由龙潭调至丹阳站，今日有信来。汝六弟自十四五起发热，医者云是肺胞发炎，其病颇似疟疾，后热虽退，尚屡发小热，今已稍愈。钱妈终日看护，不能作他事。故今年年底，家中殊忙耳。有致汝岳处之书即转交。汝母明春正月中旬还海宁。餘候后谕。

除夕　父字[②]

三十五

潜儿览：

前日接一禀及媳妇禀，今又接媳妇一禀，具悉一切。

汝请四星期之假不准，不知两星期之假能准否？已否揭晓？望即禀知。汝三弟于年杪调丹阳车站，至丹之后仅有一禀，昨日应来不来，想丹阳休息之期与龙潭不同也。汝六弟至今尚未全愈，似疟非疟，现已渐轻，殆可告愈。冯友因小奎娶妇回去，现阿五在此替工。汝母于今晨回海宁，携纪纪与松松同去。慈明与汝六弟均留

---

① 信末署名后空白处盖有收到日戳“十二月十八日”“10.1.20”（即 1921 年 1 月 20 日）。

② 信末署名后空白处盖有收到日戳“正月初四日”“10.2.11”。

此。钱妈因看护汝六弟不能作他事也。我约下月望间赴海宁，喜事后尚须扫墓，须留一礼拜也。现在汝能来与否尚未能定。三少奶奶是否南来？君楚[①]去年杪将一间之底屋租出。我今年闻之，劝其不租，则已租出矣。恐其已有所闻，预为抵制之计（我处向守秘密）。而租屋者入室后乃死一人，故渠又欲退此一幢之屋，而电灯局不肯移电表，因此而止。

不知三少奶奶以何时来？如汝不能来，媳妇即与之同来，总之，汝能请假与否？如不允假，则媳妇以何时行？定后即禀知为荷。此次在海宁办喜事，有省处亦有增处，大约所用恐亦不下于前年也。

十八日午刻　父字[②]

三十六

潜儿入目：

顷见汝岳母致汝母函，知媳妇有孕四五十日。前此既患小产则长途甚不相宜，而汝请假四星期之说又不允，只可俟产儿后再来。汝此时在海关满二年，亦可有一月之例假，此时南来甚好。因此次沪屋逼仄，来亦有二月餘不宽舒也。不过失一至海宁机会，后次无便，至宁亦不易也。汝母已于十一日三时抵海宁，汝六弟热已退尽，可以渐次恢复矣。

正月廿一日　父谕[③]

汝请假二星期事如何？

三十七

潜儿览：

前接来禀，具悉一切。此间汝母还宁后已十餘日，汝六弟自廿

---

① 君楚：罗福苌（1896—1921），字君楚，号梦轩，浙江上虞人。罗振玉第三子。长于英文、德文，通梵文、西夏文，著有《西夏图书略说》等。罗福苌逝世后，王国维先生作《罗君楚传》，其中云："余作西胡考，君楚为余征内典中故事。"

② 信末署名后空白处盖有收到日戳"信到拾年正月贰拾日"。

③ 信末署名后空白处盖有收到日戳"拾年正月廿三日"。

四五后又复发热(又颈间核肿),延林洞省视之,谓系又肺病,观其情形,胃口尚佳而精神甚委顿,又前此退热十餘日,理应恢复而卒未恢复者,由内部有病故也。林洞省谓大人患此殆已不治,小儿生活力强或有希冀。现服药已四五日,稍见转机,不知能侥幸告愈否也。汝岳闻有来沪之信,确否?君楚之屋现止存一幢,恐住不下。我屋现有新房尚空可住。我近栗六不能写信,望转告之。

二月朔日灯下　父字[①]

我拟十五日赴宁,汝二弟以十六日与远威同反,贞明十三四反沪,或与我同行也。汝请假不易,亦不必固请,因假期短而盘费所花亦不少也。父字。

三十八

潜儿览:

前寄一谕,想已收到。昨见汝与汝弟书,言及作一信请假事,此却不可,此次为喜事来,何必为此不祥之言?且此次海关既忙,则以后俟人手稍多时请假或可多请数日。他日或托言财产事请假可耳。汝六弟近日稍愈,而颈间肿处甚大,即须出脓。现其肺病可以告愈,性命可无妨矣。致汝岳一书望转交。

二月初二日　父字[②]

三十九

潜儿览:

前接来禀并媳妇禀,均悉。此间天气多雨,中旬放晴不过一星期,昨今又雨矣。家中近颇忙碌,汝三弟早愈,患处亦收功,已于昨日赴丹阳矣。汝母于十三日酉初生一女,此次生产尚快,大小均安。君楚闻又病,又闻其病中仍间出至外人家。我因忙未往看之,不知

---

① 信末署名后空白处盖有收到日戳“二月初四日”“10.3.13”。

② 信末署名后空白处盖有收到日戳“二月初八日”“10.3.17”。

究如何也。致汝岳一书望即交去。此谕。

四月十九日　父字[1]

四十

潜儿览：

前日来禀并媳妇禀，均悉。媳妇近体佳，甚慰。汝弟妇近饭减，亦似有孕。汝母产后尚健，然亦发热二次，又似汝二妹生后之病，此证林洞省不能治。将来或请中医调理耳。君楚热本已减退，近日又有时稍高，康科又谓非肠窒扶斯[2]，故已许稍食蛋黄等矣。此次病中却不出。前信所言乃闻之哈园者，不确也。渠谓家中不念其病，而戒其不出，意甚不平。后此君羽有信可以慰之。致汝岳一函即转交。

初九日　父字[3]

四十一

潜儿览：

前日一谕想已收到。君楚之病，前日康科另约一医看之，亦不知其为何病。惟热已退，但有时发作，故仅与以葡萄酒等，未曾与药，盖其心中亦多不宁，精神上事医生不能知，亦不能治也。汝岳已有半年不与之信，又君羽信为渠病语不甚着急，故渠前日颇牢骚。前日与顾君谈及，顾君深谓以返津为是。而现在情形，渠决不肯返；若加以强力，则渠精神异常，一切激烈之事皆做得到。故宜先回复家庭感情，再好请汝岳作书慰问其病，此次病即可告愈。将来再以父母思子之言令其愈后赴津一次。俟其至津后，为辟一静室处之，再劝其久住。则此间书籍等运送亦甚易也。望与君羽商之。我思此外亦实无他法。即以此信呈汝岳亦可。顾君人甚佳，此次渠常住

---

① 信末署名后空白处盖有收到日戳"四月廿三日""10.5.30"。

② 肠窒扶斯：伤寒温病为一症，西医统名曰肠窒扶斯。

③ 信末署名后空白处盖有收到日戳"五月拾贰日"。

君楚处，甚得其益也。

十三日灯下　父字[①]

四十二

潜儿览：

前禀具悉。此间雨水甚多，近又苦炎热，甚以为苦。汝母因无乳，故将新生小妹携还海宁，附于西门外一人家乳养，每月费三元许，已于上月廿五还宁，大约十日左右可返沪也。郭妈欲回家一次，故与汝母同去同来。故现寓中人甚少也。潘外祖母上月吐血甚剧，故汝母亦往看之。荣母舅已入华丰面粉厂做跑公会事，闻月薪可得八元，加以麦厘与薪略同，花红在外，尚为佳事也。汝三弟上月来过。餘候后谕。

致汝岳一函即交。

六月初一日　父字[②]

四十三

潜儿览：

昨接媳妇禀，具悉[一]切。汝母于十四日返沪，小妹已附养于小东门外一家，闻尚妥帖。此间热至百度以上，近日几不得喘息。汝母及慈明均有发热，皆因暑热之故，闻津地亦热至百〇八度，信否？上海今年之热为十餘年来所未有。此刻尚在午前十时，写信时汗犹涔涔下也。致汝岳一函即转交。

六月廿六日　父字[③]

四十四

潜儿入目：

昨接汝及媳妇两禀，具悉一切。此间酷热以六月下旬为最，人

---

① 信末署名后空白处盖有收到日戳“五月拾六日”“10.6.21”。

② 信末署名后空白处盖有收到日戳“六月初四日”“10.7.8”。

③ 信末署名后空白处盖有收到日戳“六月贰八日”“10.8.1”。

七月后稍减，至昨日得雨，乃大凉快，夜间可盖薄被矣。汝母自上月廿四起发小热，少食，亦有时热盛，然每日皆起。出月后服药六剂，热已退而胃尚钝。汝五弟疟疾则已愈矣。君楚拟于（乘）此次新铭船赴津，此次出于自动，真始意所不及。君羽于下次新铭携行李等行。汝三弟此日尚未还沪（计假期，前昨当返），不知何故。前媳妇所要夹被已检出，当属君楚带津。餘俟后谕。

七月十二日　父字[①]

四十五

潜儿览：

久不接来禀，颇念。前有谕嘱君羽带津，因君羽被窃，信亦窃去，以无他语，逐不复作。惟属君羽告汝第三妹在海宁殇去事[②]。此次之殇实因乳母喉症，因之发热成惊，于初七日送回潘宅，于十二日殇去，恐送回已病数日矣。家中俱安，汝母伏邪，已于七月二十左右告愈，饮食起居即如常矣。此次可大[③]从美国回，已就嘉兴中校事，月薪百元。远威拟入沪江大学，此款恐亦不敷开销也。媳妇近体想佳，汝弟媳胎气近亦愈矣。致汝岳书即转交。

八月朔日夕　父字[④]

四十六

潜儿览：

前日接来禀并媳妇禀，具悉一切。寓中近无事，钱妈因阿五病回宁二十日，今日已来。此际稍忙。汝三弟七月未回，日上想当来沪。汝六弟之照乃可大所拍，闻已晒出候寄，来即寄津。长春分关

---

① 信末署名后空白处盖有收到日戳“七月廿贰日”“10.8.25”。

② 王国维四女通明5月生，8月殇。

③ 可大：王国维长姊蕴玉的儿子。可大去美国留学，王国维资助了400块大洋。

④ 信末署名后空白处盖有收到日戳“八月初五日”“10.9.6”。

欲调人，已定否？此付。

八月十一日　父字[①]

致汝岳一函即交。

四十七

潜儿入目：

前日接来禀，具悉一切。君楚在沈处一书名目忘却（因失去来禀），望再问之。又沈培老亦有一书在君楚，前亦托我索回，其名亦忘之。乞询君楚此书在否？君羽亦知之。须并复之也。

此间自中秋开晴，而天气甚凉，今日又有雨意，然气候尚燥，亮[②]无大雨。寓中均安，汝三弟此次回家四日，却值中秋节，于十八日回丹阳矣。有致汝岳一书即转交。

八月廿二日　父字[③]

四十八

潜儿览：

前付一谕，想已收到。前日媳妇一禀，欲购铁床一事，此物不知不报关径交孙贵，可做得到否？现在尚未购（已问价，洋约二十五元，比上半年又增二元），望即问明孙贵，如货物能不报关上船否，即行通知再购，尚能赶及封河口前也。此间天气尚好，寓中平安。汝二弟归，今日赴宁，大约一月后再来。我近来为写《切韵》颇忙，哈校将近秋祭，却有十数日停课也。

九月初六日谕[④]

致汝岳一函即交。媳妇何时可免身，望禀知。

---

① 信末署名后空白处盖有收到日戳“八月拾四日”“10.9.15”。

② 亮：通“谅”。

③ 信末署名后空白处盖有收到日戳“八月廿五日”“10.9.26”。

④ 信末署名后空白处盖有收到日戳“九月初十日”“10.10.10”。

四十九

潜儿入目：

前禀已悉。后接君楚所寄一书，即交还培老处。其沈所借一书已将书名告之，尚未检出，恐检出不易，当再催之。铁床已买好，计廿四元五角，藤棚亦做好，计七元。闻新铭三四日后当来，仍拟令冯友送去。因蟫隐庐无地可容此物也。媳妇即将分娩，天津产婆系用何种人？顷未接禀，想尚未分娩。寓中均安。汝三弟于十六日返沪一次，钱妈亦已来沪矣。

九月廿二日　父字[①]

致汝岳一函即交。

五十

潜儿入目：

前日寄一谕，想已收到。顷新铭船已抵沪，于明日赴津。铁床、藤棚等即于今日午后令冯友送交孙贵。据孙贵云，渠此次赴津极忙，不能送交罗宅，乞津于船到后着人往船上去取，特先通知。媳妇仍未分娩，谅总在近日。汝弟妇归宁，尚未返沪也。

九月廿八日　父字[②]

此次孙贵未赏与钱，因不知赏多少为当也。望取床时并赏之。又冯友送往新铭时孙贵不在船，因交与他茶房内。铁床二件，藤棚一张（五尺宽，两层，极坚固。因恐与他家相混，望知之），又包一个，内有铁床小件并文明饼、海蜇二包。新铭须三十日开。并及。次日又书。

---

① 信末署名后空白处盖有收到日戳“九月廿六日”“10.10.26”。

② 信末署名后空白处盖有收到日戳“拾月初壹日”“10.10.31”。

五十一

潜儿入目：

今日接来禀，具悉。媳妇于廿七日生一女，大小俱安，甚慰，以后想均平顺，起居一切自可有汝岳母等招呼，此间亦甚放心也。昨交新铭轮铁床、藤棚二件，并文明饼、海蜇头等，已有谕付邮，想已收到。其船今日开行，此信到后船已即可到津矣。现在媳妇乳汁足否？一切起居饮食当小心。此间拟分红蛋三四处，海宁无此俗例，即不分矣。产后身体如何，望时禀闻。君楚入院后当渐有起色，此间康科友人对人谓，君楚肺不佳，恐康科亦如此看法也。

九月晦日　父字①

五十二

潜儿览：

顷接来禀并罗宅报条，乃知君楚之变，甚为惊悼。不知伊家惨痛情形现稍减否？媳妇产后明日，罗宅即出此变，汝想可请假数日，帮助内外之事，否则伊家实忙不了也。媳妇产后大小俱安，乳汁亦多，甚慰。兹有致汝岳父书望转交，实无法可以慰藉之也。

十月初二日　父字②

五十三

潜儿览：

前日寄一谕，想已收到。媳妇产后想大小平安，甚念。罗宅遭此变后，现哀思能稍减否？三少奶奶情形何如？此间闻君楚耗，无人不为痛惜。其所撰论梵文诸书，想君羽等必能为之保存。其所编译巴黎、伦敦二种敦煌书目，蒋君孟蘋拟印入其所刊丛书（我之文集

① 信末署名后空白处盖有收到日戳“拾月初四日”。

② 信末署名后空白处盖有收到日戳“拾月初四日”“10.11.3”。

廿卷现亦由彼印)，如汝岳一时不印，付蒋印亦甚佳。恐一时并不能印出，须一二年方成。我之文集于八月付印，至今仅成二卷，看来总须明年春夏间方成。我当为之作序并纪其大概也。汝母有函致汝岳母，望转交。媳妇产后如何，亦望禀及。

八月五日　父字①

罗四先生送来小孩弥月礼及产汤共三元，暂存。

君楚丧礼望代送六元，上写准楮，下写我名可也。

五十四

潜儿览：

前后各禀及媳妇禀，俱悉。媳妇产后大小俱健，又乳汁充足，甚以为慰。此次樊宅送有礼物(小绣花衣等)；罗四先生处送洋三元。海宁叔父等处因我甚忙尚未写信通知，将来恐亦有礼物也。罗宅目汝岳父母以下哀思近当稍减。

汝三弟十六日曾来沪，明年拟令其入沪江大学，因其中文、英文程度浅极，若将来铁路有差跌，则谋生极难也。沪寓平安。惟汝六弟近患感冒，现已愈矣。家中他人亦多患此，但为甚轻耳。小孩命名，渠生于嘉乐里，即名令嘉可耳。

十月廿三日灯下　父字②

致汝岳父一函即转交。

五十五

潜儿入目：

昨日接来禀，具悉一切。此间天气尚不甚冷，家中亦皆好。此次令嘉弥月，各处送礼者，计罗四先生共三元(又鞋帽)，潘外祖二元，潘三母舅并莫氏二母舅各一元(又汝弟妇二元)，樊老伯处送衣

① 信末署名后空白处盖有收到日戳“拾月初九日”“10.11.8”。本信所署日期有误，“八月”应为“十月”。

② 信末署名后空白处盖有收到日戳“拾月廿六日”“10.11.25”。

服等，俟有便寄津。近来媳妇乳汁多否？三少奶奶近能稍好否？有函致汝岳望即交。

十一月初五日　父字[①]

五十六

潜儿览：

昨禀已悉。此间天气昨日始冷，家中一切平安。汝弟妇前日发天花，顷已全愈。医生云是天花，然甚轻。亦不甚似也。汝六弟上月亦患发热，身有疹点，或亦是同病耳。渠早能行而不能言，现在但能叫人耳。沪上天花盛行，外国人多有死者，不知津地如何？孙女虽小，以早种痘为妙。汝三弟此月因替班不来，故未返沪。汝弟妇生产大约在年底。致汝岳父一书即转交。

十一月廿五日　父字[②]

五十七

潜儿入目：

前日接来禀，具悉。汝三弟此月十二日还沪，十三、十四两日去考沪江大学中学二年级，尚未揭晓，已于昨日赴丹阳矣。如录取则令其于年内请假返沪，因明年初七八即须入学也。学费年约百五十元，加以书籍零用等，总须二百元以上也。汝等在津甚安好，大慰。家中亦安。兹寄上石印五代刻本画像一纸，望即交汝岳。此纸特别印者，故上下稍大，其餘皆小，尚未印成，俟成后觅便寄也。

十二月十八日　父字[③]

五十八

潜儿览：

年前诸函及初二禀均收到。三少奶奶逝已数日，罗宅哀思能略

---

① 信末署名后空白处盖有收到日戳“十一月初七日”“10.12.5”。

② 信末署名后空白处盖有收到日戳“十一月廿八日”“10.12.26”。

③ 信末署名后空白处盖有收到日戳“十二月廿贰日”“11.1.19”。

减否？家中均安。汝三弟去年考沪江大学中学二年级未及格，尚须再就一年级入学考试。去年年底因眼红痛请假反沪，今已愈。明后二日仍赴沪江考试，其赴丹阳与否俟考取否再定也。汝二弟妇于初五寅初生一女，汝弟自邮局夜班归家时二下钟，此时始觉腹痛，至三点半钟生产，逮唤到稳婆则已早产矣。现大小均安。今年新正初一下雪少许，初二至初四晴，而初四晚已下雨，昨日又雨，今日尚未晴。年底及新年家中颇忙，因欲添雇一人，意不易之也。汝叔[①]因嘉校之长赴欧美游历，今年代理其职，当比前稍忙。可大从美国还后亦在嘉校教授英文，因人太老实，故同事与学生颇与之不谐洽，未识能久否耳。哈校于二十日开学，汝四弟[②]今年亦拟令入育才读书，但近来学费每半年已增至卅八元矣！致汝岳父一函（又汝母致汝岳母函）即交去。

正月初六日午刻　父字[③]

五十九

潜儿览：

前日接媳妇禀，具悉一切。此间汝弟妇生产后大小俱安，家中亦均安善。汝三弟已于十二日进沪江大学入中学一年级，学膳费书籍等半年约九十元，另用在外。逢礼拜日如家中有信往请假，则可出住一夜，否则不能，如迟到等均须出罚金也。汝四弟亦拟令入育材公学，现在学费亦增加至四十元矣。致汝岳一函即转交。

正月十六日　父字[④]

罗宅三少奶奶丧事望送礼洋六元，此款并前礼即可于铁床费中扣除。

---

① 汝叔：王国维弟王国华。

② 汝四弟：王国维五子纪明。

③ 信末署名后空白处盖有收到日戳“正月初八日”“11.2.4”。

④ 信末署名后空白处盖有收到日戳“正月拾八日”“11.2.14”。

六十

潜儿览：

汝岳父来此所带一切均已收到。已于昨晚动身赴苏，今日即由苏赴津，大约三十日可以抵津也。此间雨水颇多，家中人均安好，惟有数人伤风，即可愈。汝岳行时托其带哔叽一段、斜文泰西缎一段，查糕四匣、文明饼两匣，系汝母送汝岳母者。又红绿花标各一段，俄国标一段、哔叽一段、查糕四匣、文明饼二匣系与媳妇者。又汝弟妇送其嫂手巾一打、俄国标一段，至望查收分付。汝三弟在校大约每两礼拜还家一次（如请假过半日则须家中代其请假方许），明日当来也。

正月廿八日灯下　父字[①]

六十一

前接来禀，具悉一是。前所寄诸物中有银镯一双，系冯友、钱妈、郭妈三人送与令嘉者。前信忘却，今特谕知。家中仍未添雇人手，因上海人不敢用，而海宁乡间人又不肯来，是以未曾雇得，故十二月正月两月忙遽颇甚也。汝三弟在沪江，大约一月归家一次，惟渠中英文程度均低，而彼校中文竟全不注重，此缺事也。沪上近日伤风流行，我与汝母及汝六弟均伤风，然起居皆如常耳。汝岳父来言汝夫妇及令嘉皆甚健，殊慰。汝二弟之女已取名令年。此付潜明。

致汝岳一信即转交。

二月初十日　父字[②]

六十二

潜儿览：

前日接媳妇禀，已悉一切。君羽生一男，足慰一家之意，甚

---

① 信末署名后空白处盖有收到日戳“贰月初壹日”“11.2.27”。

② 信末署名后空白处盖有收到日戳“贰月拾三日”“11.3.11”。

善，甚善。望代送礼四元为荷。君羽已还津否？二姑奶奶究系何病？想已知悉也。寓中平安。汝弟妇乳少，小儿多恃牛乳以活。令嘉三月中种牛痘，甚好，不宜太迟也。致汝岳一函望即转交。

二月廿九日　父字[1]

六十三

潜儿览：

久不接来禀，谅好。君羽想已回津。二姑奶奶之变是否善终？此事颇令人疑也。此间天气尚寒，令嘉种痘不知已种否？或须俟温和也。有致汝岳一函即交。

三月十六夕　父字[2]

六十四

潜儿入目：

前日一谕，想已收到。近日报载运兵事甚亟，想纵有战事不致在津，尤不致波及租界。然津地避难者想必甚多，一切物价当必昂贵矣。一切如何？望禀及，以免悬念。有致汝岳一函即交去。

三月廿二日　父字[3]

六十五

潜儿入目：

前日一禀已悉。津浦车阻，轮船必拥挤，高妈于此次新铭南下时不知来否？已令冯友询船到期日，届时姑一候之。恐须俟火车通

---

① 信末署名后空白处盖有收到日戳“三月初三日”“11.3.30”。

② 信末署名后空白处盖有收到日戳“三月拾九日”“11.4.15”。

③ 信末署名后空白处盖有收到日戳“四月初四日”“11.4.30”。

后也。汝弟妇自去岁十二月坚卧不起，医生咸谓其无病，产后月外惟饭时呼之方出，餘时唤亦不出。初其家谓有神经病，而医生均谓无之，近知其母前有此病，今年来沪其出言甚为无理，则有病之说或信，若系遗传则颇费事也。神识颇清，绝无精神病之迹，究竟为病为懒为有气，无从知也。

初二日　父字①

致汝岳书即交去。

六十六

潜儿入目：

顷接汝夫妇两禀，均悉。高妈已到沪。前昨冯友往接数次，船均未到，今晨复往则高妈已自乘车来此矣。高妈身体尚佳，举动尚能自由，大约在此住一二日即赴镇江矣。望通知罗宅不另作书矣。令嘉已种痘，甚慰。奉直战事谅一时不易解决。目下天津人众，百物当较贵矣！寓中均安，餘容后谕。

四月初八日午刻　父字②

六十七

潜儿览：

久不接来禀，想各平安。令嘉种痘，想早回好矣。此间近颇多雨，海宁蚕汛闻不甚佳。寓中均安。汝母拟于二十左右回海宁为汝外婆做寿（今年正七十）。[汝母]闰月六日间当生产，恐即在海宁生产，六七月间再还上海也。汝三弟是月末当放假，哈园放假亦在下月初，我夏间颇思北游一次，观汝岳所得大库书，然恐不得暇也。可大于闰月十五日娶都氏女，其馆下半年恐不连，现尚未有他事也。其人太老实，不知世故，故谋事不易。闻在嘉时汝叔甚以为

① 信末署名后空白处盖有收到日戳“四月初七日”“11.5.3”。

② 信末署名后空白处盖有收到日戳“四月拾四日”“11.5.10”。

苦也。

五月二日　父字[1]

致汝岳一函即交。

六十八

潜儿入目：

前日来禀具悉。今日由新铭船孙贵寄去绣花红衫、绿裤各一件，帽子一顶、鞋子一双。此四色系樊宅送君羽所生小孩者。又湖丝纱衫料、铁机纱裙料各一件，系汝母与媳妇者，至即查收。又有罗四先生及诵清寄汝岳之物，均由冯友交与孙贵之伙阿二，想必无误。此处未付酒资，俟交到后酌付可也。汝母于明日返宁，大约住二十日即返沪。汝弟妇亦已返海宁。外婆寿礼汝与汝弟各四元，当为汝送去。外婆因汝三五两舅处同居，均有生产，故现在城中，其生日时亦尚在城也。致汝岳一书望即交。今年房租自下月起又欲月加十元，将来须与交涉，不知能减否。

五月十五日　父字[2]

六十九

潜儿入目：

今日接禀，已悉。汝母于十六日返宁，只松松与郭妈同去。汝三弟于昨日放假回家，今日早即赴宁。因汝外婆生日即在今日也。令嘉照相已收到，亦由汝弟携至海宁矣。致汝岳函即交。

廿三日　父字[3]

---

① 信末署名后空白处盖有收到日戳“五月初六日”。

② 信末署名后空白处盖有收到日戳“五月拾八日”。

③ 信末署名后空白处盖有收到日戳“五月廿六日”“11.6.21”。

七十

潜儿入目：

前次来禀具悉。汝母及贞明等于二十日反沪，陈宅可大于十五日娶亲，至十八日忽然发狂，至次日稍安静。其人自去年回国后精神状态素与人不同，亦偶有奇异举动，此次忽发此症，虽一时或可以告愈，然除根甚难。伊家遇此，真不幸事也。汝弟妇此次未来，闻回宁一月餘情状仍如故，陈宅男女如此者已有四人，盖遗传之说不妄。此事殊无法可想。令嘉照片尚有否？前片带至海宁，汝外祖母等见之均甚喜。可晒数纸寄来。寓中均安。可勿念。

廿二日晨　父字①

七十一

潜儿入目：

前日一谕，想已收到。昨日接海宁信，知可大发狂已全愈，其近因乃由天热失睡及大便不下三种而起，二十日得大便后已完全如常人。惟此人平日本有神经病状，难保不再发耳。现在沪寓房屋又须加租，自今月起月五十元。他处有宽大之三幢屋一所（在海防路，即戈登路之北麦根路之西），月五十餘元，所差不多。然酷暑甚畏动作，而路又僻远，故暂不动耳。致汝岳一书即转交。

廿六日　父字②

七十二

潜儿入目：

前日一禀并媳妇禀均已收悉。令嘉照片亦收到。此间近日又

---

① 信末署名后空白处盖有收到日戳“闰五月廿四日”“11. 7. 18”。

② 信末署名后空白处盖有收到日戳“闰五月廿九日”“11. 7. 23”。

甚热,室中最高九十五六度。惟昨晚小雨,天气又觉蒸热,想津地亦甚热也。汝母免身大约在本月内,汝弟妇在宁过夏,情状亦仍如故也。致汝岳一函即转交。

六月八日　父字①

七十三

潜儿览:

昨闻人言京津热至一百廿六度,暍死者至二百餘人,不知确否?又闻银行等均停办公,恐海关有船进出口未必能停耳。又昨汝岳父书中言及令嘉发热,现想已愈。望禀知。汝母于初九日晚十一时二刻产一女②,大小均安。惟天气甚热,在楼上甚苦耳。寓中均安。前数日皆九十四五度。昨有飓风稍凉,闻天文台报,预料二三日后沪上亦须热至百二十度,不知能免否。兹有致汝岳父一函即交去。餘候后谕。

十六日上午　父字③

七十四

潜儿入目:

前接来禀,具悉一切。令嘉想早已好全。谅津地天气当已渐凉矣。此间两次飓风虽无甚损害,而不雨垂两月,故农田望泽极殷。如日内能得雨,则江浙二省尚可望丰年也。汝母产后尚健,寓中亦安。汝此来禀已寄汝岳父处,渠回书言汝能知其艰难,意甚可嘉,再与汝岳母商酌云云。今年哈园大做寿,出月须连日应酬,颇较上课为苦也。

六月廿六日　父字④

致汝岳一函即交。

---

① 信末署名后空白处盖有收到日戳"六月拾贰日""11.8.4"。

② 生端明。

③ 信末署名后空白处盖有收到日戳"六月十八日""11.8.10"。

④ 信末署名后空白处盖有收到日戳"六月廿八日""11.8.20"。

七十五

潜儿入目：

前接来禀，具悉一切。家中俱安好。

哈园月初大做寿，其学堂亦于廿一日开课矣。汝新生小妹取名端明。现在汝母尚有乳，不知后何如耳。汝弟妇已于二十日返沪，现在言动与无病时无异。其病自始至终我家绝不见其有精神错乱之征兆，而其母家动辄云之。此次将来沪时，其父来书犹云其自己衣食全须他人料理，故带一老妈同来，然到沪之时已确如常人。我意此种人平素必抱嫁后如何享福安逸之观念，比至我家，见汝母等均须自己操作，已为不快。又家中无赌具，汝母亦不出游览。因之作为此状，其父母以为真病，则计盖自得矣。从此次观之，其非精神病，固为可喜，而心事如此，则更可忧耳。汝房屋恐一时未易觅得，迁后用人等事如何？望禀知。汝三弟已赴沪江大学矣。

七月廿三日灯下　父字①

七十六

潜儿入目：

久不接来禀，未知房屋等已觅得否？此间一切如常，今年风雨甚多，浙江被灾至五十餘县，江苏种棉之处亦概为风雨败，晚稻恐亦受伤，惟望以后晴明，则晚稻或有补救耳。日用百物皆贵于前，惟绸料较廉，则缘购买力不足之故耳。汝弟妇已全好，餘亦皆健。惟我自上月伤风多疾，今月初又发热一次，身体觉不甚适，近已好矣。汝母此次幸乳汁尚多，惟须稍添牛乳耳。汝三弟至校后已出来一次，明日亦可出来。致汝岳父一函即转交。

八月十九日　父字②

---

① 信末署名后空白处盖有收到日戳“七月廿八日”。

② 信末署名后空白处盖有收到日戳“八月廿□日”“11.10.□”。

七十七

潜儿入目：

昨日接来禀，具悉一切。房屋已定在特别二区，不知距嘉乐里有若干里，彼处相近有熟人否？以汝现所收入独支门户，仅可勉强开支。但加薪之期当已不远，尔时当稍有积蓄，以备不虞，但不知能加若干耳。此间诸人陆续有小病，乃天时不正所致。汝二弟因邮政局加价之故，前日为未加之末日，邮件极多，故至昨上午始归，亦患小热，殆可即愈。餘人亦大半愈矣。汝岳父近进京否？特别区既非租界，不知有警时视租界何如？抑与内地相同？我于津地理不熟，望画一略图，图英、法、日、奥诸租界，并城箱大略，其海关、嘉乐至诚诸里并车站并注出，则一览可以了然矣。此谕。

九月十三日　父字①

七十八

潜儿入目：

前日接来禀，已悉一切。迁居已数日，近想伙食诸事均已有头绪矣。前日孙二及何妈赴津，路过上海，在我家住一日，托其带去花缎一段，系为令嘉制长衣者。又家乡肉一块，文明饼二匣，又汝弟妇家乡肉一块，鲞一根，想已收到矣。孙二大约初七可到。此间天气月初颇冷，顷又稍暖。寓中无甚事，汝三弟上月回家二次，渠用钱手甚松，每月零用总须十元左右，而衣帽等均不在内，故今年渠学费用度总在三百以外也。哈校风潮已悉，明年闻须改，但不知结果如何。可大在定海中学教理化算学等，上月将其新妇接去，而昨已辞职回沪。其人老实无比，学问亦不见佳，故到处为学生所轻视。此后图事更不易，他事更非所长。惟其人系耶教徒，或可作传教事耳。餘俟后谕。

十月初三日　父字②

---

① 信末署名后空白处盖有收到日戳"九月十八日""11.11.6"。

② 信末署名后空白处盖有收到日戳"拾月初九日""11.11.27"。

七十九

潜儿入目：

前接来禀，具悉一切。此间天气不寒，想津地亦然。家中无事，惟本月廿六日为莫宅天保喜期。汝外祖母意必欲汝母等往吃喜酒，故拟与汝弟妇等同往。往返须十餘日也。汝母今年风气时发，故行路时觉不便也。汝三弟昨日尚在家，因外国冬至放假四日也。哈校已将放假，年内可无甚事，可不必日日往。汝二弟邮局因外邮归并，故较前甚忙耳。汝迁居已月餘，每月用度想已可预计矣！

令嘉想渐能言。我明年颇想到北方一次，不知能如愿否。

十一月初十日　父字①

八十

潜儿览：

月初接来禀并媳妇禀，具悉。汝岳父来此，并悉汝寓中情形，甚慰。汝母及弟妇至宁吃喜酒（汝二弟亦往宁，三日而返），至初七日反沪。莫宅喜事亦用至六百餘元，可见近来一切繁费矣！

汝弟妇夏间还海宁时，将小孩寄乳于牛街叶宅奎房。此次汝母等返沪，乃于初五日同至潘宅试周（以闰月计适为一年），闻乳母之乳亦不甚多也。海宁今年有抢米之事，故有田之家均不敢下乡收租。今日报纸言斜桥又有吃大户之事，不知果何如。绍兴、新昌、剩县一带遍地皆匪，其首领时往来沪上，皆手带钻戒，极为豪侈。闻杭州城外亦有绑票之事矣。可大至沪谋事，竟无可图，此事正不易也。寓中均安，汝母风气亦稍愈。哈园印内阁书事恐不能成，因此等书以在京写刻为便。彼等必嫌寂寞，故尚未与之开议也。汝三弟二十后当放假。餘容后示。

十二月十七日　父字②

---

① 信末署名后空白处盖有收到日戳“十一月拾五日”“12.1.1”。

② 信末署名后空白处盖有收到日戳“十二月廿日”“12.2.5”。

八十一

潜儿览：

岁杪接来禀，具悉一切。媳妇咳嗽服药后想已好全。此间岁杪及年头雨水极多，今日始晴正。汝叔母于去年十一月病，十二月二十日后又复发热，至嘉兴医治二十八日仍未见愈，始行返宁。现在身体弱极，脉至迟缓，恐成心脏衰弱，势恐不起。而汝潘外祖母亦患气喘，身肿已久，恐亦不妙。渠本二月中六十生日，汝母本拟往视，而婶母又同病，初十左右恐须即往宁一视疾也。昨写至此，今日因明日有便人归宁，故我亦同往视诸人病，数日即回也。馀俟后谕。

正月七日　父字①

八十二

潜儿入目：

初七八日曾寄一谕，想已收到。我于初八日反宁，看汝叔母之病甚为沉重，及十四反沪则已稍减。闻近日又稍愈，大约可无虞矣。据汝叔父书言如是。他人谓不过拖延时日，不知究如何。潘外祖母之病亦小愈，然已不能起床，将来仍有危险。现汝母拟于明日反宁也。汝三弟已赴沪江大学，此次还家时本有咳嗽，及至校后更甚，后有信来云痰中见血，服校医药后咳稍愈，而第二次信来乃不提及，不知竟何如。此次有流行咳嗽，汝六弟及小妹均大咳，现已愈矣。媳妇去年咳嗽，想已早好。久不来禀，望即写为盼。

正月二十日灯下　父字②

八十三

潜儿入目：

前禀已悉。汝叔母病现已大愈，惟恐恢复尚不易。潘外祖母病

---

① 信末署名后空白处盖有收到日戳“正月初九日”“12.2.24”。

② 信末署名后空白处盖有收到日戳“正月廿四日”“12.3.1”。

较鼓胀，虽时有轻重，不过拖延时日耳。汝母上月赴宁，大约此月不能返沪。汝弟正月返宁，现已来沪。寓中现人口较少，上月汝六弟感冒颇重，现已好矣。媳妇咳嗽想已愈。汝三弟之血亦因咳嗽伤喉所致也。餘俟后谕。

二月初五日夕　父字

可大今年赴庐州教会中学任教习，未知已持久？远威亦至汉口洋行执事，月薪四十元。又及。

八十四

潜儿览：

顷接来禀，已悉一切。潘外祖母之病此月已极危笃，顷接快信，已于廿五日酉刻逝世。所云治法，惟年轻者可愈，老人则不可为矣。我现不能往宁。汝二弟不能请假亦不能往宁。伊家大约迎神领帖。我于其领帖时须一往也。汝母大约迎神后反沪。此谕。

二月廿七日　父字[①]

八十五

潜儿览：

久不接来禀，津寓想各安好。我定于下月初北上，现在正部署一切。

汝叔父家今正叔母大病几殆，幸而获愈。而全家均病发热情形，均下蛔虫甚多。初意蛔虫为病，既知病源医治可立愈，不料阿福竟于二十日殇去。其下二人亦兼出痦子，不知可无妨否。汝母于二十日晨往临其丧，即行出沪。因我出门等服装尚未料理故也。叔家去冬仍迁居堰下徐宅，租其前进，前此住者均不利，今年又纷传见鬼，今欲迁居又有病人，不宜冒风，故暂迁入后埭与朱氏合住。而叔母大病初愈，尚未复原，又须料理病人，今阿福又逝，不知能无他虑否。殊为可虑也。寓中均安，惟汝大小二妹均患百日咳，其小妹发热十餘日尚未退，不知可无妨否耳。餘俟再谕。

三月廿二日　父字[②]

---

① 信末署名后空白处盖有收到日戳“二月三十日”“12.4.15”。

② 信末署名后空白处盖有收到日戳“三月廿六日”“12.5.1”。

八十六

潜儿览：

昨接禀及媳妇禀，具悉。汝小妹已于上月廿八夜殇去，因发热十八日更无治法也。东明在宁虽同系百日咳，然不发热则经过自愈耳。我大约初七八由火车北上。汝母等北来当在秋间耳。令嘉瘄子当已大愈。临行时当再有谕。

四月朔日　父字[①]

八十七

潜儿览：

前数禀均悉。我之行止，想罗宅必时通消息，故未付谕。前接上海信，汝母等定于是月北上，汝二弟已租定新闸路甄庆里一屋，月租二十六元，或带一过街楼，故租价如此大也。此次想由汝三弟送汝母等北上，汝弟新屋于是月起租，大约因汝弟媳产期将近，须先行迁入也。前日汝岳言令嘉又发热，现想早愈。此次津地有冰雹风灾大水，想不甚为害也。

七月初二日　父字[②]

八十八

潜儿入目：

汝母等到京后，知令嘉病渐愈。昨接媳妇禀，知已全愈。此间布置一切现已大致就绪，诸人亦俱安健，远威得厦门中国银行事，十八九赴沪，即须至厦也。我此月中或须至津一次，汝有来京之说，不知在何时？大约在下月乎？令嘉病后食量想已复旧。餘俟后谕。

八月十五晚　父字[③]

---

① 信末署名后空白处盖有收到日戳“四月初四日”。

② 信末署名后空白处盖有收到日戳“七月初四日”“12.8.15”。

③ 信末署名后空白处盖有收到日戳“八月十七日”。

八十九

潜儿览：

前日令嘉仍有微热，现已退否？汝岳父之意，谓令嘉病新愈，欲汝等稍迟再搬，不知汝意如何？孙慕韩处我当切托宝瑞老。汝岳亦允致书于宝，宝与孙亲家，或能有效，惟须写一履历，即由何年考取并进税关几年，向在何处历何事等语。可开一节，略来为汝润色之可也。寓中无事，餘俟后谕。

九月八日　父字

汝母十五早车赴津。罗宅有信来，汝岳母欲亲往接，可辞之，即由汝接同至罗宅也。又及。

九十

潜儿览：

昨接来禀，具悉一切。汝意亦不差，然人家好意亦须委曲为之。今观汝意已决，故今日我拟将书籍搬至客厅，明日须将厢房以板隔断。恐冯友十二不及，则于十三赴津。届时当再来一禀，禀明到京日时，则可预备马车也。此谕。

十月初十日　父字

九十一

潜明入目：

昨接来禀并票十元，收到无误。媳妇信亦收到矣。闻媳妇尚有微热，不知已愈否？汝六弟前日咳嗽颇多，几于每食必吐，服止吐药并用吸入器，近二日已稍好矣。汝三弟有禀来，咳嗽尚未止，恐亦系百日咳也。汝已搬至罗宅否？致汝岳父一函即转交。餘人咳亦稍好。

四月廿八日　父字

九十二

潜儿览：

前日接两禀，具悉。尔胃病已好否？此间患百日咳者渐止，而登明身体不佳，前日往沈修是处，云因咳嗽过多肋骨有病，如不至患肋膜炎则幸矣。此次过节发津贴两月，又有节边津贴，故尚能支持数月。媳妇已好全否？此谕。

五月十五日　父字

致汝岳父函一纸即交。

九十三

潜儿览：

前日接来禀，具悉一切。此次大雨，家中交通断绝，各处多漏，幸而复霁，不能[1]能遂晴否？贞明来后即往沈修是处诊疗，量温度一礼拜，知肺中无病，其咳嗽亦系百日咳之类。唯耳中因大咳受伤，其自鼻通耳之管变成扁形，且有时不通，故须日往吹之并加以药，大约一礼拜可愈。然因大雨作辍，故尚未见效也。登明等亦均好全。媳妇前沈医所开之补剂服否？致汝岳父一函即交。

六月初八日　父字

九十四

潜儿入目：

今日接来禀（君羽有函先到），知令臧竟于初三夜殇去。我家生女每不易育，此亦不可解。前此久病，本无治法，但吃药偶效，冀万一得愈耳。媳妇辛劳后想尚好。

京寓已决计迁移。已于清华校内租定房屋二所，一七间（月租

---

① 不能：疑为"不知"。

廿五元)，一五间(十九元)。拟家眷住七间，书房及男仆住五间。二屋相离近百步许，然已无他屋可租，只得暂时勉住，现已着手归束书籍，拟此月中旬即行迁移。恐京城如有他事，则城西一带货车不敢往，故须急之耳。汝来京可稍早，否则若正在迁屋时不甚便也。汝岳尚有书稿在此，须一柳箱方能容之(今日以一小箱装之不足，或外再打一包，拟托温考伯携津，否则俟汝来带去也)。汝尚有桌椅等亦可携津。因家中固有之物新屋恐不能容也。新屋系新式屋，将来如能新添造新屋(校中有此议)，则较便矣。

初五日　父字

九十五

潜明入目：

昨接来禀及媳妇禀，具悉一切。我于初九反京，抵家甚早，因访人不值故也。星期六有饭局，尚须进城一行也。汝弟读书事尚未定，拟延一师。闻陈小山考海关不取，不知渠现在厂中有事否？如无事我处拟请其教书，每月奉束脩十五元(将来或可在校中兼一事)。望与君羽商之。汝十八九赴沪，赴沪前望禀知此事也。此谕。

四月十三日灯下

九十六

潜儿入目：

上月初接来禀，具悉一切。潘宅喜事时，沪杭虽已通行，不知汝果往否？现在沪上想可无事。海宁有消息否？招商船赴津者是否照旧开行？此次海上可以通行，惟京津间路现在不至有碍，将来则不可知。汝母处上月已写信，今其于喜事毕后即行北上，不知果如何？时局果何时可以定局实不可知也。寓中均安。上月曾至津一次，三日而返，贞明想不甚出校。

九月十三日夜　父字

九十七

潜儿览：

前接来禀，具悉北方之事现已缓和，暂时可以无事。不知汝母已至沪否？如未到沪，可写信至宁，属其即行动身，目下途中决不至有阻碍也。如盘费不足，可向华丰暂借，即行寄还不误。此间已寒，前日见薄冰，大约城外较城内稍冷也。另一纸如汝母未到望寄宁。

九月廿八日夕　父字

王国维致王潜明、王高明

（1封）

潜、高儿入目：

久未接来禀，不知沪上情形如何？我上月到津，大媳妇云七月中旬与汝母同至上海，后接罗宅信，知须待数月后。不知沪上房屋现易觅否？甄庆里中恐不易得，最好同在一里，照应较便也。贞明现已进校。不知现在邮局邮务员考试必须有中学毕业文凭否？如不须文凭，则年内外有考试可先应考，即考取后传到亦需时日，仍可在校毕业，否则毕业后既须俟考，又须等候传到，中间无所事事，殊为不妥。我二人可先留意此事。纪明现已请一上级学生教英文，每日一钟，月薪十二元，自阳历九月起即授课矣。汝母此次过沪无甚耽搁。宁事及沪事望时禀知。

七月十三日　父字

梁启超[1]致王国维

(4封)

一

示敬悉。梅、孟两君超皆素识。梅君在本校最久(治数学),人极忠厚。孟君去岁新来,夙治教育学,莼生(著《心史丛刊》者)之侄也,国学亦有相当根柢。二君中任以一人为教务长,当皆能赞助本院事业。惟以治事才论,或孟君更长耳。超畏劳顿,拟不出席。若能派代表,则拟举孟君,公谓何如?此复

观堂先生

启超顿首

即刻

二

观堂先生有道:

奉示敬悉。所拟二十题具见苦心。超亦敬本我公之旨拟若干题,别纸承教。但两旬以来,再四筹思,终觉命题难于尽善。年来各校国学榛芜,吾辈所认为浅近之题,恐应考者已泰半望洋而叹。此且不论,尤惧有天才至美而于考题所发问者偶缺注意[2],则交臂失

① 梁启超(1873—1929):字卓如,一字任甫,号任公,别署饮冰子、饮冰室主人、哀时客、中国之新民等,广东新会(今江门)人。1890年起拜康有为为师,1895年随康有为发动"公车上书",主张变法。清末曾任上海《时务报》主笔、长沙时务学堂总教习等。民国时期曾任清华国学院教授。著名政治家,著名学者,有《饮冰室合集》等存世。

② "偶缺注意"本写作"夙未研究",后划改。

之，深为可惜。

鄙意研究院之设在网罗善学之人，质言之，则能知治学方法，而其理解力足以运之者，最为上乘。今在浩如烟海之群籍中出题考试，则所能校验者终不外一名物一制度之记忆。幸获与遗珠，两皆难免。鄙意欲采一变通办法，凡应考人得有准考证者，即每科指定一两种书，令其细读，考时即就所指定之书出题。例如史学指定《史通》《文史通义》（或《史记》《汉书》《左传》皆可），考时即在书中多发问难，则其人读书能否得间最易检验，似较汎滥无归者为有效。若虑范围太窄，则两场中一场采用此法，其一场仍泛出诸题，以觇其常识，亦未始不可。不审尊意以为何如？今别拟一准考通告书呈览。若谓可用，请更与雨僧一商，并列举指定之书见示最幸。手此，敬承
道安不尽

期　启超顿首

七日

三

静安先生史席：

闻先生曾一至天津，正拟奉谒，则已归京，怅甚。得吴君书，知先生不日移居校中，至慰。

考试命题事，校中所拟办法至要。弟因家中有人远行，此一旬内颇烦扰，不能用心于问学。欲乞先生将已拟定之各考题先钞示一二，俾得在同一程度之下拟题奉商，想承见许。又专门科学之题，每门约拟出若干，并乞见示。此项之题，太普通固不足以觇绩学，太专门又似故为责难，此间颇费斟酌，想先生有以处之矣。四月半后当来校就教一切。先此奉商，希赐裁答。敬请
道安不一，不一

期　启超顿首

廿九日

今年投考新生，欲将其所呈验旧作，稍为细阅，给以分数，以与将来试卷合算。意欲令各助教先一评定而由公核其当否，尊意谓何如？

启超又顿首

四

静安先生：

诸生成绩交到此间者已大略翻阅，内中颇有可观者，如高亨、赵邦彦、孔德、王庸皆甚好（方壮猷稿未成，规模太大，颇驳杂，用力亦勤）。乃至汪吟龙[1]亦颇有见地，不失学者矩矱，实出意外也。弟拟略为批点，俾诸生有所感发。苦新病后不能多用力耳。最好先生兴之所至，亦随时批示一二。弟顷入京续诊餘病，星期二方能返校。各卷先呈先生察阅。

启超顿首

三十日

① 汪吟龙（生卒年不详）：安徽桐城人，著有《文中子考信录》《碑文三范》等。抗日战争时期曾任伪安徽教育厅长。

胡适[1]致王国维

（13 封）

一

静菴先生：

顷闻先生论戴东原《水经注》[2]一文已撰成，千万乞赐与《国学季刊》登载。《季刊》此次出东原专号，意在为公平的评判，不在一味谀扬。闻尊文颇讥弹东原，同人决不忌讳。本期有钱君一文论东原之天算，亦多指摘其失。尊文如已写定，乞即赐交敝寓，或送研究所。

胡适敬上

十三，四，十七

二

静菴先生：

送上《广陵思古编》[3]十册，王氏两先生[4]之作在卷十九，也许多

---

① 胡适（1891—1962）：原名洪骍，小字嗣穈，字适之，笔名天风、冬心、胡天等，安徽绩溪人。1910 年留学美国，先后就读于康奈尔大学、哥伦比亚大学研究院，分获文学学士、哲学博士学位。1917 年 1 月发表《文学改良刍议》于《新青年》。1917 年 7 月回国，任北京大学教授，为新文化运动代表人物之一。抗日战争时期曾任国民政府驻美大使，抗战胜利后任北京大学校长、中央研究院院士。1949 年后任联合国教科文组织世界人类科学文化史编委会委员。1958 年任台湾“中央研究院”院长。最终卒于台北。著名学者。著有《中国哲学史大纲》《白话文学史》等书。

② 戴东原：即戴震（1724—1777），字东原，安徽屯溪人，曾校勘《水经注》。王国维著有《戴校〈水经注〉跋》一文。

③ 《广陵思古编》二十九卷，清汪廷儒编。

④ 王氏两先生：指王念孙（怀祖）、王引之（伯申）父子。

是先生所已见的。

卷十一有焦里堂[①]与王伯申一书，其言殊重要，先生曾见之否？

散氏盘拓本[②]，易寅邨[③]先生所赠，亦送上。先生关于此器如有释文或考证，亦甚盼见赐一观。寅邨先生来书一页附呈。

胡适敬上

十三，六，廿七

三

静菴先生：

顷偶读《后村[④]词》中“席上闻歌有感”一首《贺新郎》，有云：

那人人靓妆按曲，
绣帘初卷；
道是华堂箫管唱，
笑杀鸡坊拍衮。

“鸡坊拍衮”是什么？翻阅唐、宋两史的《乐志》，皆不详“拍衮”之义。先生曾治燕乐史，便中能见教否？以琐屑事奉烦先生，千万请恕我。

胡适敬上

十三，七，四

四

静菴先生：

承示衮遍之义，多谢多谢。

---

① 焦里堂：即焦循(1763—1820)，字理堂，一字里堂，江苏甘泉(今扬州)人。《广陵思古编》卷十一收录焦循《复王侍郎书》(王侍郎即王引之)，并注：“此文从他处钞下，原集未载。”

② 散氏盘：西周晚期青铜器名。

③ 易寅邨：指易培基(1880—1937)，字寅邨，湖南善化(今长沙)人。曾任湖南省立第一师范学校校长，为故宫博物院首任院长。

④ 刘克庄：字潜夫，号后村，著有《后村先生大全集》。

"鸡坊拍衮"系从朱刻《彊村丛书》本，顷检《四部丛刊》中之影钞本《后村大全集》，亦作"鸡坊"。

"衮"为大曲中之一遍，诚如来示所说。鄙意亦曾疑此字是滚字之省。来示引宋仁宗语，谓"入破"以后为郑、卫。顷又检《宋书·乐志》(卷131)，有云："凡有催衮者，皆胡曲耳，法曲无是也。"此言可以互证。

鄙意"拍衮"是二事，催是催拍，而衮另是一事，故《宋史》以催衮并举，而后村以"拍衮"并举。沈括亦列举"催攧衮破"；而王灼于虚催实催之后皆有"衮遍"，末节又并举"歇拍""杀衮"，似"歇拍"以收催，而"杀衮"以收衮也。先生以为何如？

细味后村词意，似亦以"拍衮"为非正声。词中之女子只习正声，"羞学流莺百啭"，而第一次的奏曲，便被"鸡坊拍衮"笑杀。以此见疏，故下文即云"回首望侯门天远"。以宋仁宗语及《宋史》语证之，此词稍可解了。尊见以为然否？

胡适敬上

十三，七，七

五

静菴先生：

今早匆匆复一柬，未尽所欲言。

下午复检《教坊记》[①]，仍有所疑。崔令钦不知何时人，其所记载多开元、天宝盛时事，又无一语及于离乱，故初读此记者每疑崔是玄宗时人。然曲名之中乃有《杨柳枝》及《望江南》《梦江南》等曲。《杨柳枝》是香山作的，《望江南》是李德裕作的，皆见《乐府杂录》[②]。段安节生当唐末，其记开成、会昌间事应可信，倘段《录》可信，则崔《记》曲名不全属盛唐。鄙意此可有两种说法。崔令钦或是晚唐人；段序亦言尝见《教坊记》，崔在段前，而时代相去不甚远。此一说也。否则崔《记》中之曲名表有后人续增入之曲名，以求备为主，不限于一时代，也许有五代以后续增的。此如玄奘《西域记》中有永乐时代的外国地理，意在求广收，不必是作伪也。此一说也。

---

① 《教坊记》一卷，唐崔令钦撰。

② 《乐府杂录》一卷，唐段安节撰。

因此颇疑《教坊记》之曲目尚未足证明教坊早有《菩萨蛮》等曲调。不知先生有以释此疑否？便中幸再教之。

适敬上

十三，十，十

六

静菴先生：

十三日手示敬悉。同时又见叔言先生之《敦煌零拾》中先生跋《云谣集》[①]语。

崔令钦之为开元时人，似无可疑。惟《教坊记》中之曲名一表，终觉可疑。先生据此目定《云谣集》之八曲为开元旧物，恐不无疑问。即以此八调言之，其《天仙子》则段安节所谓："万斯年曲，是朱崖、李太尉进，此曲名即《天仙子》是也。"(《新唐书》二十二，李德裕命乐工制《万斯年曲》以献)其《倾杯乐》则段安节所谓"宣宗喜吹芦管，自制此曲"。先生谓"教坊旧有此等曲调，至李卫公[②]宣宗时始为其词"，然《天仙子》一条，段录在"龟兹部"一节下，似教坊原无此曲调，卫公始进此调。又《倾杯乐》一条似亦谓所制系芦管曲调，故有上"初捻管，令排儿辛骨𩩲拍"之语。又《菩萨蛮》一调，《唐音癸籤》[③]亦谓是大中初，女蛮国入贡，其人危髻金冠，璎珞被体，人谓之"菩萨蛮"，当时倡优遂制此曲。是大中时所制似亦非词，乃曲调也。《忆江南》《杨柳枝》，前书已言之。又《教坊记》记事讫于开元，不及乱离时事，而曲名中有《雨霖铃》《夜半乐》，亦可疑也。又此目后方有"大曲名"三字，而其下四十六曲不全是大曲，此亦是后人附加之一证。先生谓教坊旧有《忆江南》等曲调，中唐以后始有其词，此说与鄙说原无大抵牾。鄙意但疑《教坊记》中之曲名表不足为历史证据，不能考见开元教坊果有无某种曲拍耳。此是史料问题，故不敢不辨；史料一误，则此段音乐历史疑问滋多。鄙意段安节《乐府杂录》，《杜阳

---

① 《云谣集》：即《云谣集杂曲子》，出自敦煌石室唐写卷子。

② 李卫公：即唐李德裕。

③ 《唐音癸籤》三十三卷，明胡震亨撰。

杂编》[1],《新唐书·乐志》,皆足证崔《记》中曲目之不可信,尊意以为何如? 屡以琐事奉扰,幸先生见原。

适敬上

十三,十,廿一

七

静菴先生:

昨日辞归后,细读廿四日的手教,知先生亦觉《教坊记》为可疑,深喜鄙见得先生印可。

前又检《杜阳杂编》,知《唐音癸籤》记《菩萨蛮》原起的一段是根据苏鹗之说。苏鹗书中多喜记祥瑞灵应,其言多夸诞,不足深信。此一条前记女蛮国,后记女王国,皆似无稽之谈。先生所疑,鄙见深以为然。惟《杜阳杂编》此条下云:"……当时倡优遂制《菩萨蛮》曲,文士亦往往声其词。"此语记当日倡优作曲,而文士填词,层次分明,即不信其女蛮国之说,亦是为词曲原起添一例证也。先生要我将《教坊记》各调源流一一详考,将来得一定论,此事似不易为,正以来书所谓"诸书所记曲调原起多有不足信者"故耳。此复。即候

起居

胡适敬上

十三,十二,九

八

静安先生:

顷得孙中山秘书处杨君的电话,询问内务府宝熙、绍英、耆龄、荣源四位先生的表字。先生如知之,乞赐示知。

胡适敬上

十四,一,五

---

① 《杜阳杂编》三卷,唐苏鹗撰。

九

静安先生：

手示敬谢。

朱逷先[①]先生甚盼先生校后为作一跋，特为代达此意。

匆匆即祝先生与叔言先生晚安。

胡适敬上

十四，一，五

十

静菴先生：

清华学校曹君已将聘约送来，今特转呈，以供参考。约中所谓“授课拾时”，系指谈话式的研究，不必是讲演考试式的上课。

圆明园事，曹君已与庄君商过，今日已备文送去。

适敬上[②]

十一

静菴先生：

手示敬悉。顷已打电话给曹君，转达尊意了。一星期考虑的话，自当敬遵先生之命。但曹君说，先生到校后，一切行动均极自由；先生所虑（据吴雨僧[③]君说）不能时常往来清室一层，殊为过虑。鄙意亦以为先生宜为学术计，不宜拘泥小节，甚盼先生早日决

---

① 朱逷先：指朱希祖（1879—1944），字逷先，浙江海盐人。清道光状元朱昌颐族孙，历任北京大学、北京师范大学、清华大学、辅仁大学、中山大学及中央大学等校教授，为著名史学家。

② 原信后无日期。

③ 吴雨僧：指吴宓（1894—1978），字雨僧、雨生，陕西泾阳人。曾任东南大学、东北大学、清华大学教授，著名学者。

定，以慰一班学子的期望。日内稍忙，明日或能来奉访。匆匆，
即颂
起居佳胜。

适敬上
一四，二，十三

十二

静菴先生：

夏间出京，归后又以脚疾不能出门，故久不得请教的机会。顷作所编《词选》序，已成一节；其中论长短句不起于盛唐，及长短句不由于“泛声填实”，二事皆与传说为异，不知有当否，甚欲乞先生一观，指正其谬误。千万勿以其不知而作，遂不屑教诲之也。匆匆，
即祝
起居胜常。

胡适敬上
十月九日

十三

静菴先生：

得手教，甚感。

《山阳志餘》一书，适并不曾借过，《西游记考证》中曾引此书，乃周豫才先生代抄来的。雪堂先生想系误记，乞转告。

适敬白
十月十日

顾颉刚[①]致王国维

（4封）

一

静安先生尊鉴：

服膺十载，前日得承教言，快慰无既。惟以拙于言辞，不能白达其爱慕之情。私衷拳拳，欲有所问业，如蒙不弃，许附于弟子之列，刚之幸也。

当时匆匆，忘述一事。沈兼士先生前次谈及，凡一家著述散见各帙者，均拟由研究所中汇刊为丛书，先生所著，专以新法驭古学，凡所论断，悉为创获，如得汇刊一集，俾研究国故者有所遵循，实为盛业。因嘱刚趋前接洽，可否由先生编定目录付校中刊印，至于向归书肆出版者，版权上有无须行磋商之处，务请示及是幸！专上，敬请

著安

后学顾颉刚顿首

三月廿八日

---

① 顾颉刚(1893—1980)：原名诵坤，字诚吾，号铭坚，江苏吴县(今苏州)人。1920年北京大学毕业，历任北京大学、厦门大学、中山大学、燕京大学教授。著名历史学家。王国维在1922年8月8日致罗振玉的信中说："有郑介石者来见，其人为学尚有条理，又有顾颉刚者(亦助教)亦来，亦能用功。"(见刘寅生、袁英光编《王国维全集·书信》，北京，中华书局，1984年版，第325页)

二

静安先生尊前：

月初接诵赐书，敬悉一切。已将尊意函达兼士先生矣。承许问业，感甚。

刚近读《顾命》，稽之大著《礼徵》，知康王受册命之地为庙而非寝，启发童蒙，忻幸无极。惟尚有怀疑者，“狄设黼扆缀衣”冒下文布席陈器而言，是必在庙之事。上文云：“兹既受命还，出缀衣于庭”，此当是路寝之事，以王疾大渐，豫为殡殓地也。然上云“出缀衣”，而下云“设缀衣”，颇易联想为一地。又“华玉仍几”“文贝仍几”之“仍”字，孔《传》解为“因生时不改作”，是皆就寝以立说，若在庙固无所谓因生不改，则此“仍”字殆别有解乎？又“伯相命士须材”，郑、孔皆解为“致材木以供丧用”，刚意此似亦冒下文立说，所谓材者，当不外几席宗器耳。凡此疑点，愿闻教诲。专上，敬请

著安

后学顾颉刚顿首

四月廿九日

三

静安先生尊前：

顷接赐书，诵悉一是。童蒙之求，承为析示，不胜感荷！刚于“须材”一语所以有疑者：一则以天子七日而殡，癸酉距乙丑已九日，无所事于致木材以供丧用；二则以癸酉即为康王受命之日，此日之取材，谅不关于丧用；三则以士之须材与狄之设黼扆均出于伯相之命，语气承接而下，若为一事也。自恨读书不多，不能求一适当之解答，幸揖名师，敢复请益，一再之渎，惟谅恕之。此上，敬请

道安

后学顾颉刚顿首

五月初二日[①]

---

① 前三封信写作时间均为1922年。

四[1]

静安先生尊鉴：

去夏到清华，匆匆一谒，未尽所怀，不久即就厦门大学职务。厦门虽为豪家所聚，而无文化根基。栖息于是，无殊荒岛。大学校长林文庆先生原为南洋商人，于普通智识虽甚博涉，而研究学术曾非所知。其创办国学院，志于使学生作古文辞耳。总秘书林语堂君锐意革新，拂逆其意，积不相能，遂致激动学潮。国学院不及一年而即停办。处事轻率，闻者骇叹。刚虽被留，然势难久居。兹将质问书一纸奉览。友人吴山立君肄业北京师范大学研究科中，专力研究古文字，苦乏良师指导，知刚与先生相稔，嘱为介绍，幸赐教诲。敬请

道安

后学顾颉刚上[2]

---

① 信纸上印有"厦门大学文科主任办公室"字样。

② 顾颉刚赴任厦门大学教授时在 1926 年秋天，此信写于 1927 年。信纸首页右侧标有写信日期"十六年三月六日"。

黄节[①]致王国维

（1封）

静安先生足下：

前日闻台从抵都，趋诣未获晤谈。四月廿七日下午七时拟在社稷坛来今雨轩[②]假座晚餐。至乞移玉，并与孟劬为别。座无他客，只罗掞东[③]兄。弟欲聆教左右者也。手约，不另柬。餘不悉之。

黄节顿首

---

① 黄节（1873—1935）：原名晦闻，字玉昆，广东顺德（今佛山）人。诗人，学者。曾任北京大学教授、广东省教育厅厅长等职。

② 来今雨轩：位于北京中山公园内。始建于1915年，是著名的茶楼和饭馆，也是近代一些社会名流聚会之所。名称典出杜甫诗歌《秋述》前的小序：“秋，杜子卧病长安旅次，多雨生鱼，青苔及榻，常时车马之客，旧雨来，今雨不来。”

③ 罗掞东：即罗惇曧（1872—1924），又名敦曧，字孝通，号掞东。民国初期曾任总统府参议、国务院秘书等职。著名剧作家。

沈兼士[①]致王国维

（3封）[②]

一

静庵先生左右：

前此研究所中各事多由叔平兄转达，致久未通讯，歉悚，歉悚。昨叔平兄由沪回京，借承起居佳胜，著述日增，忻慰之至。并由叔平兄转述，先生今年沪事稍闲，或能来京一游，闻之不胜欣喜。尚望将豫定北上之期便中示及，用慰同人钦迟之意。北大蔡鹤庼[③]先生虽暂离校，校务仍由各部主任负责维持，《国学季刊》第二期本月中旬可以出版，惟同人学问浅薄，当恳先生不弃，随时指导。第三期中尤盼能以大作赐登，俾增声价，不知先生肯谅而允之否？孟蘋[④]先生所刊尊集何时可以出版？沈子培[⑤]先生遗稿前闻孟劬兄言已由先生担

---

① 沈兼士(1885—1947)：又名坚士，浙江乌程(今湖州)人。早年留学日本，参加同盟会，语言文字学家。回国后曾在北京大学、厦门大学、清华大学、辅仁大学、中央大学师范学院等校任教，曾任北京大学研究所国学门主任，辅仁大学代理校长、文学院院长，国民政府教育部平津区特派员等职。曾与其兄沈士远、沈尹默同在北大任教，有“北大三沈”之称。著有《文字形义学》《扬雄方言之研究》等。近些年来，中华书局两次整理出版了《沈兼士学术论文集》。

② 另有沈兼士致罗振玉、马衡、马裕藻的信各一封，最后为王国维先生所收，故一并录于后。

③ 蔡鹤庼(1868—1940)：原名蔡元培，字民友、仲申、鹤卿，号孑民、孑农、鹤庼等，浙江绍兴人。国民党员，著名学者、教育家、民主革命家。曾任南京临时政府教育总长、北京大学校长、南京政府大学院院长、中央研究院院长、监察院长等职。著有《红楼梦索隐》《蔡孑民先生言行录》等。

④ 孟蘋：指蒋汝藻。

⑤ 沈子培：沈曾植，字子培。

任整理，不审何时可以竣事？敬念，敬念。尊处前寄交陈援庵[1]兄之稿件，已经交去。援庵兄嘱弟先为代达谢意。肃请
撰安

兼士谨拜启

翰怡[2]先生晤时祈为致意。前曾寄一信，不知收到否？恳便代问。又启。

二

静安先生大鉴：

昨读致叔平先生书，敬悉一切。大著《五代监本考》收到，谢谢！当由本期《国学季刊》登出。兹检上研究所国学门章程四纸，由叔平先生转寄，祈察入为荷！北京教育经费风潮现在已将告一段落，阳十月初当可开学。

先生如有研究题目须提出者，请便掷下，不胜盼祷之至。敬候
撰安

沈兼士谨上

三

静安先生著席：

北京大学研究所国学门同人谨订于本月九日（星期日）午后二时在后门内汉花园本校第一院开会欢迎先生，务祈光临赐教，不胜欣企之至！敬请
撰安

沈兼士拜启
六月四日

---

① 陈援庵：指陈垣（1880—1971），字援庵、园庵，广东新会（今江门）人。中共党员，著名史学家、教育家。曾任北京大学国学门导师、故宫博物院图书馆馆长、辅仁大学校长、北京师范大学校长、全国人大常委会委员等职。著有《中国佛教史籍概论》等。

② 翰怡：指刘承干（1882—1963），字贞一，号翰怡，浙江吴兴（今湖州）人。现代著名实业家、藏书家，著有《周易正义校勘记》等，刊刻有《嘉业堂丛书》《吴兴丛书》等。

附：

沈兼士致罗振玉

雪堂先生侍右：

兹送上《史学杂志》一册，内有莫利逊文库展览会陈列品目录，请查阅。敬请
晚安

兼士拜启

静安先生并候

沈兼士致马衡[①]

叔平先生大鉴：

昨承转到静安先生不受脩金之函，敬悉一一。本校现正组织《国学季刊》，须赖静安先生指导之处正多，又研究所国学门下学年拟恳静安先生提示一二题目，俾研究生通信请业。校中每月致送百金，聊供邮资而已，不是言束脩也。尚望吾兄婉达此意于静安先生，

① 马衡(1881—1955)：字叔平，一字绥之，别署无咎，室名凡将斋，浙江鄞县(今宁波)人。曾任北京大学研究所国学门教授、故宫博物院院长等职，为中国近代考古学的前驱。在中华书局 1984 年版《王国维全集·书信》中录有王国维致马衡信 36 封。

请其俯鉴北大同人欢迎之微忱，赐予收纳，不胜盼荷！顷晤蔡孑民先生，言及此事，孑民先生主张亦与弟同，并嘱吾兄致意于静安先生。专此，敬请
著安

弟沈兼士启

新《国学季刊》行将付印，静安先生如有近作赐登，不胜欢迎之至。又及。

沈兼士致马裕藻[①]

幼渔兄鉴：

前承静安先生面允，代为修改伊凤阁博士《西夏国书略说》，兹将原稿送请费神转交。静安先生想已移居入织染局新居矣！此请
著安

弟沈兼士拜启
六.廿九.

---

① 马裕藻(1878—1945)：字幼渔，祖籍浙江鄞县(今宁波)，语言文字学家，曾任北京大学国文系主任。他是马衡的二哥。20世纪二三十年代，马裕藻与其亲兄弟马衡、马鉴、马凖、马廉都在北京大学或燕京大学任教，被传为士林佳话。

梁漱溟[1]致王国维

（1 封）

静庵先生左右：

漱溟于民国十年过沪，在张孟劬、东荪兄弟家见先生一次，今事隔五年，不知先生尚记得否？冥今在清华借住，方编次先君遗稿，并编订年谱。素日未尝学问于体例，诸多未谙，有欲请教者一二事，未审先生得暇否？如承惠许，即当诣谒，否则改日再请耳。专此，敬请

台安

梁漱溟再拜

廿四日午

---

① 梁漱溟(1893—1988)：原名焕鼎，字寿铭、萧名、漱溟，广西桂林人。中国现代思想家，现代新儒家的早期代表人物之一。1916 年任司法总长秘书，1917 年至 1924 年在北大任教。梁漱溟在北大发起了东方学及孔子哲学的研究，并于 1921 年出版了《东西文化及其哲学》一书。1924 年后曾前往山东办学。他在山东乡村建设实验中倡导的乡学村学模式更突出表现了融社会教育与社会改造为一体的思想。新中国成立后历任一届至四届全国政协委员、五届至七届常委，1980 年后任中华人民共和国宪法修改委员会委员、中国文化书院院务委员会主席等职。

傅增湘[①]致王国维

（2 封）

一

涵芬楼藏《元秘史》乃盛意园物，癸丑年弟所代购，旁注音切。《亲征录》校本已赠内藤南湖[②]。近日赴津可取来奉上。《水经注》跋异日盼公题于本书。上

静安先生

增湘顿首

二

静庵先生阁下：

岁暮缘事赴津，已将《说郛》中《皇元圣武亲征录》检取携津（京），日内即派人来取可也。弟月初暂不往津，须待上元节，恐与公相左也。专此，敬候

年喜

弟傅增湘拜启

丙寅元日

---

① 傅增湘（1872—1949）：字润沅，又字沅叔，号薑庵，别号双鉴楼主人、藏园老人等，四川江安人。光绪十四年（1888）中举人，光绪二十四年（1898）中二甲第六名进士，选翰林院庶吉士。曾任直隶提学史。创办天津北洋女子师范学堂、京师女子师范学堂。辛亥革命后，历任肃政厅肃政使、教育总长、约法会议议员。1927 年任故宫博物院图书馆馆长。私人藏书逾二十万册。酷爱校雠之业，一生校书一千多部、一万六千多卷。著有《藏园群书经眼录》《陵阳先生诗校勘记》等。

② 内藤南湖：应为“内藤湖南”之误。

藤田丰八[1]致王国维

（2封）

一

静安先生阁下：

前奉手谕，因不详高寓所在，迄不奉答。荏苒数月，顷又辱教示，多谢，多谢！闻阁下编纂学术丛编，述作日多，望印成之速，不独弟也。弟入今年有二三小著而不足见。刻下从事于大月氏考，但不知何日能脱稿。又《岛夷志略校注》尚须改订。闲中忙事如此耳。剧曲脚色如旦如末，弟想可以梵言解之，不日发表问世。阁下有别所见否？此请

道安

弟丰八再拜

四月六日

二

静安先生阁下：

顷接台教及高著二部，偶病肠胃不能即覆，多罪，多罪！二三日来病势稍衰，即将高著一部转交白鸟博士，窃钦精进不已，东方学界

① 藤田丰八（1869—1928）：日本著名汉学家，著有《中国文学史稿·先秦文学》《岛夷志略校注》等书，对西域史、中国文学史、南海交通史、东西文化交流史都有较深入的研究。曾将多种日文书翻译为中文。1897年来华，1898年应上海东文学社之聘教授日文，王国维曾师从他学习日文和德国哲学，后来两人保持着长久的友谊。

亦不忧无人也。白鸟博士近业多载在东学报中。震灾之际,烧失略尽,当采访奉呈也。仰卧作此书,不能尽意。此请

道安

弟丰八顿首

九月二十七日

再,东京帝国大学文科所发行《史学杂志》,委员托弟转请阁下将近业一篇寄与该志,阁下能容此请否?

丰八又拜

附：

藤田丰八致罗振玉①

叔蕴先生大人阁下：

顷接先生所托实相寺君之手教一函及大著八册，拜受之下如获拱璧。加赐尊照一页，多年渴想，一朝顿消。但憾教中所及何惨可悲，不觉泪之湿襟也。特如君楚兄之丧，非先生之言，弟将不信之。是不唯为先生，弟之实为东洋学界吊之。弟前年丧父，尔来杜门不多外交，所往来者同学之二三子。时有述作，而小论碎议无所发明，又时于早稻田大学讲外域史，而草率塞责耳。独羡先生逢难而志愈坚，垂老而气愈锐，著书等身，名布四海。天之祸于先生虽大，而福于先生又亦不少。是亦可以慰也。弟期明年一游锦地，面慰先生，但如愿否不可必耳。言不尽意，即请

台安

弟丰八顿首

八月二十日

嫂夫人安否？内子属致意问候。

---

① 此信最终为王国维所收，故附于此。

内藤湖南[①]致王国维

（1封）

静安先生大雅：

不相闻久矣！春间所赐大著，一再捧读，多闻所未闻，获益实大。弟游欧之役顷方成装[②]，以七月六日上舟矣！临发豹轩博士有见送七律二首，君山、雨山诸友皆有和章。弟亦漫成二律，今谨呈览，不知吾兄亦可赐和否？但弟不愿吾兄拘于豹公原韵，只能为弟作五七言长古一篇以壮行色。至祷，至祷！释印一篇附上，亦系侨装率作，幸删正之。从此数月云涛万里，通问惟艰，耑希为道保重！

弟虎　顿首

七月九日在伏见丸舟中作此，明日当入沪付邮。弟本年内在英法两都，若能赐函，请寄伦敦日本大使馆转交弟可也。

运兮茫茫自古今，枉从黄卷费研寻。

万邦此日同更始，四海三年遏八音。

西极梯航思浦贺（美舰始来浦贺系癸丑年事），南朝风雅记山阴。

---

① 内藤湖南（1866—1934）：本名内藤虎次郎，今日本秋田县人，因故乡秋田县鹿角市毛马内町位于本州北部十和田湖之南，因号湖南。曾做记者和京都帝国大学教授，是著名的时政评论家和成就斐然的汉学家。日本中国学京都学派创始人之一。著有《内藤湖南全集》14卷。他与王国维在甲骨文研究等领域有深切交往，是与王国维交往最多的日本学者之一。

② 内藤湖南于1924年7月至1925年2月赴欧洲考察，历经英、法、德、意四国。此时湖南59岁。

且陪名士饮醇酒，可把长歌寄寸心。[①]

内藤虎

不愿神仙卧白云，平生朴学愧方闻。
争传盐泽墟中牍，快睹沙州石室文。
三保星槎通贡利，八观轮迹慨瓜分。
归来四库重编日，欲把黄金铸升君。

将赴欧洲留别诸友用豹轩博士见送诗韵　虎

征帆直破海天云，日没犁鞬素所闻。
缟纻曾钦侨札赠，源流要讨向歆文。
北望华盖星躔粲，西极昆仑河水分。
觇国元知非我事，期怀铅椠报明君。

豹轩博士叠韵见示　再赓其韵　虎

---

① 本首诗写于一张素色信纸之上。下面两首诗也都各写于一页信纸之上，但两页信纸样式相同，均为隐印“涵芬楼藏宋庆元黄善夫本史记目录”等字的花笺。

铃木虎雄[1]致王国维

(1封)

王先生执事：

本日下午祗候门墙，不能奉承高诲，慊焉何已！

日前垂示《颐和园词》一篇，拜诵不一。再次风骨俊爽，彩华绚辉，漱王骆之芬芳，剔元虞之精髓，况且事该情尽，义微词隐。家国艰难，宗社兴亡，兰成北徙，仲宣南行，惨何加焉！高明不敢自比香山，而称趋步梅村。若陈云伯[2]，则俯视辽廓。仆生平读梅村诗，使事太繁，托兴晦匿，恨无人为作郑笺者。且乏开阖变化之妙，动则有句而无篇，殆以律诗为古诗矣！绣组之工虽多，贯通之义或缺。仆不学则固尔，然结构措词之间，作者亦岂无一二疏虞处哉？高作则异之，隐而显，微而著，怀往感今，俯仰低回，凄婉之致，几乎驾娄江而上者，洵近今之所罕见也。仆欲以斯篇转载敝邦一二丛报纸上，传诸通邑大都，未知高明许之否？词中事实有蒙未解处，则将期执谒请教。

《槐南集》近者上木谨呈一本，叱留为幸！不宣。

铃木虎雄

明治四十五年五月初八日

王静安先生　侍曹

---

① 铃木虎雄(1878—1963)：字子文，号豹轩，别号药房，曾任京都大学教授，日本著名汉学家，著有《禹域战乱诗解》《陶渊明诗解》《中国诗论史》等。王国维1912年到日本后，铃木虎雄是即时向日本学术界介绍王国维著作的译者。中华书局1984年版《王国维全集·书信》中存有王国维致铃木虎雄函9封，在1912年5月31日的信中附呈《颐和园词》给铃木虎雄，并说："前作《颐和园词》一首，虽不敢上希白傅，庶几追步梅村。"

② 陈云伯(1771—1843)：字退庵，号文达，浙江钱塘(今杭州)人。嘉庆五年举人，诗词创作上因学"西昆体"而词藻艳丽，风骨乏力。

狩野直喜[1]致王国维

（5 封）

一

静安先生有道：

客岁奉别，后来未能修书问候，抱歉何似！敬审道履安泰，为慰为颂！

爰接华翰并荷惠贶大著三种，谢甚，谢甚！直喜尤短于史学，安足评先生之书，但觉辨晰疑似，补正脱漏，考据之密，远出洪李诸人上矣！莫任佩服！已将别册转致湖南矣！桑原刻下养病于大学医院，拟待其少闲传达雅意。彼病与湖南前年所患同，但较轻，医言内科已足，不必施手术。愿勿劳尊怀耳。兹敬表谢忱。顺颂

道安！伏惟

亮照不备

弟狩野直喜顿首

九月二十日

---

① 狩野直喜（1868—1947）：字子温，号君山，京都学派的开创者之一，日本著名汉学家，在中国史学、哲学、文学等领域的研究中都有开创性的建树。著有《中国哲学史》《魏晋学术考》《清朝的制度与文学》等书。狩野直喜从 20 世纪初开始的 30 年间致力于对中国文化进行研究，由这些研究所表现的理念、方法论及其所取得的业绩构成了“狩野体系”。“狩野体系”是日本中国学实证主义学派中最重要的一个学术组成部分。自 1910 年始，与王国维有较多学术交往。

二

静安先生有道：

久失问候，殊违素怀。春间荷贶大著《观堂集林》一部，莫名感佩！原拟奉书伸谢意，迟稽至今，负罪多矣！讵再接云笺，感甚愧甚！敬审比来道履康和，为慰为颂！

承《论语皇疏》原本自序与集解序并在卷一之首，及《论语义疏》第一一行乃后人所加，自是不易之论，应函致尊意，使再板之日乃行改正也，谢谢！凤孙先生年望八旬，著书不倦，有卫武之风，钦仰殊甚，乞执事相会之日代致鄙意，以为至荷。湖南教授以月之初六发往欧美诸国，想明年春间回来，行筐中多赍英法图书馆所藏中国旧钞照片矣。专复鸣谢。敬请

道安不宣

弟狩野直喜顿首

七月念九

三

静安先生有道：

昨裁鄙札奉送左右，想已赐览矣！雪翁书喜今日得之于敝学书架内，盖校隶不慎偶忘转达之所致，伏祈莫以为念。专肃，即乞

道安，伏惟

照亮不备

狩野直喜顿首

十二月十七

四

静安先生有道：

暌违多年，驰神孔亟，重逢挨臂，足慰渴想，幸甚，幸甚！此次文化会议议论纷纷，果如弟所料，不甚高兴，但至津见雪翁，至京见先

生，足以自偿耳。近闻北方战祸亦起，为之忧念。张颠冯蹶，于弟风马牛而已，即为世道人心谋，张胜犹可，冯胜断不可，前车之覆，似宜儆戒。何如，何如！弟回国后公私纷冗，未能奉书左右，恐悚殊甚！幸勿深咎！专上。顺请撰安，伏惟
亮察不备

狩野直喜顿首

十一月念三

敬领汉魏石经拓本，谢谢！闻洛阳新出汉石经数片，未知真否？即并奉教。

喜又白

五

静安先生有道：

兹接手教，敬审贵国皇帝出宫至潜邸，旋移入敝国公使馆，由芳泽公使多方防卫得以无事，莫任庆贺！此次奇变实非意料所及，凡大逆之徒即外人如弟等者犹欲得而甘心，何如贵国人以为当然之事而不怪也！人心风俗之变可发浩叹！

谨悉贵历十月九日执事忠义愤发，忧劳间关，与雪堂诸公务持大局之状，殊深感佩！夫风雨鸡鸣，诗人美君子不改其度，况辱属至交，岂任敬仰！雪翁书弟未收入，不胜诧异。无乃邮局讥察非常，以致拆开掷去乎！请以此事转达雪翁为幸。专复。敬候
道安不尽

直喜顿首

腊月十五日

桥川时雄[1]致王国维

（1封）

静翁夫子大人座前：

叨侍文几，倍承清诲，不弃骀驽，感也奚如！日前晋谒，崇阶聆教三次。曾奉闻大连满铁图书馆汉籍主任松崎鹤雄氏夙钦先生学德，久欲一瞻风采。今也该氏来京有日，所事已毕，亟拟恭候台端，亲承教益，敢望先生不弃，示以赐见时期，以便偕与趋候。生屡扰左右，不胜惶恐，缘松崎氏乃敝国罕见之笃学者，情不能已，故敢冒渎。尚希谅之是幸！此启，并颂

台绥

弟时雄顿首

① 桥川时雄（1894—1982）：日本汉学家，曾任东京二松学和大学教授，著有《陶渊明》《陶集源流刊布考》等书。自1918年始，曾多次到中国，并活跃于中国的学术文化界。

松浦嘉三郎[1]致王国维

(1 封)

静安先生阁下钧鉴:

久违雅范,时切遐思。敬启者,敝业师京都大学教授内藤虎次郎博士适于今春喜逢六秩还历,敝同人等既念师贡献学界之勋劳,复感教导后进之高谊,爰议乘斯佳会举行庆贺,并拟醵集贺仪,聊充庆典及作纪念论文出版之用。素稔阁下与敝业师有相识之雅,倘荷赞同,曷胜荣幸!敬希付款,当为转达厚意也。专此谨达。顺颂文安!不宣。

松浦嘉三郎顿首

二月初四

---

① 松浦嘉三郎(生卒年不详):日本汉学家。王国维去世后,松浦嘉三郎写有纪念文章《斯文之厄运》(见陈平原、王枫编《追忆王国维》,中国广播电视出版社 1997 年版)。

八木幸太郎[1]致王国维

（1封）

王静安先生史席：

恭维起居佳迪，不胜欣慰！谨启者，敝国客腊，皇上登假，日月失光，举国暗莫。岁首弟理应表贺，奈吾心阴阴，未知春至。故特修寸柬，借达私忱。敬请

撰安！

弟八木幸太郎上言

一月二日

① 八木幸太郎（生卒年不详）：日本汉学家。王国维去世后，八木幸太郎写有纪念文章《只有遗编照几头》（见陈平原、王枫编《追忆王国维》，中国广播电视出版社1997年版）。

木邨得善[1]致王国维

(1封)

避秦东海一仙区，又遇春风有感无？国运盛衰真命也，人生荣辱亦时乎。若非博雅曼公戴，即是高才舜水朱[2]。茅屋邀君聊浅酌，瓶梅花底话江湖。

席上赋呈静安先生并请两政。

木邨得善再拜

① 木邨得善(生卒年不详)：日本汉学家。

② 戴曼公(1596—1672)：明末著名医学家、书法家，明亡后流亡日本。朱之瑜(1600—1682)：明末著名学者，曾四次赴日本借兵反清复明，流寓日本后为纪念本乡山水，取号"舜水"。二人均最终卒于日本，在日本有广泛文化影响。

神田信畅[1]致王国维

（10封）

一

静安先生道席：

久不奉大教，饥渴殊深。前日侧闻台驾抵燕京，伏惟著祺增重、台候胜常为祝！敝邦地大震，人心恟恟，实属未曾有之事，但京都以海宇奥区，幸得平安，尤可欣慰也。兹将近刊《支那学杂志》一册寄上左右，倘得电览为荷。伏愿先生不遐弃此片片小册。倘惠赐大作，以光耀简编，感荷之忱，何可言宣！溽暑既徂，秋气稍爽。伏请撰安不宣

信畅再拜

阳九月十二日[2]

二

七月廿日丽泽社同人会于鸭涯旗亭，奉送内藤湖南先生将游欧洲，席上漫赋小诗六首聊以代饯：

---

① 神田信畅（1897—1984），即神田喜一郎，号鬯盦。内藤湖南的学生，日本著名的东方史学家。1921年京都帝国大学支那史学科毕业，曾任大谷大学教授、宫内省图书寮嘱托等职，曾先后四次到中国。著作有《中国书法的二大潮流》《敦煌五十年》等书。中华书局1984年版《王国维全集·书信》中存有王国维致神田信畅函11封。

② 写信时间为1923年。因王国维于1923年5月底到达北京，就任逊帝溥仪之“南书房行走”。

松漠残墟几度过，当年意气未蹉跎。
星槎忽向欧洲去，剪破沧溟万里波。

英京庋阁法京储，万轴琳琊轻石渠。
莫向此中忘岁月，淹留竟作武陵渔。

鉴别九流中垒班，人言渊博压河间。
将期四库重编日，千万奇书载得还。

闻尝绝域辇负珉，六代雕镌尤可珍。
重拓沮渠残石字，洹阳以后复何人。

海外琊嬛噪艺林，赏心名迹好相寻。
虎头妙画推神品，一卷惟传女史箴。

观风采乐向天涯，嗟我此行难得随。
酒醒离亭残雨暮，临风还唱柳枝词。

神田信畅再拜敬请

静安先生　郢正[①]

三

静安先生道席：

久不奉大教，饥渴之情，莫可言宣。每忆鸿仪，念切葵日。近维文祉凝庥，台候胜常，为祝，为祝！敝师内藤湖南博士，以庆应丙寅岁（即同治五年）生，则明年将到华甲之寿，于是诸同人胥谋，近日设立内藤博士华甲纪念会，拟定左记各件：

一、恳愿博士知友数十人，各将其近作学术研究论文一篇，捐诸纪念会。

---

① 原信没有署日期。内藤湖南赴欧洲学术考察是在1924年7月至1925年2月，因此此信应写于1924年。

一、纪念会将诸家所惠论文，荟萃排纂，以付排印，奉献博士，兼寄呈海内外有名之学校图书馆。

一、诸家捐论文，以阳历本年十月十五日为限。

一、论文以研究学术者为可，寿诗寿序之类，则不欢迎。论文题目及长短，并随作者之便（论文不须含颂寿之意）。

伏惟先生与博士有旧，盖非一日。愿谅此意以见惠大作一篇，则不独纪念会之幸，内藤博士之喜可知也。信畅特代纪念会同人，专此奉恳。敬请

著安　不宣

神田信畅顿首

阳七月十六[①]

四

静庵先生道席：

顷奉赐函，捧读之下，伏承著祺增重，台候胜常，曷胜忭庆。

信畅日前所恳湖南博士华甲祝贺纪念论文，幸见惠大作《虎思斡耳朵考》，感荷之忱，莫可言宣。拟明年二月印之，以呈湖南先生。想先生之喜，不惟获百朋也。排印之成，亦当奉承一本，阁下伏请俟其日是荷。信畅近日作《永乐大典考》一篇，粗叙大典纂修之始末，与传来之缘起，亦拟敬呈湖南先生也。但信畅以寡闻浅见，疑窦百出，不能决者极多。亦以敝邦乏书，自不免考证之粗。别录其疑窦数事，以呈座右。倘先生怜信畅之陋，赐以大教，感荷莫任！

北地寒早，伏请加餐珍摄是祷。谨泐数行。敬请

钧安　不宣

神田信畅再拜　顿首

阳十月十七[②]

追申：

去岁湖南先生游欧洲，信畅诗以送别，乃录别纸敬供电览，倘蒙

---

① 此信写于1925年。约在1925年9月至10月间，王国维复信寄去《西辽都城虎思斡耳朵考》一文以庆祝内藤湖南生日。王国维复信见中华书局《王国维全集·书信》1984年版第422页。

② 此信写于1925年。

批正，幸也。鄙人住址为日本京都市室町今出川北，非出町。特兹注明，幸勿致误。

五

静庵先生道席：

日前奉赐函，雒诵之下，伏承文祉增祥，著祺殊隆，曷胜忭庆！

所蒙下问那珂博士《成吉斯汗实录》，系二十年前之出版，现时版既毁，是以颇为罕观，敝地书林无见一本，则鄙人既托人搜索东京书坊，想近日必得一本，邮至座右可期也。幸俟数日为荷。大作《鞑靼考》刊成之日，伏请惠颁一本，先睹之快，恐有不可言宣者也。鄙人近日偶读顾氏《日知录》，其卷十三有"名教"一条，引后魏宣武帝延昌四年诏，有"远傍惠康，近准玄晏"之语，玄晏是为皇甫谧，但惠康未详何人。倘赐大教，幸甚。耑兹手此，谨请

文安

神田信畅顿首

阳四月初二①

六

静庵先生道席：

向辱赐函，捧读之下，伏承台候清胜，欣慰之至！且日前所仰教示后魏延昌四年诏"远傍惠康"之语，忽赐明解，宿疑涣然冰释，其快莫可言宣，至感至谢！弟去月以来，在东京盖以任秘阁典校官也，是以弟日夜寝馈宋梨元枣之中，人间快事殆无过之。曩所承下问那珂博士《成吉斯汗实录》，自移居东京，百方搜索，遂获一本，则别函送上，伏祈台收为荷。谨兹肃泐。恭请

文安

信畅再拜

六月廿②

---

① 此信写于1926年。

② 1926年7月28日，王国维致信神田信畅，对神田信畅寄与《成吉斯汗实录》表示感谢，并对耶律文正《西游录》表示出浓厚兴趣。由此推断出此信写作时间。

追申：尔后通信伏请赐左记之处

东京市宫内省图书寮

七

静安先生道席：

日前奉手教，并见惠大作《鞑靼考》，雒颂回环，敬佩曷已！《成吉斯汗实录》日前奉寄，想既蒙台收了。弟近日在秘阁发见旧钞耶律文正《西游录》一册，其文与《庶斋老学丛谈》所载者大异，盖为文正原本矣！卷末有"燕京中书侍郎宅刊行"一行，因知其为自宋椠誊写者。弟将排印公世，印出之日当敬呈一本座右也。近日弟所怀抱，疑蕴颇多，兹录其二三，倘赐教示，感荷无已！

一、明永乐中李暹、陈诚二人屡奉命使西域，陈诚有《使西域记》之作，《明史·艺文志》著录为三卷，然弟所见《学海类编》本为一卷，卷数不同，盖《学海类编》本系抄本，殆非完全。明《一统志》"撒马儿罕"条引陈诚之书，其文不见于学海本，倍信学海本非完璧。弟是以搜索其完本，吴氏《拜经楼藏书记》，独录三卷本，是必完本，不知此本今日存否？

二、明洪武十八年，太祖制《大诰》一卷，以颁示民人，寻有《大诰》续编、三编，其文往往见会典，不知全文载何书？伏请明示。

三、明清之书，往往有其封面署"本衙藏板"四字者，不知是何意？

自弟奉职秘阁以来，暇时将宋椠《通典》《太平御览》二书（二书皆见于岛田《古文旧书考》）校通行诸本，异文可资考镜者重见叠出，真不遑搂指！将撰校记数册，以饷世之读二书者。伏请先生不我避弃，幸助其业，何胜切望！炎热如毁，伏祷

加餐珍摄不一

信畅再拜

阳七月念一[1]

---

① 此信写于1926年。

八

静安先生道席：

屡奉尊札，敬诵再四。先生不以信畅之鄙陋，每赐教言，以匡不逮，使信畅有躬事皋比之想。先生宽厚之度，不任感激之至！临风仰企，葵心愈切！

大作《蒙古史料校注》四种，考据精确，创获叠见，洵为不朽之盛事。此书并蒙惠贶，感荷之忱，莫可言宣。《圣武亲征录》敝邦那珂通世博士曩有校注之作，视何愿船、李仲约之书颇加增益。今拜读大作，如未见那珂氏之书，不知然否？此书曩有刊本，现时颇为不易获，将来倘见待价之本，则当购获拜呈也。《黑鞑事略》尤为难读，敝邦有箭内博士尤用力于劫特掌故，亦有《黑鞑事略校注》之作，去岁博士归道山，其书未至刊行，为可憾矣！

大作屡言及"乣军"[①]，敝邦史家近日研究此事者有数人，于"乣"字原义尤致众说纷纷，未见解决。不知高见如何？（"乣"字古籍无所见，至《辽史》始有之，其音为何？其义为何？）明太祖《大诰》正续二编，伏愿现时为信畅誊写一本，感荷无已，至谢！至谢！耶律文正《西游录》足本现在排印中，不日印出，不必弥久。印出之日速敬呈座右不误，幸祈曲谅是荷。蒋氏密韵楼之书，闻近日归商务印书馆。前年信畅在沪之时，屡由先生到其家，万卷琳琅，犹仿佛于耳目之间，而今归他家，闻之凄然，感慨不已耳！

雪堂先生近状如何？信畅久不通信，颇以为意也。谨泐数行。肃复。伏请

撰安不戬

信畅顿首

阳九月初六[②]

---

① 乣军：始见于《辽史・百官志》等，辽、金按部落组成的一种军队。辽的乣军有五军，负责保卫宫殿；金的乣军全由契丹人组成，负责防守边疆。

② 此信写于1926年。

九

静安先生道席：

曩奉赐函，拜诵之下，何图忽承令郎君之讣[①]，哀痛曷已！

去岁所仰高教，洪武《大诰》，特蒙惠赠，弟喜出望外，感谢之忱，莫可言宣，至感至谢！但其写字所费为几何？伏请随便示之为荷[②]。尊跋捧读数次，深服考证之精。武臣大诰，行以俗语，可以考见当时口语为如何。则此书可宝，不唯为法制史料，为贵国口语史料，亦有绝大价值。弟行当研钻其文义，发表一研究论文，以仰大教也。

耶律文正《西游录》排印才了，但以弟跋文未成，现未至发表。大抵来月上旬，恐竣此役也。兹有样本一页附呈，伏请俟数日为荷。

别函呈上元椠《全相平话》景本，原本乃敝国内阁文库所藏，亦可以为元时口语史料也。弟前月以来，以事归洛，昨再抵东京，始得捧诵赐函，急泐数行，聊以言谢！恭请

文安

信畅再拜顿首

阳二月十五[③]

十

静安先生有道：

日前奉钧函，雒诵环回，伏承德躬清健，台候胜常，欣慰曷已。弟前月以来，以家严之病稍笃，赐暇在于京都私邸，竟不遑奉覆。稽缓之罪，伏祷曲谅为荷。

《西游录》一书，排印竣功，则别包奉呈五部，以请惠存耳。排印

---

① 王国维长子王潜明于1926年秋天去世，年27岁。

② 神田信畅请王国维代为寻找明太祖《大诰》，王国维于是请人从内阁大库书中代为抄录。

③ 此信写于1927年。

本尾有鄙跋，匆卒操翰，或恐文义晦涩，考证亦疏略，以及累高明，幸莫吝垂教为荷。

弟近日有《陈诚奉使西域考略》一篇，现在排印。排印竣功，亦当仰教也。谨泐数行，并请文安。

神田喜一郎再拜

阳五月十三日[1]

① 此信写于1927年，已是王国维辞世前夕。

冈井慎吾[1]致王国维

（1 封）

王先生大鉴：

未得拜节，又无先容，忽捧私函，惶惧尤切。但慎吾少知乡学，今在熊本医科大学预科教授汉文。国既同文，人亦同道，先生能怜纳乎？慎吾资性梼昧，伏读卌年，一窍不通，然憾《五经文字》、《九经字样》两书未有全注，遂成笺正四卷，顷日刻成。谨献一通，幸蒙哂存。感荷曷惬。此书颇尽慎吾心力，然先生见之而疵毕露。幸赐指正，实为同道之惠，无任盼祷。耑肃，敬候
崇安不僃

冈井慎吾再拜

① 冈井慎吾（1872—1945）：日本著名汉学家，著有《五经文字笺正》《日本汉字学史》等。

炳清[①]致王国维

（2封）

一

静安先生有道：

别来半月矣。尊躯新痊，海程不觉劳顿否？入都而后部署一切当甚忙繁。何日召对，必更荣拜。新命能详细见示为幸。

清事承爱，汲引已有成议。昨得一山先生函，约时赴园与姬君匆匆一谈，以编书事相属，腼颜许之，继邮寄关书来，月薪大衍。此食先生所赐，亟以奉闻。不独伸感谢之意，亦欲公闻之而为清欣慰也。专此，敬叩

撰安

炳清顿首

四月廿五日

二

静安先生有道：

岁暮拜诵手书，敬譺起居佳胜，著述多暇，欣慰无似。远承垂注，至感，至感。

贱躯入冬以后颇较往年为健，堪以告慰。哈园事可望照常。觉

---

① 炳清：即樊少泉（约1887—?），字炳清，号抗父。于1898年和王国维一起入罗振玉创办的东文学社求学。曾写《王忠悫公事略》。

弥久居宁杭，在沪日少，故晤面无多。园中女校下半年亦停办矣。近有印行旧籍之议，而所云指定之款忽多忽寡，究未知实行何若。公及蕴公[①]处必多有可以刊布之书，而为蕴公不欲自付印者，能否拨暇写示一目。拟因间说之。其办法，或雇人录副，而由该园任写资，或汇款托津代印，而予哈园以出版名义，俟后再定。此清私意。但觉弥曾询及公，并谓得公南来一次乃佳也。肃复，恭祝

岁釐

炳清顿首　除夕

阖第均此叩安。

---

① 蕴公：指罗振玉。

陈懋复[①]致王国维

(1封)

静庵先生大人史席:

前辱枉顾,备聆教益。又承赐题敝藏诸器拓本,考订翔博,诚足增重。业已领到,至佩至纫。兹敬将敝藏书契文字十数方拓出求教,未谂尚足存否?并已奉政之罗雪老矣。幸祈审定见复为荷。懋复俟家君于初十外迁津后方南旋。蒙注谨闻。专此,敬讯

道履

晚生陈懋复顿

七夕

---

① 陈懋复:陈宝琛第四子,为古文字学家。陈宝琛(1848—1935),字伯潜,号弢庵、陶庵,福建闽县(今福州市)人,21岁登同治戊辰(1868)科进士,曾任翰林院庶编修、山西巡抚等职,藏书丰赡,甚有功于教育事业。

何日章[①]致王国维

（1封）

静安先生大鉴：

曩于清华学校得聆教益，欣幸无似。比维道履纳福、德躬凝庥为颂。日章近在新郑出土铜器之大鼎上又寻出许多字迹，兹拓一纸奉上，即请解释，以启愚蒙。再者友人有一簠上刻阳文，苦无识者，兹一并拓出寄上，烦为鉴定。统希示知，是所感盼。肃此，敬请
台安

何日章鞠躬
九月一日

附拓片二份[②]。

---

① 何日章（1893—1979）：字国璋，河南商城人，著名图书馆学家。1917年毕业于北京高等师范学校英语部。民国时期曾任河南民族博物院院长、北平师范大学图书馆馆长等职。1948年到台湾后先后任“国立中央图书馆”馆员、台湾政治大学图书馆馆长。1934年与袁涌进一起编制的《中国图书十进分类法》在图书馆界有广泛影响。

② 原信后未见存拓片。

姬觉弥[①]致王国维

(1封)

静安先生：

侍教敬拜！复书并扇叶均悉。借审簪毫朵殿，退食委蛇为慰。王雪老已由章一老介绍相见，耆年硕德，一望而知。此后诸有禀承，皆出先生所赐。雪堂内翰前亦乞致声道谢！谨此奉复。借颂

道绥

姬觉弥顿首

① 姬觉弥：生平简介见“王国维致王潜明”（十二）中的注释。

沈焜[1]致王国维的诗

（1首）

同社

静安文学　芷姓太守入直

南斋诗以送别即希

教正

峩峩天门开，蒲车征两贤。穷则共汐社，达则同木天。鲁生习礼乐，汉守轻刀犍。各自懔丹衷，启沃储皇前。东井耀奎璧，北郊整鞍鞭。祖饯竭樱笋，班生胜登仙。慨今时势亟，宵旰殷忧煎。九阍伺豺虎，三殿窥鹰鹯。燎火迫眉睫，奚暇求经筵。此行亦殆矣，此志终毅然。陆贾儒生流，而以安汉传。允文书生耳，大事敢担肩。斡地即无术，补天或有权。一发系千钧，往哉君勉旃。

癸亥孟夏沈焜拜稿

① 沈焜：号醉愚，浙江南浔（今湖州）人。生卒年不详。民国时期诗人、画家，著有《一浮沤斋诗选》。

徐鸿宝[1]致王国维

（1封）

静庵先生左右：

前奉手教，适赴昌平，今晨始返京。迟答为罪。《双溪醉隐集》钞虽及半，顷卢君信之亦托传写此书。公已购得《知服斋丛书》，或将钞本归卢君，亦可俟毕工后仍听尊意去留也。叔平兄在磁州获得后赵建武四年泰武殿前猿戏绞柱石，题字极精。已嘱叔平以墨本寄呈审定。肃覆，敬请

道安

徐鸿宝再拜

五月廿日

① 徐鸿宝（1881—1971）：原名徐盅，字森玉，浙江吴兴（今湖州）人。清末举人，历任学部图书局编译员，奉天测绘学堂、实业学堂监督，京师图书馆编纂主任，北京大学图书馆馆长，故宫博物院古物馆馆长等职。中华人民共和国成立后曾任上海文物保管委员会主任、上海博物馆馆长、中央文史馆副馆长等职。目录学家、版本学家、金石学家。

应奎[①]致王国维

（3 封）

一

黄门墓志承先生成美，慈护感激涕零，受赐实深。报德愧浅，请公勿辞为幸。专叩

静安先生著安

应奎谨启

雪老书附呈。

大稿成后即交前途，不属谢石翁书。（公文原无差别，谢书浙中有精鉴者。）此事惟恳先生一人。

二

昨函遗雪老信，今并封老世兄师韩信同上。前日王病翁[②]来云，晴初致陈筱帅[③]信，有遗折初三上之说。京津消息，亦祈随时示知为感。即请

静安先生道安

应奎叩

---

① 应奎：生平不详。

② 王病翁：指王乃徵（1861—1933），字聘三，号平珊，又号病山，四川中江人。光绪十六年（1890）进士，曾官贵州巡按、湖北布政使。

③ 陈筱帅：指陈夔龙（1857—1948），字筱石，号庸庵，贵州贵阳人。光绪十二年（1886）进士，曾任兵部郎中、总理各国事务衙门章京、江苏巡抚、湖广总督等职。

三

十七日去西陵(工程事曲折本多,而承揽其事者事前接洽似又简率),惠顾失迎候,罪甚,罪甚。还件敬收。贞老来信否?东京有无寄印图籍?至为驰系。一震之威,举世同凛。进领教言未值,怅然。留呈

静公先生道安

名正肃

蒋汝藻[①]致王国维

（36 封）

一

静安吾兄先生左右：

两奉大示，正值南通在沪开会之事未毕，弟又感冒，卧病几及旬日，故自别后竟未奉寄一字，歉悚曷已！

孟劬归来，昨始相见。古老[②]、益庵[③]均到。每值盛集，辄思念左右不置。此种情况当为沪上诸友所同。特弟感触尤深耳。大序已付排，而益庵颇思有所献替。兹将原稿送去，不知能为斟酌数处否？全分清样已送来，原稿不在手头，衹可就此付印。拟印料小于二十部，其餘均用竹纸，除必需送人外，托商务、中华两家代售，则欲购者南北均便也。沅叔[④]想已见过，来讯云去冬所见之《名贤文粹》及金本《素问》两残本（所谓金本者，沅叔臆定之词，无确证），欲售仟元。京津价值之昂实非南中所及，兹已复函谢绝之。新得江北小掮客一二人，秋冬间或可得一二奇书，惜不获与公共赏也。如有所得，自当随时报闻。

京寓已觅到否？政局愈离奇，不知下文如何收拾？如何发端？

---

① 蒋汝藻：生平简介见前“王国维致王潜明”（十三）中注释。

② 古老：指朱古微（1857—1931），一名孝臧，字藿生，号沤尹，又号彊村，浙江归安（今湖州）人。光绪九年（1883）进士，曾任礼部侍郎、广东学政等。著名词人、书法家。

③ 益庵：即孙德谦（1869—1935），江苏元和（今苏州）人，字益庵，清末民初著名学者，历任江浙两省通志局编纂，东吴大学、大夏大学、交通大学教授。著有《刘向校雠学纂微》《太史公书义法》《诸子通考》等书。

④ 沅叔：即傅增湘。

以理度之，恐终不免有一大劫。弟颇思到京过夏，因此又复踌躇。日来为湿困，终日昏沉如睡，疲软如醉。勉强作此，殊不能耐。惟客中万倍珍重！

弟汝藻顿首

五月初六日

二

静安吾兄先生左右：

日前奉到手示，知新居高敞，销夏为宜，为之神往。南中霉湿甚于往年，半月以来无日不雨，内地水已齐岸，江北各盐垦公司之低洼者已成巨浸。幸而日内开霁，或可不致成灾，然已受损不小矣！

授经[1]在沪曾晤数次，贻我新刻数种。无论南中无此刻手，即大名鼎鼎之陶子麟及都中之文楷斋，皆远出其下。弟决计先刻景宋数种，已与授经商定，分一半刻工，于苏沪间设一机关，以印本上板者不成问题。若必须重写者，其写手决不能离京。因有事于某机关，月入百数十畨，势不能去彼就此也。京友无可托，沅叔太忙，印臣太懒，果有写件，非托吾兄为之主持不可。弟妄意欲刻景宋二十种，普通数十种，成二丛书。就敝箧所已有者，能得若干种。公暇乞为我选择开示。授经言日本有宋椠大字毛诗注疏，为人间孤本。弟拟摄影刻之，尚未核算成本若干。如力所能及，则此为惊人秘帙矣！宁精不滥，力避嘉业之覆辙。此则弟之宗旨也。今年或可于江北得一二佳书，目前尚无眉目，已派人踪迹之。敝藏书目决计截止先行付刻，乞从容整理之，三五年后如成绩可观，当不难再续编录。尊意以为何如？

大稿已催赶成书，惜聚珍发达，虽催无用也。兄如见京报有广告，则出书不远矣！益庵因不用其文，恐又生芥蒂，幸有古老、孟劬均不赞成，或尚可解释一二，否则吾二人又多一层是非矣！商务假

---

① 授经：指董康(1867—1947)，字授经，自署诵芬室主人。江苏武进(今常州)人。光绪十六年进士，曾授刑部主事、法律馆编修、大理院推丞等职。民国时期曾任司法总长、财政总长等职，并曾担任上海法科大学校长、北京大学教授。抗日战争爆发后曾在华北伪政权中担任职务。他著有《书舶庸谈》，与王国维等校订了《曲海总目提要》。对搜罗散佚古籍有较大贡献。

印之《尔雅》《龙龛手鉴》均有赠品，已各留一分，俟宝眷入都时带呈。暇乞随时示我。敬复。敬请

著安，不尽缕缕

弟汝藻顿首

六月初三日

三

静安吾兄有道：

日昨奉到手书，知两患痢疾，甚念，甚念。必当霍然矣！

顷晤欣木①，询以哈园近状，始知老姬②历年内外种种秘密之案一齐发觉，比已软禁西湖，不得越雷池一步。故园中恐有绝大举动，各种均将收束，某某二君已告翁矣。但本月薪水彼已领到，不知尊款何以至今未送。是否别有意见，欣木允为往探。俟有确复，当即奉闻。日来老姬确不在沪园中。交情本不足恃，尊寓经常之费，何可骤减，又未便往索。弟已嘱敝帐房先送百番接济。如尚不敷，当陆续由弟处支付。弟虽拮据，区区之数尚无大损，吾兄不必客气。如有急需时，尽不妨派人通知一声，弟必代为安排妥贴。闻兄又不能按时领俸，此虽得之传闻，然亦意中事也。果哈园有变动，京俸又不足赡家，则善后之计固当未雨绸缪矣！辱在至好，故敢衷言，故如需弟相助处，务请明以告我。政局变化愈不可测，移眷之说宜缓为是。住京之人往往不甚介意，但此后厄运，愈闹愈糟，此故不待智者而后知也。兄宜三思之。

授经处已以《新定续志》《忘机集》二种写样，其《歌诗编》及《韵语》决计以其珂罗版上木，先刻此数种试之，必能高于饶星舫。当以《营造法式》从事，弟志在精妙，总须驾刘、张而上之。授经云写手高者三人，孙、罗及某（弟忘之矣）皆胜于饶也。所不放心者，写者不能南来。已交授经三册，授经虽再三说敢保险，然究不知可恃否也。

---

① 欣木：即高时显（1878—1952），字欣木，浙江杭州人。清末举人，以书隶、画梅、治印著名，曾任中华书局董事、美术部主任及编审多年。

② 老姬：指姬觉弥。

法源寺去兄居甚远，故不敢以此奉溷，倘便道往游时乞一询文楷[①]老刘，当知大概。明《进士题名录》，弟无此书，拟向辅之一借奉寄。倘厂肆借得到，则更便捷矣！京中必有所见，千万随时见示。此次结束后，当为续编地步。且丛书材料亦尚嫌不够，幸为图之。匆复，顺颂
撰安

弟汝藻顿首
廿二日灯下

哈园寿礼当视欣木送否为标准。当为办妥，勿念。

四

静安吾兄先生如晤：

昨晚奉复一缄，想可刻期递到。顷晤欣木，知哈园尊款已于今日送出。欣木看彼处送出后行当无贻误，并探得此次迟送之故，实以帐房无钱，别无他意。一经欣木说明。吾兄列入预算之内，司帐者然常抱歉，每移缓就急，不待杭州之命矣。姬无归期，于兄交谊亦无变更，昨函之说系弟过虑，兄如通函，幸勿稍露声色。下月寿讯，闻已作罢。欣木、一山等亦皆不送礼。谨以附闻。专此，敬颂
著安

弟汝藻顿首
六月廿三晚

五

静安吾兄左右：

前日奉复一缄，计已达到。先一日另寄纱花衣一件，照邮局包件寄法，不知何日可到。约计时日，当不致误期也。

今日得宋椠《精骑》三卷(巾箱本)，季沧苇旧藏，尚是原装，密行细字，与《宋文选》相似，其字体近世綵堂。《柳集》目录后有婺州永

---

① 文楷：指北京文楷斋刻书处。

康清渭陈宅刊行牌子(楷字两行),可为吾兄《浙本考》中增一材料。原书六卷,仅存前三卷,又缺序,不知为何人所辑。摘选唐宋人文中之警句,少或一二句,多至一大段,书极无聊,而极罕见。《季氏书目》中有此书。又得元本《礼记集说大全》一部,尚是元印。又得《晁氏客语》一本(白口单边),既非《百川学海》本,又非明翻本,每半页十二行二十字,字极古雅,非宋刊印。明初本已无序跋,无从考证,疑非单行本,不知嘉靖前尚有丛刻否?暇时乞一考之。今年尚是第一次得宋元版书。江北尚无消息,大约有明抄而无宋本也。今日晤古老,知慈护已将书籍字画清理,抄一目录请雪老估价。闻宋元本书有八九十种,字画唐宋至嘉道有四百馀件。雪老云仅书籍一项足值十万。此老好作大言,误人不浅。寐叟遗物虽未得见,悬揣决无可值如此巨价。慈护不欲变价,则已欲变价,万不可中雪老之毒。况所谓宋元、唐宋,又不尽可恃邪!弟久不晤慈护,晤亦未便进言,不知与吾兄尚通讯否?通讯时幸无提及弟所报告。此中亦有嫌疑,不可不慎之也。

《营造法式》朱桂莘[①]欲重刊,误闻弟得宋本,托兰泉驰书来借,云丁本讹字极多,固亦不准,不知丁本即从张本出,一误则无不误也。世无宋刊,更何从校正之。此书确有价值,朱不刻,弟必刻之。特画图较难,刻亦不易。最好依色套印,恐更办不到,姑作此妄想耳。灯下无聊,拉杂奉陈。秋风已起,惟珍卫千万。

弟汝藻顿首

十二日

六

静安我兄先生有道:

久未寄讯,正深驰系。得初九日惠书,始知尊眷已安抵都门。弟闭门却扫,毫无闻知。即此一端已可见其懒矣。未能稍效万一之

---

① 朱桂莘:即朱启钤(1872—1964),字桂莘,亦字桂辛,号蠖园。光绪年间中举人。历任京师大学堂监督、津浦路北段总办等职。民国时期曾任交通总长、内务部总长、代理国务总理等职。1930年组织成立中国营造学社,任社长。新中国成立后任中央文史馆馆员及全国政协委员。

劳，尤为歉仄。检出拟赠各书，亦因此未曾带去，只好俟大集告成时托中华一并奉寄。委还华丰面粉公司陈君枚叔一百五十元，当嘱帐房妥为送去，请勿系怀。

授经携廿餘匠人来沪，租定北西藏路一宅为刻字处。授经即寓其中，俾朝夕可以督促。已将《新定续志》《忘机集》写样上版，先钩刻《新定续志》数行，颇有古拙之趣（附呈一纸），似较陶刻为高，惜钩刻费过大，只可择不能影写者试为之，若《吴郡图经续记》，则非钩刻不可矣。《韵语》歌诗编二种即将珂罗版覆刻，现亦动工，目下已开刻志四种。《吴郡图经》则尚在钩摹中。以意度之，似应胜于刘张之漫不经心者，特不知其能否始终如一耳。《青山集》影片亦已交来，现正托欣木核算石印打样之成本，大约年内亦须动手也。此次日本之灾，毁我古籍不少。皕宋[1]之书恐亦已付灰烬。商之菊生[2]，拟将商务摄来之《说文解字》付刊（商务仅影此一种，可惜，可惜），已得菊生同意。弟从前未曾见过，此次菊生见惠一册，作为上木之底本，似与孙渊如所刻相同（尚未对过）。如果同出一源，应否再刊？请兄为我决之。付刊各种，一一求代作一跋。此非急事，尽不妨从容为之。好得已各有底稿，但须略加修饰及点缀数语而已。此事谋之有年，授经不住沪，未必即赶办，而日灾亦与有力焉。授经任事颇勇，弟亦不得不猛进。依目前预算，景刻二十种两年必可竣工，此亦殊出意外也。惜与吾兄南北暌隔，不能随时商榷为恨耳。弟意宁精无滥，宁刻有价值之书，视力量为进退，不限定二十种也。就目前敝箧所有而论，有可刻之价值者殊寥寥，则不能不呼将伯之助。菊生已允将商务所有者无论何种皆可借刻。惜当时未记书名，此时殊觉茫然，无从下手，不知吾兄尚能记忆数种否？菊生而外，更无第二人可以通融，此亦一憾事也。

景宋外尚拟刻方体字者数种。即大集他日亦不妨重为刻版也。

---

① 皕宋：指皕宋楼，清末陆心源的藏书楼之一。光绪三十三年（1907年）六月，皕宋楼和守先阁藏书15万卷，由陆心源之子陆树藩以10万元全部售与日本岩崎氏的静嘉堂文库。

② 菊生：指张元济（1867—1959），原名元奇，字筱斋，号菊生，室名涉园，浙江海盐人。光绪十八年（1892）进士，曾任刑部主事、总理事务衙门章京。1902年前后进入商务印书馆，历任编译所所长、经理、监理、董事长等职。曾创建涵芬楼，主持编辑《四部丛刊》。新中国成立后，担任上海市文史馆馆长，继任商务印书馆董事长。著有《校史随笔》等。

新出金石有何佳品？如有拓本能设法各寄一页否？如售价过贵，亦可不必。弟于此道全无门径，又无所藏，此时竭力搜罗，终是落人之后，故亦鼓舞不起兴会也。儿子颇嗜此，又恨其读书太少，虽好而不知其旨趣也。

昌老[①]九月一日有盛举。益庵作一序，孟劬赠一联，兄有所赠否？如赠联乞即撰句示知，弟当代为办妥。虽匆促或尚可赶办也。复颂
著安。不尽欲言

弟汝藻顿首　八月十四日灯下

再启者：弟今年购得旧抄《北涧集》[②]十卷，讹字之多，无出其右。涵芬有宋椠本，假来一校，改正不少。而宋本阙九、十二卷。闻阆声云都中图书馆有全帙，拟将此二册寄都，恳兄往馆中代为一校，亦拟付刻，以俪《参寥》。兄如许可，当即奉寄。图书馆离尊寓当不甚远，此二册一日即可毕事。不情之请，惶悚无似。专候
回示。曷胜翘企。

弟藻又叩

七

静安吾兄有道：

连接初三、初五两示，敬承一一。罗原觉[③]见赠文卷横额，不禁喜而不寐。分裂近百年而合并于敬叔平生之友，可见数有前定，无可勉强。弟尚有六如[④]《晚翠图卷》，其题跋落于京师一收藏家之手，不知何日能璧合珠联也。

尊需纱花衣，今日已付邮，必有折叠痕，可就近觅缝工熨平之。以邮包有一定尺寸，不能过大也。尊眷行时如需人料理物件及护送

---

① 昌老：指吴昌硕(1844—1927)，初名俊，又名俊卿，字昌硕，又署仓石、苍石，多别号，常见者有仓硕、老苍、老缶、苦铁、大聋、石尊者等，浙江省孝风县(现为安吉县)人。晚清著名画家、书法家、篆刻家。

② 《北涧集》：居简所著。居简(1164—1246)，宋临济僧，历参江西罗湖晓莹、浙江大慧宗杲等。曾于杭州净慈寺弘法，于寺之北涧筑一室，世称北涧居简。

③ 罗原觉：罗惲，字原觉，广东南海人。古董商人。

④ 六如：唐寅(1470—1524)，字伯虎，后改字子畏，号六如居士、桃花庵主等。

北上，或需行李护照（有护照津关可免验），弟皆可代办。至盘费自心宽筹为是。但须尊府通一消息，当即送去不误。大集屡催而不能赶印，昨晤辅之，询以成书之期，恐非两月不办。尊眷行时万赶不及。价既不廉而又迟缓若此，悔不木刻矣。《题名录》如不贵，乞为购存。此书甚有用，不仅排比明人集，将来编画录时亦大有用处。京师市况极萧条，而书价仍不落，北人之忍耐力强于南人多多矣！

近闻江北有一王姓者，藏明钞本甚夥，已遣人踪迹，不知能有所获否。《西溪丛话》非所亟需（不过多一黄校本），彼必欲得善价，不如姑缓图之。《颜鲁公集》必不宽大，价在三百以内，不知印工如何。秋冬间弟必入都，能延宕则延宕之。弟决计预备《续录》，约以千种为断，不知若干时日始得有成也。全目都在兄处，暇乞核计若干种若干卷，并乞大序一篇，为弟作一跋尾，略道二十年来苦心孤诣。人家藏书有钱便可办到，弟则深好笃嗜，全以节缩衣食而来，故成绩不如人而艰难则甚于人百倍。写性情语易于动人，得椽笔发挥之，当更怵目动心也。拜托，拜托。

江浙已可不成问题，而南北坚持则未易解决，究不知能免糜烂否也。沅叔时相见否？久不得其信，不知近状若何。南中消息不可使知之，幸秘之。敬颂

著安　不尽缕缕

弟汝藻顿首　七月初九日

八

静安吾兄有道：

日昨奉到十九日手示，敬承一一。

《李贺歌诗篇》及《韵语》已刻有样张，竟有八九分相似。《李贺》以拙胜，最难摹拟，《韵语》以趣胜，亦不易见功。而均能仿佛，真可喜也。依此成绩，能始终如一，则嘉业、适园[①]均不足道矣！此今年来弟一得意事。授经勇猛，二十种期以二年，今年年底，必有三四种告成。惟其景况太窘，京、苏、沪三处开支又大，恐非做官不能支持。

---

① 嘉业：刘承干有藏书楼嘉业堂，此处代指刘承干。适园：吴兴张钧衡的园林名称，此处代指张钧衡。张钧衡（1872—1927），曾中举人，但未入仕途，以藏书、刻书丰赡著称。

现绍介于翰怡处编书目，竟艺风未了之功。前日见其总目。艺风编纂固极潦草，而选择亦太宽泛，虽多，殊无精采，以校敝藏，似未能过之。前日张菊翁专赴海宁祝王欣老八十寿，与文甫、鹤逸往观孙氏之书。文甫归来报告，语焉不详。今日晤菊翁，始知所见最佳者四种：北宋本《公羊》(以北宋公牍纸印，有年号)，单注绍兴大字本《后汉书》，绍兴大字本《左传》(八行十六字)、《国语》(尚是毛订未装)。此外《易经》似相台本，《礼记》与潘氏所得袁二本同。《魏志》非单志，即国志中之一种，与传闻不同，尚非名贵。《碑传集》即小字通行本。所见只此八种。若《王建集》则有目无书矣。此次往观人多，既呼嚣不能久观，亦虑多生枝节。孙氏坚欲菊生定价，终无所表示而返。现托文甫竭力进行，免得外间再起风潮。然因此一观，已轰传遍杭沪。弟深悔不随同一行也。此批得来则增光书目不少，而《公羊》《国语》皆可付刊，特不知古缘何如也？以上所述，幸勿与沅叔道及。《营造法式》闻朱桂莘曾向日本印图，所费颇不赀，似志在必刻矣。弟姑缓待之。菊生、翰怡均允借刻。昨日菊生抄示涵芬楼[1]藏宋元本目，残本居多，精品殊寥寥，拟借《说苑》(咸淳本)、《珞琭子》(北宋本)、《北涧文集》三种(宋僧可与《参寥》相配)。翰怡处借定窦氏《联珠集》一种，因未见其全目，无从悬揣，合以敝藏景宋各种，已足二十种有餘，一月以来兴味颇浓，惜不能与吾兄随时商榷赏析为憾耳！

前日见孟劬，曾询以志局尊脩。孟劬云已经代领，缓日交来。陈君处如须急还，不妨先由敝处送去。餘款应否汇京，候示，当设法送至尊寓可也。叔言先生近有所得否？弟于景宋外尚拟刻一方礼学丛书(普通)，务乞代为收集材料，并乞于敝藏目中先为选择也。拉杂奉后，借当面谭。敬颂

著安不尽

弟汝藻顿首

八月廿五灯下

---

① 涵芬楼：商务印书馆(时在上海)为便于编辑，设以收藏善本用的藏本楼。当时主持编务的张元济在1904年设立藏书室，后因善本增多，需要管理，遂于1909年设图书馆，名为“涵芬楼”。

九

静安吾兄：

前日得大复，敬承一一。昨晤授经，云《盛明杂剧》已于一星期前托罗叔言先生亲戚范子衡带京转交，约计早可收到。如尚未到，可于文楷斋询之，必可得一究竟也。刻书之速，出于意外，弟拟初十后至京一行，当带样张奉览。现印《青山集》成本极贵（锌版落石），即以之上版，每部印本须百元外（只印十部），可谓好事矣！若十部销罄，则石印费可收回，不知能如愿否。孟劬尚无行期。专复，顺颂

著安

弟汝藻顿首

初四灯下

十

静安吾兄有道：

今日得初三日手书，知《北涧》可校，不胜快慰！前八卷弟已假涵芬楼藏宋本校过，兹不复寄。弟[1]九、十二卷宋本所阙，而此抄本又极草率，故愈不敢信。孟劬曾为改定数字，然亦仅就字体仿佛者臆改之，而猜想不到者尚多。沪上无可借校，故不能不于图书馆中求之。校定后请即寄南，拟即付刻以俪《参寥》也。再此抄本第八卷末多文一首，题为《请慧愚极住华亭北禅疏》，宋本所无，即此抄本之目录亦不载此题，殊不可解。而文章确是一人手笔。此等冷集，当时未必有第二本。究不知此抄本所据为何者也。校时请一检陆本见示。琐琐奉渎，心感无既。即颂

著安

弟汝藻顿首

初七日灯下

---

① 弟：通“第”。

十一

静安吾兄如晤：

昨晚奉寄一言，计明日可投到，顷孟劬来交付志局薪八十番，为时已晚，明日当即送交陈君不误。以昨函有请催索之语，故特奉。《北涧集》弟已校毕，明日送孟劬一阅，阅竟即可奉寄，恳校后二卷。闻久旱，今始雨，为之一快！敬颂

著安

弟汝藻顿首

廿二夜

十二

静安吾兄足下：

久未寄书，正深驰系。忽得手示，快慰之至！

弟近有武林之游，住湖滨一星期，甫于前日归来，尽无所见，仅购得尤求一卷、王虚舟二字册而已。陶兰泉[①]自京来，知新出北宋本《资治通鉴》为小潘一万一千元得去。闻有目录，为沅叔所留（确系大内物）。纸白版新，见所未见，闻之不胜艳羡之至！究竟北方精品多。南中广东来一《仪礼要义》，为潘明训所得，亦子敬绍介，不能沾丝毫利益，子敬甚为懊恼。弟并未得见，何缘之悭也！此外一无所闻。得一二旧抄，明椠，殊不足珍。闻《白氏六帖》，颇觉心动，而沅叔书来，志在必得，不知近已得谐否。兄暇时何妨时至厂肆一聆消息。弟固不可与沅叔争，但沅叔不购而流入军阀政客之手，则殊为可惜。沅叔必不肯出巨价。以意度之，必已扣留一二册，而后交涉，或竟全书扣留。兄能为我一密探否？闻内廷时有流出，且皆精美，此次兰泉来更知其详，惜不能久居都中以待机会也。天津之《百川学海》知有九十三种尚未有受主，兰泉欲得之。则此书又不能争矣！此书不足争，故亦不甚动心也。《营造法式》，兰泉以内府文淑阁写

---

① 陶兰泉：即陶湘（1871—1940），江苏武进（今常州）人，字兰泉，号涉园。清末官至道员，后进入实业界及金融界。一生喜藏书、刊书，所藏多为稀见珍籍。

本校勘，丁本脱简错误不胜其多。弟所得者胜于丁本数倍，而脱简亦同，或当时底本有阙亦未可知。此书朱桂莘决计付刻，已倩人绘图，行将毕工。以内府残页作程式，十一行廿二字，而抄本均少一行，殊不可解。弟处刻书成绩颇佳，年内《草窗》、新定《歌诗编》三种，必可竣工。现在馆阁系亦已动手，《青山集》正在付印。一有成书，当即寄呈一部。

弟下月或可到京一行，但此行有事津门，恐居津时多，届时兄能至津留二三日，亦一大快事也！大著屡催不一催，深为歉仄。顷晤欣木，云将完工矣！然此说似未可深信。能于阳历年内出书已为万幸。深悔当时不木刻也。孟劬已久不见，不知作何计较。志局薪并未送来，弟未便往索，兄能去函询之否？弟近来颇思发展，数年困守，行将重整旗鼓，为恢复之计，不知命运能转机否？匆泐奉复，敬颂
著安

弟汝藻顿首
九月廿一日灯下

十三

再启者。汲古抄宋元词古老确知其详，兹姑虚与委蛇。其价既奇，当无磋商餘地之可也。来单三纸，应否寄还？候示遵行。森玉[1]并无信来，恐亦当面应酬语耳。令亲陈君吕纪画，最近晤文旉从未道及，岂尚未送去耶？亦已拒绝耶？弟未便往询。如来见商，自当尽力。文旉于此道，实非真好，何尔购买。不过立幅等为饰观用也。即文字书籍，亦用以襄门面，大非兰泉之比矣！王富晋处代购事，兄暇乞详询见复。新刻各种，年内有五六种可以竣工。拟先以单行本出售，即古老之丛书，亦可运京由其代卖。如能说妥办法，则交易正多也。年内时局，市面无大变动。终欲北行，一图良晤。手上
静兄著席

弟藻又顿首
初六日

① 森玉：徐森玉。

十四

静安吾兄左右：

多日不寄讯，思念殊切。闻都中已得大雪，当已极寒。南中则甚和暖，毫无隆冬气象，大非所宜。江浙空气日恶，恐终不免有一举。自卢送其先人灵榇来沪，尽室以行，辎重至装二蓬车，次日各军官眷属连翩而至，故杭嘉一带惊慌万状。市况本极萧条，加以谣言，遂更紧急。大约苏松嘉湖已扰乱不堪。若果成事，真恐不能如辛亥之安静也。小民何辜，遭此涂炭！言念及此，能不痛心！

大集昨始送来一部，兹先邮寄，以慰快睹。装订尚雅观。初拟售品订十册，嗣觉六册之雅，故一律装六册。连史定价实售八元，毛边六元。此外另装宽大者二十部，则非卖品矣！俟有装竣，当再寄一二部。黄绫者已装一部，须俟大批并寄。富晋[1]如能代售，乞便中先与商妥折扣。当援雪堂之例，或每月一结算。说妥后此间当直寄该庄若干部。候示遵行。此后弟新刻各种，亦可照办矣！孟劬已通讯，北大诸君欲购者不妨先来定也。弟略为翻阅，错字甚多，此复校之不力，负疚良深。如有勘出，请另纸记录，纸版尚可挖改。特此已印者，无法可施耳。应送北方及海外者，请酌定部数，亦当直寄。尊处如不多，或托妥便带呈。南中则由敝处代送可也。兄今岁经济状况何如？奉入能敷衍否？能不愆期否？弟恐不能北行（因时局之累），故特奉询，如度岁有所需，幸早示及。弟虽拮据，然不窘于区区，千万勿存客气。图书馆陆抄《北涧集》，有诗集否？如尚能记忆，乞示！草此代面，敬颂

著安　不尽欲言

弟汝藻顿首

十一月十九日

---

① 富晋：指富晋书庄，为王富晋于1912年开办于北京前门大栅栏西街的一家书店。

十五

静安吾兄：

多日未通讯，昨得大示并《北涧集》二册，快慰，快慰！御寒往校，得改正数十字，感愧交集，敬谢！此集自宋刻后似无第二刻本，弟以其罕见，又多为苕霅间文，故拟重刊。日内为改正其省笔字，皆依据前八卷改之。宋椠极精工，行款亦佳。以俪《参寥》，大足相称。刻书极快，年内或有四五种可竣工。《草窗》及《歌诗编》皆不日完工矣！

大集甫于昨日钉一样部来(六本)，书式极雅。本拟寄览，以慰快睹，适弟[1]五卷内漏钉一叶，尚需改装，稍缓数日，当先邮寄一部也。特印连史六开者二十部，宽大而醒目，见者无不爱之。其普通卖品拟钉十册，竹纸，成本若干，应售若干，尚未算出。因欣木回杭，须待其归来核算也。原议由中华代售，弟以其定码大折扣大而结算又极迟延，前次为《式古堂书画汇考》一书，已领略其手腕，故此次拟另筹办法。销路以北大为多，姑俟定出卖价与孟劬商妥后再定寄售之处。兄处约需几部，俟装出后当即奉寄。拟赠何人，亦祈开示，在南者可就近分送也。弟初拟北行，比以沪市银荒，岌岌者月餘，为开埠来所未有，因此又延迟矣！匆复，即颂
著安

弟汝藻顿首

廿六日

沅叔前日北归。《白帖》已见过，绍兴初印本，真可爱也！

十六

静安吾兄如晤：

新历新岁萧条不堪，江浙流言日多。杭嘉湖苏松五属人民苟有一动之力者无不来沪，叩免兵革。此项损失已大可观。两省人

---

① 弟：通“第”。

民久泯省界，乃以一二人意见不合，不惜縻烂全国精华之区，博一胜负，谓天道有知耶？何梦梦若此，若此？殆十二年来安享太过之报也。

尊集已来二百餘部，与欣木核计成本，须定连史十圆，竹纸八圆，一律八折实收。都中决计与富晋订约代售，乞先与接洽。一俟示到，当即径寄该庄，以省手续。此间装箱托熟识之转运公司转寄，必无遗误。如何订约，如何收款，均祈拨冗一往，面与说妥。必据商务、中华等等大公司为切实也。销路似京中为大部分。此间当另觅代售处。东京一方面已由颂清[1]寄十二部与田中，或尚可多销也。售品外另订白纸放大者二十部。前所寄者谅早递到，尚是普通售品。此二十部尚在装订未竣，竣工后当与黄绫装者同寄尊处。届时再行通知。时局如此，弟年内恐不能北行。无妄之灾，影响不小，可为浩叹！敬颂

撰安

弟汝藻顿首

十一月廿六日

富晋地址乞再详示，并示掌柜者姓名，以便通讯。拟先寄一百至百二十部（三成连史，七成竹纸），如何？

十七

静安吾兄如晤：

多日未寄讯，无谓之忙碌，自觉可叹！摆脱不开，颇以为苦。下半年来较兄在南时尤甚，真不值得。

大集已交到三百部，尚有装黄绫及特别放大者尚未装出。日来欣木抱病，又无从催起，本拟俟进呈本装成一并奉寄，兹适王君卿先回京，愿意代作邮差，先寄奉六大包，每包六部，共三十六部（连史十二部，毛边廿四部），至乞点收。除送人外，请酌分若干交富晋代售，定价白纸十圆，毛边八圆，八折交帐。此价与欣木核计而定之，必有销路。以后当陆续径寄富晋。暂时烦兄收付。收到之款亦暂存兄

---

① 颂清：金颂清（1878—1941），字兴祥，少习儒学，清光绪二十五年（1899）补博士弟子员。致力于经史之学，善鉴图书文物之真伪。

处，俟有整数时再行汇南。届时当再商定汇款之法。据欣木核算，有三百部销出即可出本。此次仅印三百零，而送人已去一成，尊处欲送者尚不在内。果有三百部可销，必须重印矣！日本必有人买，已交颂清两包。此外就沪肆中相熟者代售，然南中必不多。所希望者惟北大耳。孟劬云，在上半年时或有百部可销，此时恐三四十部亦不可必得。大多数皆希冀赠送也。兄京中所送者乞开示一单，以免弟处将来重复。富晋嫌扣折小，不妨量为通融。弟非志在收回成本也。此意兄当能谅之。进呈本俟交到即寄奉，特别放大者亦当奉寄数部，以备自留。

弟新得书棚本《张司业集》残本，原书上中下三卷，阙上卷，无牌子。然棚本极可信，与瞿氏四种行款同，字体亦同，印亦精，价则甚昂（三百二十元得之）矣！今年仅得此与《精骑》耳。真日难一日，如何，如何！草此代面，敬颂

著安

弟汝藻顿首

腊八日夜二时

十八

静安吾兄足下：

屡得惠示，未即裁答，歉仄无似。大集现已装齐，有五百部，将来销路终以都中为多数。轮船停驶，车运殊费，只好陆续觅便带出。兹又打一包，内毛边纸十二部，放大连史四部，黄绫装者一部，托兴业便人带去，不知何时可到。年内有便，自当再寄。放大者仅有二十部，不能出售，择至好分送，作美术观可也。此四部中雪堂宜赠一部（沅叔已寄赠一部），其餘均请自留，或师傅中酌送一二部，或国外酌送二三部，必不敷分派，当再奉寄。此间已送出四十部，普通品居多。买者亦必以毛边为合用，价值虽差两元，成本则不相上下。五百部中连史仅占五分之一，预料销路不广也。

孟劬云北大在春夏时必有百部可销，近来金融加紧，恐须减折。鄙意拟请兄于北大中托一熟人，合一成数直至尊处交易，不必由富晋转手较为直捷。其零星买卖则听富晋主持。不知兄不嫌烦琐否？弟意能销出二百五十部，即可收回成本。区区之数当不甚难，特不

知时间如何耳。故拟设法自销，较有把握。沪肆已有四五家代销（子经居其一），恐均收不到现款，其结果不过以书换书耳。此事弟乐为之。

前函所云成本之重，凭欣木约计之说而言。现已结帐，实不足千五百元也，所费并不过重。所悔者，与刻木之值相等，时间亦相等。悔未刻版也。十年后当重为兄刻之。此次成本必可收回，弟又未费心力，兄不必耿耿于怀也。富晋定价，即请与之决定，以收回六元八元为标准。定码不妨大，折扣不妨多也。专复，敬请

撰安！不尽欲言

弟汝藻顿首

十二月廿一日

十九

静安吾兄有道：

兹托兴业便人带呈大集黄绫装（有套）一部，特别放大白纸四部，毛边（五包）卅部，分装两大包。本拟分托两人，兹叔通云可一起带去，故并托一人，与昨函不同，特再通知。去人恐津门有逗留，年内必可送到，至祈点收！季美就上海商业银行津行经理，日内即行，弟托其由船运带去六包，计卅六部。此二批到齐即可着手出售矣！开正有便当再续带，较转运公司为快也。匆匆。即颂

著安

弟汝藻顿首

十二月廿二夜

二十

静安吾兄有道：

献岁发春，惟起居如意为祝！

大集托仰先带去一批后，复托兴业带一批（中有绫装一部，放大四部），第三批本托范君季美，后以须待开河船运（渠现就上海商业

银行津行经理，携眷赴任），故又改托通易[1]黄溯初，亦六大包。今日知颂清入都，又托带三包。颂清为赶火神庙，未便多带。大约后二批到后即可发售矣！前后并计，连史太少，弟之心理以为购者必不愿得连史，价贵而不经用，又易损目，真读书者所不取，故多寄毛边（其实毛边成本不下连史）。然以之作陈列品则白者为优。初十左右兴业尚有便人，当再带呈数十部。多方分销，去路必广。叔通曾有函托任公，请其就天津南开大学及东南大学中设法售之。共印五百，南北赠品约百部。今春果能畅销，则区区三四百部，不难顷刻售尽。下半年不妨再印一次也。

弟二月初或可北行。江浙事须看大局变化如何耳。匆上，敬颂春祺

弟汝藻顿首

初五日

二十一

静安吾兄大鉴：

入春以来殊少通讯，无谓之忙日甚一日，浪掷光阴，至为可惜。

前日钱君新之[2]北返，又托带大集两大捆。前后共寄五次，计一百五十六部，黄绫装及特别印者不在内，想均收到无误。颂清入都，亦曾托带三小包，此为弟四次所寄，因无消息，不知果送到否？都中市面萧条，销路必不畅旺，不妨静候时机，不必急急也。应送者送，不必因成本之钜而惜之。弟约计有二百五十部销出即可如数收归，稍待时日必可达到。兄勿过虑。

景宋各种已刻成者，《草窗》《忘机》《歌诗编》《窦氏联珠集》（此借诸嘉业堂者，因有商务印本，故刻之）四种，已刻未毕工者，中兴馆阁系《新定续志》《青山集》《曹子建集》《吴郡图经续记》五种，大约今年必可成十餘种。弟拟凑集六朝唐宋人集部十种成一丛书，此前人所未有。集部较时髦，或可畅销。此外合经史子成一丛书，不再以

---

① 通易：20世纪10年代，黄溯初及友人合开有通易公司。1921年6月，通易公司改组为通易信托公司。

② 新之：钱新之（1885—1958），名永铭，字新之。晚号北监老人。原籍浙江吴兴（今湖州），生于上海，民国时期江浙财阀的代表人物之一。

集部搀入，分则分量较轻，购者易于着手；合则太觉繁重，使人望而生畏。授经主张则竟单种零卖。此说弟不甚以为然。单种发行多，必至板子有损，合成丛书便不能一律。从前知不足斋、抱经堂皆有此病，况景刻多印更易损板。尊意如何，能为我一决否？刻手大佳，《草窗》及《吴郡图经》最难，竟有九成仿佛。此书出似可压倒一切，费虽钜亦足以自豪矣！北行有日，当携数种奉览。年来失意事多，此举差强人意，惜不获与兄朝夕相赏也。现在急欲筹备面页，拟倩雪堂先生写一二种，不知可以转求否？弢老亦欲求之。兄如不便，当恳太夷[1]代请，不过新任总理事务必多，恐无此闲情逸兴也。

弟俟北票煤矿开会时必至京一行，大约在四五月间。如有他事发生或可递早。小儿婚期原定春初，以事改迟至九、十月间矣！承赐联语，愧不敢当！尽可从容。

惠寄《永乐大典》现为人借去，俟见还时当再寄呈。沅叔有不日南下之说，此信到时如尚未行，请以罗原觉所惠之文卷引首托渠带来；如已行亦可不必。草草奉答，敬请
撰安不一

弟汝藻顿首

二月十三日

弟拟凑集部十种或十二种成一丛书（专刻六朝唐宋至《忘机》为止，已凑得约十数种，尚拟选择付刊也），以密韵楼名之。此外杂刻经史子诸种，则以传书堂或乐地盦名之。乞为酌定可也。分则轻而易举，出售不难；太重笨则人皆畏之，势必无希望。授经、聚卿[2]即前车之鉴也。尊意以为何如？《忘机》字多，弢老为宜，以弢老不能作大字也。雪堂以篆隶为佳，亦祈代为酌定。此外尚有何人？如有所知，幸示一二。

弟又叩

---

① 太夷：郑孝胥（1860—1938），字太夷，号海藏，福建闽侯（今福州）人。诗人，书法家，伪满洲国国务总理。

② 聚卿：刘世珩（1874—1926），字聚卿，又字葱石，安徽贵池人，光绪二十年（1894）举人。藏书家、刻书家、文学家。

二十二

静安先生有道：

日昨奉读大示。核对《集林》，寄出批数不符，因往访叔通，询其最后之两大包究托何人带去（即范季美、黄溯初一批），始知此批甫交新铭船带津，由津充便带京，约计时日，日内或可送到。或尚须迟数日到亦未可知。销路不畅，此殆关乎时局，市面非人力所可强也。此间已托商务、忠厚（即李紫东）、蟫隐、来青四家寄售[①]，闻每家不过售一二部。此外张阆声告奋勇代销，已寄去廿四部，不知成效若何（姚文旉代销六部，亦尚无下文）。叔通曾托梁任公诸人，皆无回音。本非时髦品，只好静以待之。闻京师有图书馆之希望曹捐二十万，各省募二十万，以半为建筑，半以购书。此一局也。又闻日人退还庚子赔款，亦有指定一部分（每年八十万）为设立最大图书馆之议。沅叔南来，颇得其详。现虽起议，不知将来变化如何。然颇有希望也。此局成，吾辈皆可于此中占一席。弟当力荐吾兄图之。闻皇室拟万大宗经费以属汇丰买办某君，某恐有后患，保举通易公司（即黄溯初）出面，通易束手无策。昨叔通来商，弟则确有把握。此非寻欧美人不可。而中有政治家、法律家在内，则又不免望而生畏。如酝酿至可为之时，弟或须至京一行。此时毫无头绪，尚乞秘之！《宏秀集》闻是书棚本，从前袁二有一册，授经曾照出一分，今玻璃片已在弟处，即拟付刊矣！闻沅叔云书固精美，千二百番是索价非买价（周某是否购定尚是疑问），沅叔曾还六百，未有下文。以较袁二之《鱼玄机》，则彼善于此矣！《经典释文》是大部书，闻之至为歆羡。沅叔亦曾寓目，渠意二千番或可得之。此说盖未可信也。乞为秘密采听。如有机缘，意欲得之。得一正经，大部胜小品多多矣！今年得棚本《张司业集》，缺上卷，存中下二卷，刻印均佳，只存一百卅餘页，得价不足三百元；又得《北山小集》残本一册，存四卷，皆乾道时湖州路公牍纸所印，有官印，不足二百元得之。南北相较，似尚便宜。特年来未得一完善著名

---

① 忠厚、蟫隐、来青：均为当时上海的书店名称。忠厚书庄：位于上海市汉口路（三马路）的一家旧书店，主人为版本学家李紫东。蟫隐庐：1913 年由罗振玉从弟罗振常于上海汉口路（三马路）创办。来青阁书庄由杨云溪于 1886 年在苏州创建，1913 年杨云溪与其孙杨寿祺开设上海来青阁。

之大部书，终为缺憾也。《草窗》封面鱼占已写得。现刻成者《联珠》《忘机》《歌诗编》（昌老已写封面）及《草窗》四种。兹附呈封面式样四纸，乞转求弢老、雪老分别书之，能速尤感，因四种已付印（先印蓝色），亟待成书。附去废纸数页，观此可得刻手之大概矣！

敬颂

著安，不尽欲言

弟汝藻顿首

二月廿三日

二十三

静安吾兄如晤：

屡得惠示，迄未一复，歉悚何极！弢老书封面"雪岩吟草"作"灵岩"，相去太远，无可勉强。甲卷甲稿则原书中确有两名，尚可将就，如请求不难，拟乞代求再书一纸，如不易作为，罢论可也。雪堂两纸已付刊矣！如相见或通讯时，乞代道谢。黄晦木画不独弟未见过，恐今之嗜画者亦未必有经验。此幅本是寐叟遗物，叔通托名代销而自购之，弟等皆以为伪迹。而当时不假名手之名，取此冷僻无画名之款，其意何居！因此一说，叔通遂为所动，以廉价而得重器，大为得意。而弟等不知也。兹既远道求题，兄不妨以敷衍文章了事。晦木是否能画？诸遗逸集中必有记载。玩其画意，决非理学先生手笔。而叔通以中有扁蝠，疑指福王，因此着迷。与敝藏项孔彰[①]朱笔山水比宝，真可叹也！

弟月内或可北行。文卷引首容自领取，不必托人。到京后当即奉访，不知一星期中值班几日。弟尚须至哈一行，大约住京津约有一月，当可畅叙多次。新刻之书已成四种，当携之行箧与兄共赏。匆匆奉复。顺颂

著安

弟汝藻顿首

十八日灯下

---

① 项孔彰：项圣谟，字逸，后字孔彰，浙江嘉兴人，为明末著名书画收藏家、画家。

二十四

静安吾兄先生如晤：

南归以来屡得惠示，三阅月间竟未奉报一字，可谓荒唐之至矣！其间虽以时局之糜烂，人事之纷纠，夜以继日，尚苦不给，而此心耿耿，无日不念及左右。此次之变，海上诸老仅以一电了之，不知京津诸公有何策以善其后？兄及子勤作何计画？想必暂往都门徐图生活。特素无储积，不识能支持几时。古老、孟劬亦时时来询消息。公暇盍作数行慰之。

弟事出于万万意想所不到，平时日日有餘，偶阙一日，为数又不大。竟于三小时内搁浅。为通商开埠以来未有之创局。事前既一无布置，卒然遭此意外，正如青天霹雳，人人闻而惊骇。幸而主其事者坚定，未满一月即已还人七成，近已发弟八成讫（每成须十七万两）。约略计之，对外可以如数清还，不至短欠有折扣。故外间空气尚佳，未闻有恶声。特弟则痛苦万分矣！对外愈整齐，对内愈痛苦。加之内部纠葛，非惟不谅，更从而甚之。且有乘机下石至再至三。环境扰扰，至今未息。世道人心至此，夫复何言！然自出事之日起，弟惟当时两小时摇摇不定，过此以往，至于今日。举止眠食，态度胸襟，均未有所变动，是则可以告慰于吾兄者。弟于阿堵向未重视，频年损失，数已不菲，加以此次，自必倾倒无餘。我得我失，曾何足道！所不甘心者，有意毁之耳！故宁忍痛苦而维持，不愿得便宜而破产，至悠悠之口，则三五年来已不计较。天不绝我，必有以观其后也。此后总须改图，倘能料理得早，年内或可北行。从前尚有顾虑，今则破釜沉舟，誓不返顾，或尚易为力也。《集林》区区之数，无补于我，留备吾兄不时之需可也。

重九为小儿完婚，正在枪炮声大作之时，草草成礼，新妇尚能操作，识大体，是可喜也。益菴之况尚佳，乃郎已将其故宅拆卖殆尽。益菴譬之遭兵燹，亦无大懊恼。蕙风断弦，想有所闻矣！京事如何，能示一二否？拉杂奉陈，借作面谈。敬请

著安，不尽缕缕

弟汝藻顿首

十月廿一日

二十五

静安吾兄有道：

昨奉大示，敬承起居佳善，至为快慰！

此次风潮愈演愈烈，不知若何结束。此岂真是学生、工人所为？黑幕重重，笔难尽述。深恐此后遂无安宁日子。京中报纸有无揭载？吾兄深居园中，外面消息恐亦不得尽达。我生不辰，不如不闻之为愈也。古老北归，深以不获一晤为歉。在京仅三日，不及出城奉访，归来即患湿温，幸医治得早，尚未受累，比闻已勿药矣！

兄新居较城中宽适否？闻校中书籍颇多，足供娱览。此中寂静，必可多著几种有用之书，企望不已！弟拟重刻《遗山诗笺注》（施北研先生注），文楷已写样来，现正校勘，大约冬间可以出书。施先生熟于金源掌故，与先曾祖友善，道光二年为之杀青。兵燹以后，版为书贾攫去，十年前已闻散失。施先生著作曾遭回禄[①]，存于世者惟此区区不全之稿耳！故急欲重刊，以彰先世交谊。至施先生行谊著述，镇志有传，不知兄处有此志及《遗山集笺注》否？拟乞吾兄代草重刊后跋一首，如无资料，弟当抄呈志传一篇，从容著笔可也。原刻无序跋，惟凡例十数则，都明不用。序文兹拟请古老撰一篇，渠于此集曾用过功也。《集林》此间去路殊寥寥，不如北方远甚。（《集林》尚存若干，应否再寄呈数十部，候示当即邮奉）近曾赠张子武同年一部，渠竭三日之力读完，深佩吾兄能自辟途径，迥非寻常学人可比。渠若能稍稍得志，必能力为援助也。弟今年以来颇有活动之想，数月经营都无结果，岂人事尚未尽耶？抑否运尚未退邪？术者谓今岁大利，而过去五月一无影响，可见此种学说之不足恃矣！书款如需用，不妨留之。如不需此，可交大陆汇下，总较邮便为妥也。益庵已就自治学院[②]，系孟劬推荐。孟劬《后妃

① 回禄：传说中的火神名。此处指火灾。

② 自治学院：指创建于1923年的国立自治学院，1925年更名为国立政治大学，1927年停办。

传》已修补完竣，有人在京为之付刊，已见样张，系仿殿版式，颇清朗可爱，闻亦文楷承办也。匆匆拉杂，奉复。敬颂
著安　不尽欲言

弟汝藻顿首
初六日

二十六

静安吾兄道鉴：

前日接奉惠复，亦终日碌碌，未即裁答。昨又接到大陆来示并书款二百元，照收无误。此间销路寥寥，一年以来不过三四十部，亦以无人鼓吹，不登广告，弟又未多方托人，致成绩如此。坊肆中取去者十不得一复，若辈习惯，虽熟识亦无之何时。事至此更无人读书矣！可叹，可叹！

张君子武深佩大著能自辟涂径，每次晤谈，辄询有无通讯、有无新著作。渠于《墨子》精研多年，注已脱稿，尚在修正，有数疑问至今不得其解，屡嘱代求教益，辄以事冗遗忘。前日赴汉微行，又来询及，愧无以对！兹检出来函及欲问之字二纸，一并附呈。公暇尚乞释明，易纸见示，当为转寄汉皋。此公颇有特识，新人物中不易得之才也。遗山诗初校已毕，原刻有误字，非检引用书一校殊不放心。然此举甚不易，如何，如何！潘明训刻《礼记正义》，亦一快事，然种种经过，已费尽九牛二虎之力矣！书成当印一部奉赠。毕功总在明年春夏也。匆复，敬颂
撰安，不尽一一

弟汝藻顿首
二十日

二十七

昨谈快甚。《草窗韵语》中咏琵琶者只一首，抄览，不知是否？《集林》稿八页昨夜复校，又改正三四字，一早送去矣！他日恐须更

校一二道方放心。

静安吾兄先生有道

弟汝藻顿首

廿八日

小注两头间有距离,太远者似不饰观,已请欣木设法每字排开些。想同意。

附:《草窗韵语》一稿

琵　琶

曾闻贺老说当年,玉轴东风四百弦。宝结飐春莺语滑,香槽抱月凤心圆。荻花江上逢商妇,杨柳湾头见小怜。莫向尊前弹怨曲,青衫白发易凄然。

二十八

静安吾兄有道:

半年以来,每过北来友人,辄询从者近状,而言者都不明了,正深驰系。忽奉手书,快慰何可言喻!

闻清华月脩四百畨,有屋可居,有书可读,又无须上课,为吾兄计,似宜不可失此机会。虽久暂未能逆料,而暂避风雨,南北均不能优于此矣!久欲驰书,劝驾斩断种种葛藤,勿再留恋,顷知已毅然决定,为之额手不置。从此脱离鬼蜮,重入清平,为天地间多留数篇有用文字,即为吾人应尽之义务。至于挽回气数,固非人力所能强为。劫运初开,不至陆沉不已,来日大难,明眼人皆能见到。生死有命,听之可也。弟饱受挫折,深信人谋不足以胜天,愈巧愈密则灾祸亦愈烈,可断言也。颇有人劝弟入政界作恢复之初步,其说未始无理,特人不能与天命争。果天命有在,亦何必多此一举,静以俟之可也。

入春以来颇有所计划,果能如愿,则区区之恢复,亦复不难。夏秋之交当可揭晓矣!刻书小有停顿,现潘明训刻《礼记正义》订定十五月毕工。弟有意刻经,惜无善本,兄能随时为我物色否?瞿良士携书避沪,海上多一藏家,惜与兄远隔,不获时时商量耳。(古老昨自苏归，已见大札。孟劬多病，有请庖代之说。病老[1]已到，尚未相见。益庵著作之兴大浓，《太史公书法》[2]已上版。）何日高迁，幸早示及。匆匆裁复，敬颂
著安

弟汝藻顿首
三月十四日

二十九

昨日过李紫东处，见有明椠《史记》，极少见，字体与竹轩来之《阮嗣宗集》相仿。读杨吴两序，知明初南雍已有大中小三版（此为中字本），似为前人未经道及。此本亦无人著录。送二册呈鉴，尚未购定，仍希掷还。
静安吾兄先生

弟汝藻顿首
初五

三十

芜湖洪书已到。顷约李紫东于明日上午十一时送头本至西摩路敝寓，课毕请携敝藏史部稿惠临，借商取舍。拟购齐十七史及眉山七史。故欲一查，或抄示一纸，尤简便也。或午后一二时亦可。幸先示复。手上
静安吾兄先生著席

弟汝藻顿首
初四晚

三十一

盛竹老家传，前途屡来催取，乞于前次商榷处更换几句交下。

---

① 病老：指王乃徵。
② 《太史公书法》：指《太史公书义法》。

如已改定，即付去人尤妙。《史记》已购定，取得全书，尚未议价，一二日内当全书送览。
静安吾兄

弟汝藻顿首
初七日

《史记》取到，全书送览，可多留数日也。

三十二

洪书已取得，全书四十餘种，中有《隋书》，颇佳。午后已约隘菴[①]、欣木诸君到西摩路。仍乞惠临畅叙为盼。手上
静安吾兄著席

弟汝藻顿首
初八

三十三

明晚约昌老、古老来威海卫路敝寓便饭，下午三时后乞惠临畅叙。叶麻子《庄子》《陶诗》二种已购得，并得荛翁[②]临、段若膺[③]校《广韵》，亦快事也！手上
静安吾兄先生

弟汝藻顿首
初十日

三十四

手教并扇叶拜悉。小儿喉患已平，惟久饿未得复原耳。初八为星期日，(下午三时)沖甫、叔通约定来观画。乞顾我为盼。旧书先送呈新购入者数种，上届之书容缓日来领。

---

① 隘菴：指孙德谦。
② 荛翁：黄丕烈(1763—1825)，号荛圃、荛翁、复翁等。著名藏书家。
③ 段若膺：段玉裁(1735—1815)，字若膺，文字训诂学家、经学家。

静安吾兄先生大鉴

弟汝藻顿首

三十五

明晚略备数肴,为孟劬洗尘,乞惠临西摩路敝寓一叙。已约古老、欣木诸君矣!上届各书以马病久阁尊处,兹嘱汽车诣领,即祈掷交为荷。叔言润资十五元送奉,便乞转交。扇叶求公小行书,勿急。
静安吾兄先生

弟汝藻顿首

十三日

三十六

静安吾兄先生如晤:

初九日惠书,直至廿二日收到,几及二星期,何邮便如是之迟滞也!

弟半年以来所历都非人境,不知曾造何孽,致有此酷报。藏书之去出于欺骗,更为弟一生不能忍受之痛史。此中历史甚长,兹将致律师函抄稿呈览,句句实言,事事有证。生平未尝诬人,此事更多见证。盗贼世界至于如此,可胜浩叹!弟非不知聚散之理,亦深知无永久保存之道,特出于欺骗则不能使我心服。弟与吾兄相处数年,情同手足,行为当为兄所深悉。自问甘心吃亏,未尝妄取。即以书论,所得亦殊不易,非若丁、陆之乘乱秤买端、袁之巧取豪夺比也。而结果乃不若四家,何天道之愦愦若此,真百思不得其解也。今彼虽瓜分而去,而我不能不尚有下文。卅年心血付诸流水,已可痛哭,况将祖父所遗及历年费尽心力陆续收回者亦复一并攘夺,此而可忍,孰不可忍!言念及此,心痛欲狂。即以菊生[①]论,当时彼出《四部丛刊》时来商借,弟无者不允,绝无条件,不沾丝毫之利,不博尺寸之名,自问对于涵芬,可告无罪。乃竟朋比为奸,不通一消息,闻彼董会反对,亦悍然不顾,急急承

① 菊生:指张元济,号菊生。

受。论情论理，公道何存，友谊何在？然犹可诿为见利而动也。彼主谋者宁非曾共患难之人乎！而蓄心若此，尚可恕耶？今事未结束，未能悬断，然不能不留一纪念，以示后人。果能如愿赎回，拟请椽笔代作一《赎书记》，不能赎回则作一《骗书记》，详记其事之始末，俾后之藏书者有所戒惧。将自书丹而勒诸石也。弟当时不阻弟辈之举动，实以不忍却弟辈之要求，弟辈始于目前之利，虽百端伸说，而持之愈坚，盖书为独好，而债则公负。弟果力抗，舍弟辈亦无可如何，乃因小不忍而铸此大错。天耶？命耶？自书出我门，足迹未尝一至藏书之室。其心之痛苦，可想而见矣！兴业[①]与弟不知有何嫌仇，成此结果。十年以来，彼设法而损我者已指不胜屈，弟向不计较，安心忍受，今竟出此恶剧，虽木石人亦将奋而思起矣！弟已投身孚威[②]门下，将凭借军阀为吐气之举，不知彼苍能许我否也。弟于政治素所恶闻，军阀尤然。所愿乃实逼处此，不得不别辟门径重作计较也。

自去冬以来，时时往来宁汉，今将有川黔之行，归来或即北上与吾兄作长夜之谈，一罄年餘所受之积愤，不知吾兄闻之将何以教我？灯下无事，缕缕奉告，急不择言，言亦不详，惟亮察为幸。《集林》当觅便奉寄。惠款大陆尚未送到，不知何日交去也。俟收到后当再裁复。敬颂
著安不尽

弟汝藻顿首
二月廿五日

沅叔来信云天津有宋刊《播芳大全》，季沧苇[③]物，已有人还价一千三百元，尚不售。又有《备急总效方》三十六册，绍兴刊，精印，莹洁可爱，叔鲁[④]还三千元，尚未成交。此二书似以《总效方》为有用，惜价值太贵，未能下手。如何，如何！
静兄再鉴

弟藻又上

《播芳大全》闻诸李紫东，恐非全帙，沅叔尚未见过也。

---

① 兴业：指浙江兴业银行。

② 孚威：指军阀吴佩孚(1874—1939)，字子玉，山东蓬莱人，1918年被授予“孚威上将军”称号。

③ 季沧苇：生卒年不详，清代盐商，江苏泰兴人。

④ 叔鲁：王克敏(1876—1945)，字叔鲁。晚清举人，抗日战争时期曾出任伪职。

陈乃乾[①]致王国维

（3封）

一

静安仁丈大人侍右：

金君影印《古今杂剧》已出版，闻有书赠先生，已寄在君美兄处矣。近有敝友欲将大著《人间词话》加新式标点印行，不知尊意许可否？且此书曾在《国粹学报》登载，今欲翻印，是否须得邓君同意？敬希指示。乾近睹先生所著各书，其精到处，迥非时人所能企及。前辈如沈寐叟等以年高望重负一时盛名，实不知其工力所在。益叹先生为不可及也。肃此，敬请

道安

晚陈乃乾顿首

二

静庵仁丈大人侍右：

前月曾上芜函，未蒙裁答，甚念，甚念。尊著《人间词话》可否翻印，敬求指示为感。专肃，敬请

道安

晚陈乃乾顿首

---

① 陈乃乾（1896—1971）：名乾，字乃乾。浙江海宁人。祖先陈鳣是清代著名的藏书家，藏书楼名向山阁，驰誉江南，陈乃乾也藏书万卷，尤多善本，所藏之书在“文化大革命”时期全部捐给了中华书局。他是一位在版本学、目录学、索引学方面有突出成绩的学者。

三

静安仁丈大人侍右：

承示敬悉。

光宣之际，曲本尚不见重于人，故发见甚少，大著《曲录》适成于此时，自不能免漏略之病，然采摭搜讨，以成一家之言，则先生寔启其端。今学者方奉此为南针，以研究剧曲。而先生乃欲听其自灭乌可得耶！去年胡君适之撰《读曲录》一文，以每目下未注明存佚为憾，似未窥见先生著书之体例者。近人立说，每好攻人之失而又不能纠正之，可叹也！乾频年据知见传本校改于《曲录》书眉者凡数十条，今年获观盛氏藏本《乐府考略》，又补出数十条，稍暇拟录成清本以求审定。乾意此书有裨于学者甚大，旧本既有漏略，则校补翻印为急务矣！先生以为然否？

前月金君颂清以印书事就商，乾即劝其翻印元人杂剧三十种，并依大著《宋元戏曲史》，据《录鬼簿》次序，写目付之，现已付印，旬日后即可出版。金君之意欲删去日本人重刻之序，而别求先生作序。乾恐先生事忙，屡次奉渎，心实不安，未敢轻于启齿，故前函未曾叙及。若蒙以旧作《叙录》检寄，则欣慰甚矣！专覆，敬请
道安不一

晚陈乃乾顿首
端节

刘承干[①]致王国维

（2封）

一

静安先生著席：

前得叔蕴先生自津来函，敝处应付刻书款项壹千元，属由尊处转交。兹特奉上，敬希察收。据咏和兄云，执事函索拙刻《嘉业丛书目录》，附奉两册，亦希察存。耑助贡肊。敬请

台安。伏希

荃察

弟刘承干顿首

二月八日

二

静安先生著席：

前奉手椾，敬审文旆。十六日抵京，二十日谢恩。翘望长安，弥深忭慰。此次诸公入直南斋，闻温毅夫[②]副宪迟迟入都，故未轮班侍直。今越多日，副宪已自粤至否？念念。国事蜩螗，扰扰靡已，现在

① 刘承干：生平简介见前"沈兼士致王国维"注释。

② 温毅夫：即温肃（1878—1939），原名联璋，字毅夫，号分槃庵，广东顺德人。光绪二十九年（1903）进士。授编修，曾官湖北道监察御史。1923年与王国维一起被溥仪任命为"南书房行走"。自1929年起受聘任教于香港大学两年。著述有《温文节公集》《陈独漉年谱》等。

议员诸多南下，欲将国会移沪。据《泰晤士报》所论，外人颇不愿若辈在租界扰乱治安。又有谣传，在杭组织政府等语。日来探问，自浙来者抵拒纷纷，恐亦未能实行。报载苏浙联治，照庚子各保疆界办法。闻两督军均以为然，或不致生灵涂炭也。自大内失慎，海上臣民共深震悚。弟与甘卿当即电致内务府，叩请圣安。同人共同磋议，欲具摺入奏。吁恳皇上克自修省。我公供奉西清，天语垂询之时，尚祈援古证今赞襄，密勿瓣香遥祝，如是而已。

尊寓已否择定？他日赁就，敬乞告知，以备通问。附致芷姓太守函，即求饬送息侯都护。旦夕与共，两贤相值，当有同心兰臭之乐也。耑助贡复。敬请

台安

愚弟刘承干顿首

五月十九日

马裕藻[1]致王国维

(2封)

一

承借高邮王氏韵谱稿四十一本,连前借九本,共五十本,至感,至感!先秦诸书及《淮南韵》均在前借九本中,请勿念。此上
静安先生

弟　马裕藻顿首
二月十二日

二

静安先生左右:

久未晤,甚念!易寅邨先生今晨送来一函,嘱呈先生,谨寄奉。易君大概未知先生移居郊外,故将此函嘱藻转致。惟易君此函交来较迟,藻又未克专差送上,恐今晚易君之约,先生不及走赴矣。叔平已回京,不日仍须赴洛,届时或能发掘之目的也。此颂
著安

弟马裕藻上
八月十七日

---

① 马裕藻:生平简介见前"沈兼士致马裕藻"注释。

明义士[1]致王国维

(1封)

国维大教授先生左右：

不能作中文书信，歉甚！[2]

犹记一年前吴先生宓招余到清华，得瞻风采，深以为荣。座间颇谈及向于 An Yang(安阳)镇 Hsiao Tun-en 村北所发见殷墟甲骨文字等等。余曾言余处获有陶器数种，兹特摄成影片寄上，计十四五图，惟影小而劣耳。其中大部分为鬲式，从第一图即可知彼等大小非一，外形亦互有不同。第六种质极粗陋，而第五种则颇精致，第八种形较大，第四种只有圆突出物以代足，颇低矮。第二、第七种皆大，足则虽短而粗，极坚牢。第二、四、六种边缘均广，第五、七、八种则不然。凡此数种均灰色陶土制而杂以沙。余所欲问者，为此数种有中文已认定之名否？如有，乞详告为幸。第三图上二件非在一处发现者，其较大者何名耶？有嘴，二前足弯曲如腿，而后一足则直立。其馀数种余亦不知其名，乞先生指教。第九灰色泥，不杂沙，面平滑。第十、十一形状略相类。第十灰色、底圆，第十一红，较大而较精致。第十二底面有边缘。第十三状颇奇特，如军人之盔，亦灰色泥质，竟有半寸厚。余处且有断零之铜器，与 Tao T'ieh 面极似。此件余希望能聚集碎片使成整形，以便摄影。余不知此竟何物，疑不是盔，内部甚窄不能容人头部也。最似盛酒食器之盖，然有一尺

① 明义士(1885—1957)：加拿大工程师、长老会传教士，20 世纪二三十年代活跃在中国的考古学家。曾应聘为齐鲁大学教授，1937 年因抗日战争爆发而回到加拿大。他把考古工作视为传教任务的一部分，试图利用自己的发现把古老中国与福音教会的宗教信仰联系起来。他在甲骨的著录、辨伪、缀合、断代等方面做出了很大贡献，并培养了一批甲骨考古及研究方面的人才。

② 明义士另有长篇英文书信给王国维，因字迹难以辨认，故未整理收录。

高，直径六寸。至于此陶器（指第十三）则与此铜器颇类，余亦不能定为何物、知其何用，只观其质甚粗而体甚重耳。第十四则与先生面晤时曾谈及者，只一足而平，体虽重，能独立不倾侧；其柄手大者能执（所谓柄恐即指此足），边极厚，向上渐尖薄，有泥假夹层，似到底而封，又似不封者；内部焦黑，似经火灼。颇疑是坩埚之类。然倘是，则火在何处烧？因此为红泥质，有锯齿，与普通邃古陶器同。外部颜色完好，不见火迹也。既在殷墟发现，则与甲骨有互相参证处。此物是否即甲骨上耶（此字见罗君第一编五卷三十三页，罗君释为炬，释此字为）？抑此物为耶（第七卷七页、十四页，五卷三十八页）？一则为火炬，一则为酒杓。从其形式上余疑此物为执炬之手与火热之油（或他液体），中间贮空气之盏也。余复寄上铜骨器之影片，亦信为殷墟之物，此余疑为旗杆上金属之部。在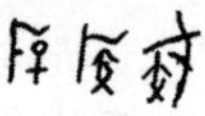等字中皆有之。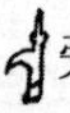旁一小铜钩似无用，亦无意义……

再余作此书盖特欲索先生在清华所讲之讲义。此种讲义他处可得否？乞告。最近见《中国科学文艺》杂志揭晓先生讲学之大纲，种种学程均余平时对之极有兴趣者，其中尤有兴趣者为：一、《书经章句》助动词之比较研究；二、《诗经》单词复词研究；三、中国古礼祭祀考；四、《说文》部首研究；五、金石上所见地名考。此数种均余极喜研究者。余不能至清华在先生班上执弟子礼，实为憾事！千万乞告从何处可窥见先生之讲义，至为感祷。末学弟子明义士敬上。

再吴先生宓处亦已去一函乞先生讲稿。

容庚[1]致王国维

（4 封）

一

静安先生左右：

奉手示订正拙稿之误，至谢！

查封泥中皆云"□□里坿城[2]"，无作"□里附城"者。则十七简之掌尹（官）威臧里附城（爵）䜣（名），盖无可疑。推之十六简，则掌大尹（官）播威德子（爵），虽以"播威德"三字为美名，不为无据。庚前以《莽传》封陈饶为威德子，故以播为人名，细思"大尹"之上加一"掌"字，与"威德子"之上加一"播"字文义正同。则"威德子"即"播威德子"也。此复，敬颂

新禧

后学容庚再拜

正月四日

二

静安先生左右：

前托斐云兄送呈新莽嘉量影本，想达左右。其尺寸大小详载

---

① 容庚（1894—1983）：又名容肇庚，字希白，号颂斋、善斋，广东东莞人。1926 年毕业于北京大学研究所国学门，后历任燕京大学、北京大学、清华大学、岭南大学教授，以及故宫博物院专门委员等职。新中国成立后任中山大学教授。著有《金文编》《金文续编》《商周彝器通考》《海外吉金图录》等。

② 本信中表示空缺之意的"□"均为原信所带。

《西清古鉴》中。马叔平先生曾仿制一莽量尺,其容积尚未测定。庚下月底南归,道经上海,欲访王雪丞先生,一观方谦受《缀遗斋彝器款识考释》稿本。方氏考释商器不无傅会,其所著录亦间有赝品。然此为清代金石家通病。至于独到之处,徐、刘诸人未能或先攻苦数十年,似不宜听其湮没。敢请左右作书绍介。俾见王氏商量印行,幸甚!此颂
著安不偶

后学容庚再拜

十一月廿九日

三

静安先生左右:

奉复书,敬谢指示!

古器物铭通释,庚尝有意为之,与罗先生商定,一释器,二释国,三释地,四释人,五释官氏,六释礼制,七释文字。惟礼制一篇最难,虽有大著《殷周制度论》《明堂寝庙通考》诸篇可资采录,犹不敢轻率从事。故先拟从释国释地二篇入手,然取材于先生者正多也。春秋陈、蔡常并称,陈国在今河南旧开封府以东,蔡国在今河南汝南上蔡新蔡等地。彝器常出于河南,何独有陈而无蔡?三字石经“蔡”古文作,窃疑金文中释龙字之即蔡字,侯即蔡侯,姬姑即蔡姬、蔡姑,惜不知此数器是否出于蔡地,无从左证耳。专此,敬颂
著安

后学容庚顿首

一月九日

四

静安先生左右:

近欲作金文虚助辞举例一篇,比较金文文法,乃知金文中“迺”、“乃”二字绝不相混。“迺”于是也,“乃”汝之也。汉以后始以“迺”为“乃”之古文。凡经传中之迺字多混作乃。如《书·尧典》“乃命羲

和”,《汉书·律历志》仍作迺。《诗·公刘》“迺积迺仓”,《孟子》所引改作“乃”。而“乃”字亦有混作“迺”者,如《晏子春秋》外篇“非迺子耶”,是金文无有也。且训诂亦有误释者。《书·舜典》“询事考言,乃言底可绩”,“乃”常训于是,而《传》则训汝,《尔雅》“迺,乃也”,即此一字,可证其为汉人之书,而非周公,若孔子弟子所作矣。又《康诰》“子弗祇服厥父事,大伤厥考心,于父不能字厥子,乃疾厥子。于弟弗念天显,乃弗克恭厥兄。兄亦不念鞠子哀,大不友于弟。”“于”字疑皆“厥”字之误。金文“厥”作,与“于”相近,故易相混。《传》谓“於为人父”“於为人弟”,故失之。王引之《经传释词》云,言子之不孝与父之不慈与弟之不恭兄之不友,亦未为得,若改作“厥”,则文从字顺,无不可通也。《论语·为政》“惟孝友于兄弟”亦然。惟《康诰》一文,何以有误有不误,亦一疑问。又乃金文作,与亦相似,故经传亦有误“厥”为“乃”者。如《书·无逸》“乃非民攸训”,证以《毛公鼎》“厥非先告父厝”,“乃”当是“厥”,而《书·君奭》“迪惟前人光”,证以《毛公鼎》“迺唯是丧我国”,“迪”当是“迺”,质之先生,以为何如?

《国学季刊》第二卷第一期欲出一考古学专号,罗先生已有题跋数篇,命庚趋谒台端,欲得大作,以为光宠。何时在寓,敬乞示复。此颂

著安不儩

后学容庚叩头

二月初六日

高梦旦[1]致王国维

（3封）

一

静庵先生阁下：

积岁睽教，正洊企慕。前日先由张菊生君托陈叔通君奉攀高躅，菊翁并鲁专诚趋访。幸蒙不弃，欣幸曷胜！敝所距离尊处较远，往来不便，未敢重劳下顾。此后商量旧学，容当随时就正有道。谨自阳历明年一月份起，谨致月脩五十元，区区之敬，只以将意，想勿麾斥。先此肃订，餘俟面陈。敬讯

起居

高梦旦

九年十二月卅一日

二

静庵先生阁下：

日前诣教，藉倾积愫，甚慰，甚慰！

前本馆购有《金石苑》稿本，以致排比付印。曾托况夔笙君重辑，嗣以匆匆，蒇事似多未安之处。张菊翁略一复阅，另册记录，仍阁置至今。兹谨将况君所辑及未辑入之稿另单开呈，连同原稿并菊

---

① 高梦旦（1870—1936），名凤谦，字梦旦，福建长乐人。教育家，出版家。1901 年被浙江大学堂聘为总教习，次年率留学生赴日，并任留日学生监督。1903 年冬回国，先后任商务印书馆编译所国文部部长、编译所所长。

翁记录一并送奉，敬祈手定，俾可成书。至为感企。敬讯
起居

高梦旦
十年一月廿二日

三

静安先生惠鉴：

前日由菊翁交示手书并跋后一纸，诵悉。佩甚！

昨与菊翁商议，此书诚为残稿，且在今日印行，有功金石已甚浅尠，惟刘氏一生精力所在，能就此所餘存者为之传布，或亦金石家之所乐闻也。夔笙先生所编既经覆审，以为大体不差，拟请参阅菊翁另记小册，再为完成之。其有目无文者，多可补抄。如属罕见，不易搜补，似亦不妨于原目下注明原佚。统希裁夺。《海东金石苑》原稿在刘翰怡先生处，尚拟由菊翁与商一并借印。卷帙尚不为多，尊意以为何如？专此奉商，敬候示复为荷。敬讯
起居

高梦旦
十年二月廿二日[①]

① 以上三信信纸上皆印有“商务印书馆启事用笺”。

劳乃宣[1]致王国维

（1封）

静安仁兄大人阁下：

前由叔蕴处寄下大著《壬癸集》两册，拜顿感谢！昨奉手教，聆悉一是。

承示近作诸篇，近体似玉溪，古体似昌黎，雒颂再三，倾佩无似。又蒙见示近正研究古代字母，自六朝反切、汉人声读以上溯三代，此真不朽盛业。吾国自设新学以来，学生知平仄者已寥寥，此后识字之人必日见其寡，可以预料。我公宏愿有成，当可为救时之药石，跂予望之。弟于古韵之学所得甚浅，而于等韵则稍有所窥。呈上拙著《等韵一得》并《补篇》两种，伏乞教正。或可少作壤流之助乎！我兄为哈同君所编《学术丛编》杂志，为何体裁？祈见示一二。

弟重来道上，倏已数月，日于山光海色之间与尉君商量旧学，逋播得此，亦不幸中之幸也。手此，复请

著安

弟乃宣顿首

十一月初六日

计呈 《等韵一得》两本

《等韵一得补篇》一本

---

① 劳乃宣（1843—1921）：字季瑄，号玉初，又号韧叟，浙江桐乡人。同治十年（1872）进士，曾任浙江大学堂监督、京师大学堂总监、学部大臣等职。著作有《合声简字谱》《拳案杂存》等。

王国华[①]致王国维

（3封）

一

静哥：

前由海宁寄上一书，想可收阅。弟到此已六日，浙省政变后，欲实行党教育，省立学校校长俱已易人，此间为一女子。弟不愿再蝉联，他事亦难谋得。而弟亦不欲多方接洽。新校长尚未接手也。

杭城罢工时有所闻，此为新政府政策使然也。现闻南京将入党军之手，北方恐又起恐慌。弟日内即拟返里。上半年大约在家读书，下半年再行设法。弟恐时局不安宁，诸事停顿，不知能免株守否？潘宅闻尚在沪。沪杭路客车恐不日即通，通后可以返里也。清华下学期如有管理图书助理或英文助教等职，不知能设法安置否？海宁现无驻兵，地方秩序如旧，弟日内即须回家。此上，并希
百祺

弟华启
二月十八日

二

静哥鉴：

日前接纪明信，知寓中安好，慰甚。弟因学校招生事，日前到

① 王国华：王国维的弟弟。生平事迹不详。

校，廿五日可以开课。兹接旧生屠颂竞（嘉兴新塍人）来讯云，其父荣襄欲征求哥《题梅隐图》，不知有时可以应求否？南方本年大热，加瘟疫猖獗，现虽已秋凉，病未大减。但田稻尚佳耳。海宁夏间病疫尚未曼延。惟因年老中暑者颇多，欣族叔初六中暑，于六月廿九逝世，开丧定在百日。弟谨备挽联一封，录于下：

居官廿载，历宰江宁戆榆上海诸大邦，听狱讼植人村遗爱遍东南，每行为吾宗光宠。

度曲半生，酷好则诚丹邱旸思等杰作，析宫商设音律清韵彻云汉，群疑是尘世神仙。

此联或可适用也。父茔缺少墓碑，弟意不如乘今年八十冥寿建立。如荷同意，望作志铭，托叔言先生一书寄来，在南方举办也。匆此，即请
福安

弟华上
七月二十日

征《题梅隐图》纸一信寄来。

三

静哥鉴：

来书早悉。邵伯烟致省长函，据计印光书云并未收到。此事本为计君主持，即不得介绍书亦可做到。现在尚未发表，大约弟总可在被选派之列。此次同往者有六人，年底可以出发。弟拟在美一年，如尚有餘款，再往欧洲。弟媳年来多病，近又患身热乳胀，幸赖血清连锁状及葡萄状注射，尚未溃散，现在逐渐可恢复也。清华研究院尚未开课，兄想可作他事也。潜侄未来定拟返南否？匆此，即请
近安

弟华启
四月初二日

王豫熙[1]致王国维

(1封)

静庵贤侄孙先生吉及：

多时不见，结想殊深。经于哲安得悉在北安好，近就清华学校之聘，刻已出京赴校矣[2]。

安化祠[3]虽经孙逐年修葺，而气局太小，又将倾圮。前曾与健庵及儿辈看过，近日正在动工，殿宇加高二尺，餘稍事恢扩，约费千五六百金，当令儿辈分任之。现拟将安化王禀殉旌始末及正史原文封恤、时期叙述一篇立石祠前，亦表彰先德之不可少者。此事非属之我贤不可，万望即日叙次，将原稿示下，以便付刻。至盼，至盼。至修理祠宇，五月可以工竣。

再者赵君万里[4]为鉴高兄之孙，年二十岁，文采斐然，现在东南大学国文系肄业。十一二岁时即见其肆力读书近于词章，经术小学均有门径，为吴瞿安[5]诸君所深赏，现因东南学校风潮，颇思北游，欲

---

① 王豫熙：号欣甫，王国维的伯祖父。历任东台、上元、上海等七县知县。擅书法，善画梅。

② 时清华园在城外，为郊区。

③ 安化祠：即安化王祠，是王氏家族为纪念远族——宋代功臣王禀而建造的。

④ 赵万里(1905—1980)：字斐云，别号芸盦、舜盦，浙江海宁人。王国维的同乡、门生，著名文献学家、敦煌学家，精于版本、目录、校勘、辑佚之学。在北京图书馆工作达五十余年。

⑤ 吴瞿安(1884—1939)：名梅，字瞿安，晚号霜崖，江苏长洲(今吴县)人。22岁任东吴大学堂教习，以后历任苏州存古学堂、南京第四师范、上海民立中学教师。34岁后，历任北京大学、东南大学、中山大学、光华大学、金陵大学教授。在曲学研究领域有很高造诣。

就学于我贤。此优秀分子为家乡所不可多得，如能长侍左右，日后成就必可观。且赵君小楷诸好而速，曾见其以课餘时间尽二十黄昏抄《庄子》一部，可谓勤矣。日后抄写文字，检查书籍，亦著席间一极快乐之友生也。专此奉达，并盼好音。即颂

文祉

乙丑闰四月廿九日八十一叟豫熙上

肇一[1]致王国维

(1封)

静安先生侍教:

昨奉手示,拜悉。仲约先生现寓东四牌楼北七条胡同王怀庆住宅内,更姓费润生,系代表四川边防督办来京出席善后会议。如先生前往会晤,请勿以原姓号访之也。谨以奉闻。肃叩

岁祉

教晚肇一顿首

廿八日

① 肇一:即庄肇一,庄则栋之父。生平事迹不详。

王蘧常[1]致王国维

（1封）

六月十一日嘉兴王蘧常再拜上静安先生大人阁下：

蘧少溺于纷华靡丽之学，又分志于所谓泰西格致之学者有年。年十五始拜沈寐师[2]门下，苦学诗及文讽、太史公书、《文选》乎业，于是稍稍知文章流别，概然[3]有述古之意。寐翁又授以段氏《说文注》，曰通此可以读古书矣。于是始渐知有训故之学。寐师又常称先生暨罗参事，以为吾国之两学者当世莫之与京。又谓每日曾与先生言音学，漏三下不能休，已而说大通，相视抚掌大笑，以为极天下之至快也。

于是想望先生与罗先生不能已。其后寐师寿，得见先生序言，乃窃记之。嗣后见先生文，未尝不窃录之也。壬戌寐师薨，由锡哭于沪邸，于西厅窃望见先生与罗先生，风采识之，详不敢面，为裵褢者久。嗣后常讯两公踪迹。初闻先生馆海上，继闻入南书房，未尝不色喜。去秋纥干鹊噪，变起仓皇，又未尝不惴惴于蒲轮所驻也。

蘧生已二十有五年，彷徨岐路，百无一成，稍知文字，寔自寐师始。寐师亡而蘧失所主，居常颓卬，四顾不能自已。今年春供职于锡山、武林两地，缅怀先师期望之意，私欲篹《三代史》一书，得见先生之《殷先公先王考》及罗参事《殷虚书契考释》诸书，遂先有商史之纂。惟孤陋寡闻，不通大旨，常以不获从先生与罗先生游为恨。今夏闻京畿有清华研究院之设，友人交书约往。方谓一二逐时者之所

① 王蘧常（1900—1989）：字瑗仲，号端六、求恒斋主等，浙江嘉兴人。曾任上海交通大学、光华大学、复旦大学教授。文史哲艺俱通，著名学者，书法家。

② 沈寐师：指沈曾植。王蘧常早年为沈寐叟入室弟子。

③ 概然：通“慨然”。

倡，漫不为意，继知先生寔主彼院，而为期已过，懊丧累日。明岁又以他事牵制，万难就试。久拟奉书左右，嗣以蘧与先生曾无一日之雅，遂邮一纸以周旋，有迹近于冒者为娄作娄，辍令复不能自已。先生或亦不以其冒而恕之乎？窃闻昆仑之下有盲者终日扪响索寂，以为是知昆仑矣，不知曾不出于昆仑方丈之间。虽然，如有相者，则固未尝不可使知昆仑之大也。今蘧寔类于是。先生其亦能辱相之，以知昆仑之大乎？惟先生命之，幸甚，幸甚。履历另纸坿陈，乞察。专此，敬请

钧安

王蘧常再拜

再启者，前曾托友人唐立厂先作书为导，想达贵院。如限于规律不能破格，如由浙江教育厅保送，作为过渡，不知能蒙赐准不？倘荷钧裁，俾得厕一席，饫先生之餕膏胜馥[①]，不胜私幸。然非所敢望也。唯先生教之。翘首神驰，不胜屏营待命之至！

蘧常再拜

王蘧常，年二十五岁，浙江嘉兴人。浙江第二中学校毕业生，江苏无锡国学专修馆毕业生，江苏无锡中学高中部文科教员，无锡国学专修馆教员，浙江教育厅咨议[②]。

---

① 餕膏胜馥：一般作“餕膏剩馥”。

② 此段简历为原信后所附。

耆龄[①]致王国维

（1封）

独立图[②]敬乞题句，折扇请书大作。拜祷，拜祷。

静安仁兄

弟耆龄顿首

① 耆龄(？—20世纪30年代)：字寿民，又字长寿，号思巽，室名见山楼、温雪斋，满洲正红旗人。监生，清末曾任内阁学士、乌兰镇总兵。为"清室善后委员会"委员之一。藏书丰赡。

② 独立图：似指清代画家余集的《落花独立图》。

马衡[①]致王国维

（46 封）

一

静安先生大鉴：

前上一书，计已鉴及。近惟新祺多吉为颂。《度量衡》一篇已编完，录呈教政。将来征求实物颇觉困难。泉币之学衡素未研究，如何着手，请示方针。专肃，敬请

著安，并颂

年釐

后学马衡上言

二月廿一日

二

静安先生大鉴：

在沪晤教，甚快！承惠周公彝墨本，感谢无似！方子听《彝器款识》清稿，务请代借数册，俾与手稿校对，若确系定本，尚拟借印。惟寄稿时乞固封挂号，以防遗失。陈援庵《牟尼教考》续出一册，另包邮呈。新得魏范阳王元诲墓志石，奉赠拓本一纸。先生新得之材料

① 马衡：生平介绍见前“沈兼士致马衡”注释。

请录示，俾转致陈君也。专布，敬颂
著安

后学马衡上言
三月十二日

三

静安先生大鉴：

在沪半年，时聆教诲，获益良多。临行匆促，不及走辞，至为歉仄！衡于六日乘早车北来，过津时并未耽搁，七日晚间抵京。拟将书籍等略为整理，即赴津晋谒叔蕴先生。尊译伯希和君文稿未暇走领，请寄北京后门内东板桥敝寓为祷。专布，敬颂
著安

后学马衡拜上
十二月十二日

四

静安先生大鉴：

久疏问候，想起居当安善也。叔蕴先生到沪，计曾晤及。闻近已北旋。一星期前来京一行，惜未晤之。

大学讲席先生坚不欲就，而同人盼望之私仍未能已。拟俟研究所成立后先聘为通信研究之教授，不知能得先生同意否？又同人近组织一中华史学会，不拘京外，同志皆得为会员，每季出杂志一册，拟邀先生入会，谨寄呈草章一份。如蒙俯允，曷胜欢迎！专此布达。敬颂
撰安

后学马衡上言
十二月卅一日

来示请寄北京赵堂子胡同万宝盖八号。

五

静安先生大鉴：

前匆促北行，未及走辞，抵京后曾上一书，计已察入。请寄示伯希和文译稿，久未奉到，至深盼念。金石学讲义正着手编辑，前订总目略有修改，录呈台览。幸先生有以教之。近代刻词者有灵鹣阁、石莲山房两家，见于《彊邨丛书》曹序中，二书未见传本，所刻究有若干种？石莲何人？并乞一一指示为感。叔蕴先生尚未见过。明后日定当赴津一行也。专肃，敬颂
日祉

后学马衡上言
十二月廿二日

家兄幼渔致候。

六

静安先生大鉴：

前得复书，敬稔起居胜常为慰。伯希和文译稿已寄到，当于下期月刊中揭载之。金石学拟从第二篇讲起，讲义正在编辑。今将已成之稿录呈数页，敬求斧正，并请于改窜后从速寄还，以便缮印。以后仍当随时录寄，务祈不吝教诲，是所至祷。专肃，敬颂
纂安

后学马衡上言
一月十二日

七

静安先生大鉴：

昨呈一书，计蒙鉴及。大学同人望先生之来若大旱之望云雨，乃频年敦请，未蒙俯允，同人深以为憾。今春设立研究所国学门，拟

广求海内外专门学者指导研究。校长蔡孑民先生思欲重申前请,乞先生之匡助,嘱为致书,征求意见。适所中同人顾颉刚先生南旋趋前聆教,即烦面致,并请其详陈一切。想先生以提倡学术为己任,必能乐从所请。专肃,敬请

撰安

后学马衡上言

三月十四日

八

静安先生大鉴:

日前晤叔蕴先生,藉悉起居安善,甚慰,甚慰!

隋虎符已得拓本,是“虎贲郎将”,前云“中郎将”者,误也。《曹元忠造象》印本能再赐数纸,尤感。大学新设研究所国学门,请叔蕴先生为导师,昨已得其许可。蔡孑民先生并拟要求先生担任指导,嘱为函恳。好在研究所导师不在讲授,研究问题尽可通信。为先生计,固无所不便;为中国学术计,尤当额手称庆者也。日内有敝同事顾颉刚先生南旋,当趋前面陈一切,务祈俯允。幸甚,幸甚!专肃,敬请

撰安

后学马衡上言

三月十二日

九

静安先生大鉴:

前月曾上一书,附呈改编之《泉币讲义》,久未得复,深以为念。近惟起居安善,定符私颂。春假期内,衡本欲作殷墟之游,后因事未果,仅赴天津一行,晤叔蕴先生,畅谈两次,回京已一旬矣!《讲义》已编至“符、玺”,先录一节呈政。秦阳陵虎符,左右同在一处,终不可解。符之制,除会符时一合外,餘时决不能合并,此实为一大疑问也。又宸豫门闭门符,亦与事理不合,开门用符,所以慎其出纳,若

闭门，则无防奸之理。此二事不知先生以为如何？幸赐教，为感。专肃，敬颂
著安

后学马衡上言
四月十四日

十

静安先生大鉴：

日前得读复书，敬悉。蒙惠《曹元忠造象》影印本三十纸，感谢，感谢！大学研究所国学门承允担任指导，同人闻之不胜欣慰。聘书当于明后日寄呈也。

研究所现正编辑季刊四种，中有《国学季刊》《文艺季刊》（文学艺术皆属之），拟征求先生近著，分别登载。想先生近两年来著述未刻者甚多，且多属于此两门范围之内，务求多多赐教，以资提倡，无任感祷！《曹元忠造象》能否印入《文艺季刊》中，亦祈示遵。又法国伯希和博士关于东方古言语学之著述，先生曾将译稿付衡，本拟刊入《史学杂志》中，而该杂志迄今未能出版，殊负盛意，今将刊入第一期《国学季刊》中，已由胡适之先生校勘一过，其中尚有疑问，特将原稿寄呈审定，并附适之原函，乞察核。专此，敬颂
著安

后学马衡上言
四月十六日

叔蕴先生已允编辑关于心性学之著述，刊入《国学季刊》中。

十一

静安先生大鉴：

久未致书奉候起居。前月郑君介石南旋，将欲造访，曾托其致意。昨得其来书，知近状胜常，甚慰，甚慰。大学会计课昨送来两个月脩金共计洋二百元，嘱为转呈左右，以后仍当陆续汇寄云云。兹托沪友奉上，乞察收示覆为荷。叔蕴先生前以万餘金购得清内阁档案，尚餘一

部份，已由历史博物馆移交大学，日来正从事整理。但数量太多，恐非一二年不能蒇事。闻叔蕴先生言，日本所藏唐尺尊处有摹本，乞以洋纸画一本见示（洋纸不致伸缩），以便依样仿制。专肃，敬请
撰安

后学马衡上言
七月廿八日

衡已迁居东单小雅宝胡同四十八号，并闻。

十二

静安先生大鉴：

前得复书，借审履候胜常为慰。大学致送之款本不得谓之束脩，如先生固辞，同人等更觉不安。昨得研究所国学门主任沈兼士兄来函，深致歉仄，坚嘱婉达此意。兹将原函附呈台鉴，并重烦敝友张嘉甫兄将前款二百元送呈，务祈赐予收纳，万勿固辞，幸甚！感甚！

唐尺承允代摹，无任感谢！丁辅之兄所见宋尺即系从雪堂先生处假得仿制者，如先生未有摹本，当再仿制一分奉赠。张广建藏秦敦，先生想已见过拓本，器底尚有刻款一行，现已剔出，计十字，曰“西□器一斗十升八奉敦”[①]，兹寄呈墨本一分，乞察收。另寄扇面一帧，即请先生将此敦文跋文书于其上。一面当求叔蕴先生摹写敦文也。费神容谢！敬请
著安

后学马衡上言
八月十七日

十三

静安先生大鉴：

久疏问候，惟兴居嘉胜为颂。顷晤孟劬先生，言及敦煌写本《切韵》经先生校订写定，即将排印。加惠士林，实深欣忭。但排印需时，不能快睹，同人犹以为憾事。拟请代雇书手抄录一本见寄，计值

① 马衡信中表示空缺之意的“□”均为原信所带。

若干即当呈寄。琐渎清神，尚祈鉴谅！

《古书流通处书目》三十三页载有《修文御览》三百六十卷，不知是真是伪。此书既在人间，且又完全无缺，何以无人称道及之，恐系集抄《太平御览》等书所成。先生近在咫尺，当已见之，乞见示一二，为感！专肃，敬颂

著安

后学马衡上言

十一月二日

十四

静安先生大鉴：

前得复书，借悉近状，甚慰！敦煌本《切韵》为唐写本，然则旧以为五代刻者，是传闻异词矣！跂望数年，忽闻寄到影本，何等快慰！况又经先生整理校订，以嘉惠后学，其先睹为快之心遂不觉更切。来书言写手不易觅，书坊代印之约又未订妥，且即使书坊允为代印，亦非两三月不能出版，今拟要求先生可否将所录之本挂号邮示，俾同人等录一副本？途中往返以半月为期，如页数不多，能早录毕，则亦当于最短期间寄缴。如蒙俯允，同人等受惠多矣！专恳。敬颂

著安

后学马衡上言

十一月三十日

十五

静安先生大鉴：

昨得复书，敬悉。《切韵》集股付印，甚善，甚善！大学同人可以全数分任，惟因积欠薪俸问题，一时不易收齐。可否商诸中华书局先行开印？预计毕工之日，股款必可收齐，届时当汇交先生转付。出书后先生取百部，同人等取四百部，当如尊约也。专复，敬请

撰安

后学马衡上言

十二月十三日

十六

静安先生大雅：

昨得来书并中华书局估价单一纸，敬悉。《切韵》既已付印，则出版有期，不胜欣慰。印价亦甚廉。日内当催收股款，尽年内汇交中华京局。惟先生所需之百部似可在沪留下，同人等在京局领收四百部可也。专复，敬请

撰安

后学马衡上言

十二月廿五日

十七

静安先生大鉴：

前得手书，敬承一是。《切韵》年内出版，近日当在装订矣！惟闻中华分局人言，向来运书必用木箱装置，须一两月方可运到。此次运书可否要求其变通办法，以速为贵？即使运费略昂亦无不可。乞与中华商之，当非难事也。昨接叔蕴先生书，惊悉君楚兄已作古人，从此学术界又少一精心研究之人，殊堪痛惜也。专此布达。敬颂

撰安

后学马衡上言

一月十一日

《切韵》印价及运费已与中华京局说明，统于年内在京付清。并闻。

十八

静安先生大鉴：

昨晤教为快！今日摒挡一切，未及走辞。尊稿一册奉缴；石经

四分奉赠。均请察收。专布，敬颂
著安

后学马衡上言
一月十七日

十九

静安先生大鉴：

顷奉手书并讲义稿，承示一事，为鬲煮鬻饭之证，感谢之至！惟此条已略加修改，始以为三者皆兼肉饭之用，今证明鼎兼二用，而鬲、甗则惟煮黍稷。容再录稿呈政。日来正在编辑酒器，当奉尊说分盛酒饮酒之器为二。今有一事不敢断定，请示方针。先生前著《礼器略说》，辨“彝”为共名，其器即今之敦，已为不易之定论。惟尚有共名之尊，自来图录家亦以为专名，以酒器之侈口者当之。此说恐亦始自《博古图》，盖《吕图》称尊者凡四器，一中朝事后中尊，其制则壶，铭日用作朕穆考□仲尊（疑即壶字而摹误者）；二象尊亦壶形；三圆乳方文尊，其自跋云盖尊，属四壶尊，即《东观馀论》所谓著尊。四者皆非侈口之器。吕盖尚不以为专名也，窃疑《博古》以下所谓尊者，或系金罍之罍。《毛诗》说大一石，郭《尔雅注》：“形似壶，受一斛。”今所见侈口之器无若是之大者，此说似又不合。然陶斋斯禁所陈确有大小二器，或亦有等差欤？不得左证不敢妄言，幸先生有以教之。专布，敬颂
著祉

后学马衡上言
一月十八日

二十

静安先生大鉴：

前日上一书，计邀鉴及。叔蕴先生日前来都，昨晤之于范宅，今

晨已返津矣。讲义稿又续编数节，录呈斧政。敬颂
著祉

后学马衡上言
一月二十日

二十一

静安先生大鉴：

得复书，敬悉。“尊罍”条当依尊说改之，原稿请不必寄还矣。甗恐仍是煮饭之器。古人皆以水蒸饭，今北方犹然。《世说新语》夙惠类“宾客诣陈太丘宿”条，“炊忘着箄，饭落釜中”成糜，可以见汉人炊饭之法。箄即有孔之隔，不知先生以为然否？今又续编“觥”至“盘”“匜”九条，录以呈政。敬颂
著祺

后学马衡上言
一月廿九日

正封发间得。示敬悉，即当从命删改。

二十二

静安先生大鉴：

阴历初二日得手书，知《切韵》百部已由邮局寄京，次日即向京局取来分致同人，无不称快。新岁获睹异书，何幸如之！叔蕴先生日前来京，尚未见此印本，因以一册赠之。近出一隋虎符，文曰“左翊卫虎贲中郎将第五”，为同乡方药雨所得。前此所见诸隋符，皆十二卫与各府为虎符，此何以云虎贲中郎将？且《隋志》只言每卫有武贲郎将四人，无“中”字。究不知此符是真是伪，想先生必有定论。幸有以教之。专布，敬请
撰安

后学马衡上言
二月七日

二十三

静安先生大鉴：

两奉手教并唐尺照片六种，均悉。照片及铜版印本价乞示知，当寄缴。拙著《石鼓为秦刻石证》，正苦地理上证据之少，故仅据“汧水”及“西逮”字以证之。“鄜”字明知其为地名，而不能识为何字，今得先生说解，不禁狂喜。但金文中“雝”字屡见，多为人名，不知有作地名者否（甲骨刻辞中有“伐于雝”字，不知为今何地）？“鄜”字则金文中却未之见，能更得一证则愈确矣。

大学薪俸甫发至十月，今代取八、九、十三个月薪俸，计洋三百元，仍托敝友张嘉甫兄送呈，乞察收示覆。为感。此请

著安

后学马衡上言

二月八日

二十四

静安先生大鉴：

昨获晤教为快。游厂肆有所得否？宋人所谓安州六器，据《金石录》云：方鼎三、圆鼎二、甗一。而王复斋[①]所藏拓本中之“癸亥父己鬲鼎”“南宫方鼎”下皆题“安州六器”字样。顷阅薛氏《法帖》，卷十录圆宝鼎二，卷十六录方宝甗，皆云出于安陆之孝感，且三器皆同铭。疑王复斋册中“癸亥父己鬲鼎”未必为六器之一。不审先生以为如何？又彝器中称“十又四月”者只雍公缄鼎一器，宋人多附会之说。《考古》《博古》，王氏、薛氏所橅[②]，又皆确为“亖”字，不知先生对此亦有说否？更不知尚有他器否？均乞有以教我。专布，敬颂

著安

后学马衡上言

二月十六日

---

① 王复斋：即王厚之（1131—1204），字顺伯，号复斋，江西临川人。南宋著名金石学家、理学家和藏书家。

② 橅：通“摹”。

二十五

静安先生大鉴：

日前得复书，敬悉。雍公缄鼎之“十有三月”或是“三”字之误。周器之称“十三月”者有牧敦、文姬匜、叚尊等器，疑商周间皆置闰于岁末也。《隋志》十五种尺，已托人仿制。其中第十种之东后魏尺，比晋前尺一尺五寸八毫，比今营造尺犹长，实属不伦。初疑“寸”字或系“分”字之误，后检《隋志》“律管围容黍”篇，东魏尺之所容独多，始知不误。然东魏尺独长且超过于今尺，实一疑问。曾记先生有一文论后魏尺度骤长之故，能举以见示否？甚感！专布，敬颂
撰安

后学马衡上言
二月廿六日

二十六

静安先生大鉴：

昨得复书，敬承一是。眼病新愈，尚祈休息静养为祷。四时嘉至钲见于《攈古录目》者二器，其铭皆作摇钟。一为《西清古鉴》摹本，一为吴氏拓本（吴氏本无“四时”二字）。想皆非先生所见之器也。攻吴冰鉴，山西出土，见于《山左金石志》（器大等于克鼎），第五字不能识，与“商钜末国”下一字同，齐侯甗亦有“国差”字，而下从左，今寄呈照片及墨本各一纸，乞鉴定赐教为幸。近见平君玉印，亦新出土者，文字精绝，而首一字不能识，必七国时物也。讲义稿一纸录呈教政。叔蕴先生日前来京，纵谈竟日，甚快，前日早车已返津矣。专肃，敬颂
撰安

后学马衡上言
三月六日

二十七

静安先生大鉴：

昨奉手书，敬悉。

“玨”“拜”二字古通之说，记得先生曾发之，然遍检不得。今读来书，始忆前所见者稿本也。衡记忆力之差，类多如此，常以此自憾。

骨币笵母之出小屯，衡亦以此为疑，屡以质之，叔蕴先生以为不误。不知究竟若何？此事非目验不足徵信。闻小屯尚有一处未经发掘，衡正怂恿大学价购此地，拟于春假时（四月一日）亲往查勘。未知此愿能偿否也。《泉币讲义》，未见实物终难自信，因于日前赴津观叔蕴先生所藏古贝布，并得聆其绪论，始恍然有所悟。归而改编，录以呈政。冰鉴第五字，先生以《三体石经》字证为“差”字，甚当。惟钜末之文，前人皆读为左行，衡以为当右行读之，当曰“国差”。商末用作“钜”，“钜必”是器名，“国差”二字相联为文，与齐侯甔同。先生以为然否？即如薛书“癸卣”，亦当右行，而前人皆读作左行。深明古籀如孙君仲颂犹沿其误（见《古籀拾遗》）。若如衡说，读之则文义俱顺，无烦曲解矣。冰鉴之器决非伪作，所可疑者文字。然著其器名曰“鉴”，而形制又与许郑之说合，非作伪者所能办也。“工虞”或是官名，而“王大”或“王大差”为人名，则又不类，质之先生，以为何如？专肃，敬颂

著安

后学马衡上言

三月十五日

二十八

静安先生大鉴：

昨得手书，敬悉。《皋陶谟》一石确与三体直下者不同，向来皆

未留意，经先生道破，验之信然。其中“帝”字作“”，而《周书》及《春秋》皆作“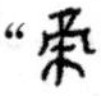”，又不仅“予”“”二字为异也。惜此石所存古文太少耳。木暨一石摹请鉴定。专复。敬颂

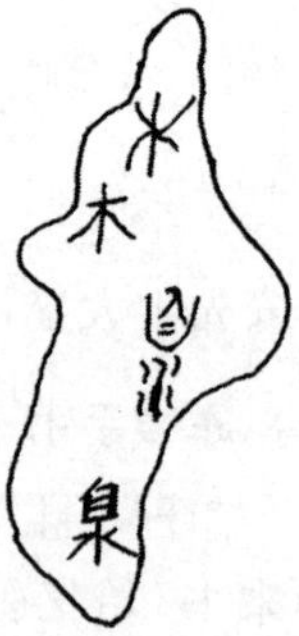

撰安

后学马衡上言

八月十五日

二十九

静安先生大鉴：

石经残石已拓成一分，兹特送呈审定。专布，敬颂

著安

后学马衡上言

九月十七日

三十

静安先生大鉴：

顷来郑，观新出铜器，有长方形盘一，有文七，曰：“王子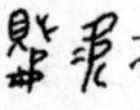之。”第四字似“次”字，第七字从“膚”从“皿”，是“膚”字。《说文》“膚”饭器也。此礼器中所仅见者。第三、四字为王子之名，疑即郑桓公友之字。不知先生以为如何？诸器惟此有字，其馀尚待剔治也。尚有三器作形，椭圆敛口，圆底无足，旁有两耳，不知何名。闻新郑尚发掘未尽，明晨拟往视察之。此颂

著安

后学马衡上言

九月廿一日

三十一

静安先生大鉴：

前得复书，敬承一是。尊著《五代监本考》及赐书扇面均拜领。感谢，感谢！

秦公敦先生以为徙雍以后作，以奉西垂陵庙之器，故出于陇右。诚然，诚然！但凿款中“奉”字若属下读，则与盖上凿款“一斗七升”、“大半升”之文不合。叔蕴先生以为“”乃“八奉”二字，省半作十奉，与合同，八合为大半升。义似较长。“西”下一字似“”，“元”字末笔有曲势，“西元器”三字义亦难通。幸先生有以教之。《东瀛珠光》中唐尺，请先以洋纸（不易伸缩）摹其长短见示。《隋志》十五种尺如蒙订出，亦请以纸本摹就寄交研究所，当嘱农商部权度制造所仿制。该所制尺亦以机器，较手工制成者精细多多矣！

近于厂肆见张澍辑《帝王世纪》稿本，二酉堂所未刻，索价七八十元。沪上刻书家如有欲刻者，当为代购。晤蒋君孟平，乞一询之。大学六七月分薪脩已送来，仍托友人张嘉甫兄送承，乞察收。

研究所主任沈兼士先生书附呈台鉴。专肃，敬颂

撰安

后学马衡上言

九月廿七日

三十二

静安先生大鉴：

久疏问候，时深系念。前晤叔蕴先生，知先生因事返海宁，并闻将应征来京（昨得孑民先生书，亦言先生不日将来京），快慰奚似！惟不审行期已定否？兹托张嘉甫兄送呈十一、十二、一月分薪脩，其中扣除二元，系充职教员会经费者，实数计洋二百九十八元，乞察收。下星期将偕叔蕴先生作洛阳之游，约旬日可返。闻新出《三字

石经》,洛中尚有原石未剖之本,此行当求之。此布。敬请
著安

后学马衡上言
五月四日

三十三

静安先生大鉴:

顷抵洛阳,见整本《三体石经》,其《君奭》篇题仅“君奭”二字,三体共计六字,《无逸》篇末“嗣王其监于兹”亦不损。《春秋》首行“三月丙午”之“午”字篆体,及次行“宋”字,古文之半在一小石上,近亦觅得,将来可别拓小纸以补之。知关注念,敬以奉闻。叔蕴先生如尚在京,乞转告之。顷已托人再求一二本,或有可得之希望,必当为罗先生代致一本也。专此,敬颂
著安

后学马衡上言
六月廿八日

三十四

静安先生大鉴:

近想清恙当已痊愈,甚念。衡在洛时搔破皮肤于浴堂中,沾染病菌,当时不在意,不料回京数日,忽觉肿痛不能行动,现已延医诊治,想无大碍也。《毗伽公主墓志》,毛子静《关中金石文字存逸考》曾著录之,衡前于厂肆见一拓本,以索价昂,较其文而还之。今将《存逸考》呈览,晤弢老时能代求一本,尤感!新得汉魏石经残石,各拓一纸奉呈审定。专肃,敬颂
著安

后学马衡上言
七月十四日

三十五

静安先生大鉴：

前日得复书，匆匆赴洛，未及作答，甚歉。此行原为发掘事向各方交涉，乃奔走经月，障碍尚多，不知此愿能偿否也。衡前日抵京，适贵校试案揭晓，前奉托之研究生何士骥[①]，取在备取之列。何君求学情殷，如有可以设法之处，乞赐予成全。是所至祷！专此，敬请
撰安

后学马衡上言

八月十一日

台从何日来城，寓居何所，请先期示之。

三十六

静安先生大鉴：

日前得手书，承示《墨庄漫录》所记"缝缋法"。岁久断绝，即难次序。其法为先钉后写，与后来之线装书不同。嘱为补入拙著，至感至佩！拙著中尚有应行修改者否？并乞赐教为幸。尊著《观堂集林》尚有存书否？顷有友人觅购，请寄二部并示价目，当代为收取也。费神容谢！敬颂
著安

后学马衡上言

八月廿日

三十七

静安先生大鉴：

昨何君士骥来言，研究生备取二名，已蒙一律收录，今晨将迁移

---

① 何士骥(1893—1984)：字乐夫，浙江诸暨人。为1925年清华研究院录取首届新生。曾任教于北京大学、中法大学、北京师范大学等校。著作有《部曲考》《古本老子道德经》等。

入校。爰检新得石经碎片拓本数十种，及卣文影印本一纸，托其转呈左右，不审已收到否？念念。专布，敬颂

著安

后学马衡上言

九月八日

三十八

静安先生大鉴：

昨读惠书，敬承一是。石经残石内有十由，为今年春间衡所购定者。《小雅》一石亦在其内。其馀皆此次赴洛为学校购得者。魏石经《尚书·无逸》及《春秋·僖公》一石中确有可补之残字，据衡所检得，约有十石不审。先生尚有发见否？

近山西出土有虎符八枚（估人谓出于大同，不知可信否），左右完具，闻已运至都中，将秘密以重价售之外人。衡未见原器，托人展转录得其文，凡郡太守符三、护军符五，估人以其有皇帝字样号称秦符，日估不察，竟出价至五万元，殊可哂也。今录奉一纸，请为审定，衡疑此文为刘石时物，但吐京一县为北魏廿一年所改（护军上皆冠县名），不知是北魏时物否？幸有以教之。专此，敬颂

撰安

后学马衡上言

九月十四日[1]

三十九

静安先生大鉴：

昨得复书，敬悉。魏石经残字可补《尚书》者二石，《春秋》八石。兹再寄呈一分，以备补装大幅。

此碑《春秋》一面之下截石之剥落皆成薄片，“河阳”一石、“冬月”一石皆然。“公复”“取如”二石，其情形相同，故敢决其为此碑之

---

① 信后附有抄录的石经文字，此处未录。

残石。先生所谓八凷者，或未数此二石耳。虎符八种昨已得见，原物确系隶书，凿而不错，“京”字上确为“吐”字(形制与“宋高平太守”“凉酒泉太守”二符同而略长，筍[①]之制亦同)。询其出土之地，只知为山西，未必即是大同。衡颇疑其为平阳所出。“吐京”即西汉之“土军”，《水经·河水篇》注云，《胡汉译》言音为讹变，则吐京之名未必即自魏始，况《魏书·地形志》吐京县凡三，一属汾州吐京郡，一属汾州北吐京郡，一属武州吐京郡。《志》所谓“世祖名岭西，太和廿一年改”吐京者，未必即是汾州吐京郡之县也。此符如果出于平阳，可断定为刘聪时物矣。惜估人展转买得，不能详悉，已托其探访，不知能得切实答复否。闻此八符出土时皆在瓮中，与叔言[②]先生所得之隋符同。假定制而未用，或此制即废之而收回者，则每符有五，皆应同在一处，不应各存一符，而离石又独存三也。此疑终不能明，幸先生有此教之。此颂

撰安

后学马衡上言

九月十九日

四十

静安先生大鉴：

昨得手书，敬悉一一。“若殷嗣”三字确为《尚书·君奭》之文，而“惟家”二字未敢确定。隶书之“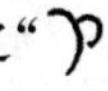”虽似家字之残画，而篆书无引笔，不似“家”字。盖《君奭》第十二行“家”字与第十三行“惟”字并列，篆书之引笔其长相等也。“晋”二字乃《春秋》第十五行“如京师”之“如”，及十六行“如晋”之“晋”也。尊古残兵，衡亦见之，但出土之地不云陕西，衡问以是否易县所出，彼亦漫应之，可知其非肯定之辞。京估买物往往随口答应，殊不敢信。专此，敬颂

撰安

后学马衡上言

九月廿七日

---

① 筍：同“栒”。

② 叔言：罗振玉字叔言。

四十一

静安先生大鉴：

久疏音问，惟兴居胜常为颂！衡前趋朝鲜参观发掘古冢，见漆器甚夥，多为西汉年号。闻博物馆主任藤田君言，漆器照片曾由内藤君寄赠，先生想已早邀鉴及。暇当趋前聆教。如台从有入城时，千祈先示住址为盼。又朝鲜京城大学校长、前博物馆主任小田省吾君言，今春曾有朝鲜总督府古迹调查报告数册赠北大研究所，寄由先生转交，不知先生收到此项报告否？乞示知为感。此颂

著安

后学马衡上言

十一月二日

四十二

静安先生大鉴：

昨得复书，敬悉。尊意古“氏”声与“氐”声不同部，支部与元部阴阳对转而不能与真部转。惟据家兄幼渔云，对转之字多属双声，颇疑孔氏对转之说有未谛处。“辰”与“氏”为双声，似可相通。审禅二母古纽透定之变，古音“氏”声与“氐”声不甚相远，且“觯”从“单”声，与“氐”俱属“端”母，而“氏”“辰”并属禅母，在古音皆为舌音，“觯”字重文，似可不必疑。不知尊意以为何如？吴铎之说可为句鑃出南方之证。但未明出处，不敢引用。《文子·上德篇》云：“老子曰：‘鸣铎以声自毁，膏烛以明自煎。’”句例与先生所记略同。未识即此否？“翟”与“睪”为双声而不同部，与“尧”则为同部，但不知传世之句鑃是有舌之铎，抑无舌之铙，未见原器，仍难断定也。四时嘉至钲，想即叔蕴先生所藏者，惟叔蕴先生云是断磬，与程氏《通艺录》所考隐合，不知先生曾见其形制否？尚乞有以教之。“新莽侯钲”及“牛马铎”皆拟及之，改定后再行呈教。专肃，敬颂

岁祺

后学马衡上言

二月十六日

四十三

静安先生大鉴：

昨得惠书，敬承一是。仿制铜斛尺当于廿六晨九时前携至该校。惟是否允许校外人听讲，抑另有入场券(届时径访冯君要求听讲，谅无不可)，请示之。铜斛标本，已饬工仿制。诸尺尚无办法。研究院章程，务祈见赐一分为感。此颂

著安

后学马衡上言

七月廿一日

四十四

静安先生大鉴：

日前晤教，甚快！归途曾遇雨否？念念。明牙尺已还袁君，兹呈拓本三纸，乞察收。日来彻夜炮声扰人清梦，彼处空旷，必更较清切也。专此，敬颂

著安

后学马衡上言

八月一日

四十五

静安先生大鉴：

昨奉惠书，敬承一是。《无逸》两石确未查出，承示至当。尚有一石“不我邮□”四字相并，不知究系何经，敬祈指示为祷。仿造新量已成，乞派妥人来取。发单一纸奉呈。此颂

著安

后学马衡上言

八月廿六日

四十六

静安先生大鉴：

前派人取嘉量时，适衡未在寓，后读手书并收到洋十八元，敬悉。承惠尊著《元代史料校注》四册，感谢无既！

“不我邮”一石，尊意以为《君奭》之文，细审第四字类似“光”字，不知原石如何(原石或为森玉所藏，未经剔治)？然“棐”之为“不”，终觉可疑。“不我”二字，亦不能谓绝非《春秋》，但衡已遍检之，终不得要领也。近因古光阁集资汇拓各家所藏石经，拟将寒斋所有编一详目(就所知者)。衡所查出者或与先生所查互有出入，拟假先生释文详校一过，先生其许之乎？专布，敬颂

著安

后学马衡上言

九月九日

杨钟羲[1]致王国维

（2封）

一

静菴仁兄大人阁下：

顷间明玖同年来寓，开有应拜各处往址一纸，乞检入。廿五日公如得暇，可相约同往，或琴从惠临鄙寓同行，抑弟趋诣均可。并望约定时刻，兼借尊纪执贴也。此颂

台安

弟羲顿首

廿三日午刻

二

长至次

晋安先生韵

心在犹欣影未徂，重阴短晷感羁孤。风潇雨晦连昏旦，地辟天

① 杨钟羲（1865—1940）：汉军正黄旗人。初名钟广，后改为钟羲，冠姓杨，字子勤、芷晴、芷姓等，号梓励、雪桥、雪樵等。光绪十五年（1889）进士。曾任浙江候补知府等官。著名学者，著有《雪桥诗话》。

开信有无。泥泞自然甘塞向，冰嬉[1]几岁罢张弧。朱弓赤矢方称瑞，犹有东人颂跋胡。

前诗率笔不足言和。复诵来章，佩极。

羲上

① 冰嬉：清代皇家在冬天的一项重要娱乐活动，比如有八旗冰鞋营在御苑内为皇帝进行冰嬉表演。

李思纯[①]致王国维

（2封）

一

静安先生教下：

日前瞻谒，至幸！拙稿一册承允赐序言，尤为感谢！此稿尚拟增删，一时决不付印。然先生允赐之序文则甚盼能早获得。兹将目录钞呈左右，用供作序参考。文成乞付吴君雨僧，不胜感盼。春和有暇，容再奉谒。敬候

起居

后学李思纯顿首

正月廿八日

附呈目录一纸。[②]

二

观堂一老挺松楸，大节高文出众流。烟柳五言成秀句，荆榛四

---

① 李思纯（1893—1960）：字哲生，四川成都人，著名历史学家。曾赴德国柏林大学留学，归国后任东南大学、四川大学等校教授。1925年，曾到清华园拜谒王国维和梁启超。他在1926年由中华书局出版的著作《元史学》曾经王国维厘正讹误。

② 原件后未见保存目录。

极望神州。堆床图史供冥赏，到眼尊彝发古愁。便欲相从问奇字，玄龟谁与卜千秋。

承赐书诗幅，敬谢！赋得一律句，呈先生，并候兴居安善。

后学李思纯再拜上

五日

蒋祖诒[1]致王国维

（2 封）

一

静安老伯大人赐鉴：

前上一函，想达左右。顷奉大示并寿文，《尺考》《印谱序》各一篇，拜登敬谢。《印谱序》发挥无餘，不觉其长也。当即转交徐君，他日当寄纸求书也。原书请暂存尊处。承询贵校及门诸君欲以特价购《观堂集林》，兹以流通学术起见，姑可其请，惟下次不能为例耳。

明尺至精，惜传世止此一支。海上新识白坚甫，莽尺惜未及见。诒新得吴愙斋藏古玉玺十方，即香生太守秦汉十印。斋物极精。新见一玉剑，饰上有"克服众奴"四字，奴字未知即匈奴省文否？又汉熹平求雨玉龙牌，有二十餘字，又见三古玉器颇多奇品，惜价贵未敢问津也。

附呈元银锭拓本一纸，乃河南新出土者，近归张叔驯表兄。又南京新出明钞版数方，亦归张氏矣。京中想甚寒，伏唯珍重。专此敬覆，并请

大安

世侄祖诒再拜

廿七日

---

① 蒋祖诒（生卒年不详）：一名祖贻，室名思适斋、密均楼，浙江吴兴（今湖州）人。蒋汝藻之子。后去台湾，任台湾大学教授。

名单一纸附送[1]。

二

静安老伯大人赐鉴：

久违徽范，驰念良深。山河阻隔，末由领教，伏维吾丈著述日新、起居佳畅为祷。

诒齿渐增，学业不进，为可愧也。惟好古之心日益耳。京中古物所萃，谅必多见佳品。南中古器物苦贫，即小品亦不易得。一二年来书籍亦有无可购之叹。虽极力搜访，而所得寥寥，计去年所得宋本仅残帙三种：陈道人书籍，铺本张司业诗三卷（缺首卷）极佳，又《北山小集》残帙四卷，即荛翁[2]蓄藏乾道六年湖州公牍印者，惜残阙过甚。校本书当以叶祖德过录东涧老人[3]校宋本《元微之集》为第一。又张讱厂校宋本《挥麈录》及严铁桥手辑古逸书十种，亦佳。今年则尚未得一书也。沅叔南来，亦未有所获。诒近日集录宋椠刻工姓名，此虽末事，然与版本源流极有关系，想丈亦乐闻欤？兹有求者，诒所藏三代环玦一事，意欲将丈大著之说环玦一篇[4]刻之椟面，能于暇时一书掷下为幸。

新得残金钞版一，谨以拓片一纸奉览，幸察入。暇时能赐诲，尤为渴望。即此。敬请

著安

愚侄蒋祖诒拜上

清明前一日

---

① 原信后未存名单。

② 荛翁：指黄丕烈（1763—1825），字绍武、绍唐、荛圃、荛翁等，江苏吴县人。喜藏书，曾编藏书目录《求古居宋本书目》等。

③ 东涧老人：指钱谦益（1582—1664），字受之，号牧斋，晚号蒙叟、东涧老人，江苏常熟人。明万历三十八年（1610）进士，为明末清初文坛领袖，在明清两朝都曾做礼部侍郎。

④ 王国维著有《释环玦》一文。

陈汉章[①]致王国维

（1 封）

静安先生大鉴：

幸得大著《观堂集林》，遍读一周，佩服无既。惜刻印字多误，谨供校对之役，奉尘台览，以便再版时改正。

卷一

宣王十二年正月己酉朔丁亥，乃月三日。案：己酉朔则三日，乃辛亥。

宣王二年二月癸未朔则丁亥，乃月四日。案：癸未朔则四日，乃丙戌。

宣王五年三月己丑朔二十六日得庚寅。案：己丑朔则二日，庚寅二十六日乃甲寅。

卷四

秦博士可考者仅六人。案：《说苑·至公篇》尚有鲍白令之。

马照，“昭”误“照”

瘦峻，“庾”误“瘦”

卷五

决非一日。“決”误“决”。

卷八

興字注云：案文作興。案：下興字当是興，中从同。

卷九

文部：夋行夋夋也。案：又误，文下三夋字亦不从文。

---

① 陈汉章（1864—1938）：字倬云，又字伯弢，浙江象山人。历任北京大学教授、中央大学文学院史学系主任。经史学家，著有《论语征知录》《辽史索引》《历代车战考》等。

卷十

禹时都邑虽无可考。案：《求古录·礼笺》有禹都考，未知可用否。

迥非后世帝王。"迴"误"迥"。

上古女子无称姓者。案：《左传》《楚辞》各言二姚，似宜旁及。

卷十一

除魏明帝外无复用亥子丑三正者。案：尚有唐武后亦后人所增殊。"入"误"殊"。

卷十三

注工是本。是"工本"。

白狄僻在西方。案：春秋末鲜虞后为中山，则在北方。

卷十四

遂以地节元年为三年。[案：]遂以五年为地节元年。

张宴："晏"误"宴"。

卷十五

祝公亦即州公。案：州公姜姓，神农后。盖如厲赖吴虞字通转而国异。

注海丰氏吴藏。[案：]吴氏。

濮磨磨侯磨室。案：三"磨"字并"磿"之误。

卷十六

秦人我匈若马。[案：]"匈"为"匄"误。

俭遂奔买沟。案：此"俭"字为"宫"之误。

卷十七

开府仪同三师。[案：]"司"误"师"。

宣统己酉戌。[案：]"岁"误"戌"。

有职修郎。[案：]修职郎。

兴文署之立未知何年。案：王磐序不著年月，而结衔为翰林学士，在中统三年之后，未为太常少卿之前。太常寺至元九年置，翰林院中统二年置，则兴文署亦当立于至元初。新《元史》百官志注，至元四年改经籍署为宏文院，院罢立兴文署。

此卷刊于丙寅。[案：]"辰"误"寅"。

又有送初庵傅学士。[案：]当是"严学士"。

卷十八

弁冠毁冕。[案：]“弃”既误“弁”(或是裂之讹)。

以上各条，未识当否？统祈

明教。敬请

道安

弟陈汉章顿首

六月二十二日

袁励準[①]致王国维

（5封）

一

静庵仁兄大人阁下径恳者：

弟去冬所得毛公鼎拓本册页一纸，刻已另备旧纸，裁成册叶，请叔言先生书鼎铭（以周戚润草）；又备数纸，拟恳吾兄分录阮、徐、吴（子光）、吴（愙翁）各家释文（请多录数家以资印证），末页请录大著释文，汇为巨帙，蔚为大观。（拟以旧墨润草，缓日随册页同呈。）但界纲乌丝直格应用几分宽者方为合宜，请示知。为叩，即颂

道祺

弟袁励準顿首

候回示。

二

手示敬悉。顷赏下，明晨须入内祇谢赏，并可照单携给。另纸希转致芷老。顺候

静安仁兄　台祺

弟準顿首

---

① 袁励準（1877—1935）：字珏生，号中州，河北宛平（今属北京市）人。光绪二十四年（1898）进士。曾任京师大学堂提调、南书房行走等职，后任辅仁大学教授。能诗，工书。著有《中舟藏墨录》三卷。

三

丙寅元日感赋

南都水火事尤新，侍从无多感积薪。至竟道销穷甲戌，还思祚复衍庚申。年来琐尾悲中露，梦里朝元怆令辰。恻恻轻阴终日暮，琼花黯淡不成春。

静安仁兄大人吟正并希和章。请勿拘原均，尤感。

弟袁励凖初稿

四

日前承赐书《毛公鼎释文》，详审精密，如获瑰宝。惟字数太多，补呈二纸，殊滋愧耳。兹续恳者，弟所摹耶律文正像，已请同帘诸公各录诗一首，请吾兄录樊彬一诗。兹将衬格褙于右侧下方，并卷有原诗稿纸。能请格外费神，今日即赐一挥（约百餘字），尤感。缘明日瑞宸值班，拟携入内也。虚白斋笺宜用浓墨方有墨采。惟请吾兄所书一诗，字格太小，又复能事而受迫促，遂滋愧也。一切统容晤谢。敬请

静安仁兄大人早安

弟凖顿首

康继逢吉春条弟已补书交朱嘉方，明日可携归也。

五

本月初六日午前，伦贝子之弟侗后斋将军[①]属代约至崇效寺[②]看牡丹并午餐，祈早临为荷。即颂

静安仁兄　刻佳

弟凖顿首

初八

---

① 侗后斋将军：爱新觉罗·溥侗（1877—1952），字后斋，号西园，光绪七年（1881）封为二等镇国将军。喜收藏，擅书画。

② 崇效寺：位于今北京市宣武区。始建于唐代，今日唯山门和部分古树尚存。

吴昌绶[1]致王国维

（62封）

一

美人镜草草拓一纸，乞携与韫师鉴之。鄙意字皆小篆，不能甚古，但不审何以如此措词，似战国至汉初人口气，抑有他说耶？此镜实极精美，弟深愧孤陋，究曾见有此种字否耶？望韫师示我。六朝人不应如此说法。《先妃本纪》刻刻在心，弟欲沿艺风秦淮话旧之例，作《苏台话旧》一书，约可得十卷。少小随宦，苏台故事最熟，有吴中人所不及者，久思一一述之。西施事实大约唐以前书无不有之，难得细心人一为搜检，尽注出处，勒为长编。将来编成二卷，以冠《苏台话旧》，岂不大佳？静师能助我否？明板书目亦至要事。匆匆不及上两公书，乞道罪。

二

《词录》之成就，非借手雅林不克。集事弟当尽括所存为助。《大声集》辑本奉上，未审尚可增补否？凡辑本可汇刊一袟，如公之《后邨》、鹤亭[2]之《冠柳》、吕幼舲[3]之《东莱先生词》（吕本中），弟尚有

① 吴昌绶（1868—1924）：字伯宛，一字甘遯，号印臣，晚号松邻，浙江仁和（今杭州）人。光绪年间举人，刻书家。

② 鹤亭：指冒广生（1873—1959），字鹤亭，号疚斋、小三吾亭长。光绪二十年（1894）举人，曾官刑部、农工商部郎中。民国时期曾任中山大学教授，新中国成立后任上海文管会顾问。为著名学者、诗人、刻书家。

③ 吕幼舲：生卒年不详，民国时期上海书画研究会成员。

数种也。万俟[1]多新声，田为[2]附之，求公谩正为荷。外格纸请转，乞叔韫兄写"廖楼词"三字。日前面交之纸恐忘却也。敬上
静庵先生台安

弟昌绶顿首
初一

三

顷为公思得一法，专搜五代唐宋元人词之遗佚者。凡有集者不采，见于《花间》《尊前》《草堂》、凤林书院诸选者亦不采（以元人选本为断），譬如孙渊如[3]辑《续古文苑》，既不收本集，并不收《文选》、《文苑英华》。如此则路径较窄于古人，甚有功惠广异闻，但须别辑词家故事为一分（仿计事例），如何？石刻诸词，弟当助力；杂家小说，全恃博征。
静兄大人

弟遯顿首
十九

四

《花草粹编》思之十餘年，公竟购得，欣贺，欣贺！东山佚词幸即检之。《宋史》照收。芗林生元丰八年，卒年六十八。可为作谱矣。
人间先生

绶上
初十日

叔韫《草堂诗餘》及公另收一本。便中见假一查。

---

① 万俟：指万俟咏，北宋末南宋初词人，籍贯及生卒年不详。周邦彦曾为其作品集取名《大声集》。

② 田为：生卒年不详，北宋末南宋初人。善琵琶，通音律。

③ 孙渊如：即孙星衍（1753—1818），字伯渊，号渊如，阳湖（今江苏常州）人。乾隆五十二年（1787）进士，曾任山东布政史等职。著述丰富，喜辑佚典籍。

五

《昌平山水记》求付一观。初十午后彦云及舍表弟沈研裔约作厂肆之游。弟当于两钟至清祕阁南线铺,不识我公能同往否?
人间先生

弟绶叩头
初九

六

复示敬承。《花草粹编》本授经(十六来此)求代借阅,既送去,甚妙。弟谓此是《历代诗餘》底本,若欲重刻,不如觅金孝廉校注(江宁图书馆有之)为是。刻此无谓。公以一夕之功,写定新著付钞,甚佩!弟所诤皆虚字,小小牴牾,特连夕构思作一跋,尾未成,荒落可愧。餘再面罄。
静安我兄

弟绶叩头
十九夕

七

奉读尊著,盭然有当于心,钦卬无似。《词话》称美稼轩,与鄙意正同。南渡以后,词家针缕日密,天真日阙,赖此一派,能自树立。如于湖、履斋、石湖、南涧,其胸襟气象固非村学究所能知,亦非江湖文士所能办也。惟《梦窗》四卷,尚祈更一审之。《南唐二主词》乃汲古写定未刻之本,中多附注,尚是宋人之旧(侯刻即出此本),似当据以为主(《全唐诗》不甚可信),再取他书校补。南词本同出一源,今以呈览辑本词二册,读竟附缴叔韫先生。赐书封面,乞先致谢。星期午后如暇,必趋前聆教,惟恐为车阻。如三钟不来,请公勿候。

弟所抄《小山小令》在南中。此间有一中箱本,容向友人询

之，不知在手头否？翰文各书大约伯揆、授经取去，弟未携归也。此请
人间先生道安

弟甘遯顿首
初四

八

格纸二种送存尊处。叔韫所得元人词，即请觅写手代录。润资照缴。公《词话》能多作百十条否？当并大稿代为印行也。
静兄阁下

甘遯叩上
廿六

九

静兄大人阁下：

今日承顾，适他公未归。蒙购抄词目，感感。弟当照录一过，补其未备。曾有函向古微索尊著及《后邨词》，尚未寄到。弟小病初愈，手头杂事极多，未易清理。如晤韫老，乞为致念。天气渐凉，当可谋小叙也。此谢，即请
公安

弟昌绶顿首
七月杪

十

连日碌碌，又小恙。惠示未即作答，罪甚。沈君欲刻词，当以曾见著录者为佳，如《南唐二主词》，见《直斋书录解题》。今以重刻侯本奉上。又《王周士词》，见阮文达经进书目，向无刻本，今以传抄樊榭手写本奉上。至弟所聚，虽多大率未经校雠，暂难付刊。鄙藏未携来京，明人词手头无之，只有《玉樊堂》一册，抄手太劣，不知可审

正否？孟载《眉庵词》、季迪《扣舷集》《青田词》，及弇州、升庵、湘真，若尽刻之，亦佳事也。四部稿可借抄，餘皆未见。朱氏书目尚须重定，不足观也。此上

静安先生

弟绶顿首

初九

十一

昨借得史忠定《鄮峰真隐漫录》，有乐府四卷，前二卷题曰大曲，备纪声容（大都舞曲），节奏似为罕见。后二卷词亦甚佳。顷方饬人赶抄，公有暇（今日下午）过我一观何如？

人间先生

弟绶叩

二十日

十二

尊著融会群言，断制精审，且发抒尽致，实有裨古学之书。公于斯事，洵称绝诣，非浅陋所敢献疑，惟愚见求稍删易新名词，更为雅赡。狂妄之论毕，垂恕。

人间先生

弟绶叩首

廿一日

十三

日本书目求即代检。送上张约斋词，并《全芳备祖》，似可补出不少。惟《兰陵王·荷花》一首原缺三句，《词综》因之，无从来补。此种校出，请即付抄。又向芗林词亦新校出，将来竟定名为“唐宋金元二百四十家词”，与公各存一分，何如？

人间先生

绶叩　顿首

唐只二主阳春，若不并入，又似呈漏。能得《金荃》复出最妙。今世行《金奁集》不足据。

十四

手示拜悉。《后邨》《姑溪》二册奉缴。沈君刻书大妙，惟宜各自为计。弟不愿附骥也。公初一或初二午后倘有暇，求顾一谈，有件面陈。弟二点后必在家。辱公同里，恕不客气，竟望惠临。此上

静兄阁下

弟绶顿首

廿九

阅毕付丙。

十五

静安我兄阁下：

弟自前月廿六发热，胸膈积暑，有两星期未出门，承顾失迓，罪甚！《全芳备祖》自伯夔所沮，迄未抄毕。《翰墨全书》《群书截江网》尚有可抄。祈共留意。昨宝瑞臣、刘仲鲁约十刹海作古书会，勉强赴之，又遭大风雨，人极不适。俟稍安，当趋叩道歉。尊论极是。《杜寿域》尚须细考，其中《折红梅》一词，乃吴感所作。公谓此人必娴音律，能唱各人词，洵然。《湖山类稿》已抄出，奉阅。有遗词乞补入。餘面谈。此请

道安

小弟　昌绶顿首

十七

十六

《全芳备祖》抄出词四册，并原书卅二册，昨蒙许为代阅，祗期大

段无讹，劳所旁注，不必拘泥。阅毕可交还授经也。此上
静兄大人

弟绶顿首
初八

十七

静安先生阁下：

弟二十日拟往新保安鸡鸣山矿，一为查看（约三四日方归）。星期之约只好展至廿八，敬求我兄先将毛王及拙辑词名写出（能稍依时代更妙，凡辑本皆去之），行次略宽，不书卷数，俾可次第补填。此事非公大力不可。弟实愧孤陋，竟题曰双照楼所收宋金元人词目，每种下注某刻某抄。本思将弟所有尽呈兄处，因有数十种为授经取走，在家在学堂一时难检，非面与公谈不能尽详其来历也。将来亦为尊著之一。幸赐垂意。

弟绶顿首
十八夕

十八

尊著刻成，深代欣慰。惟就中稍有误字及改补处，从容图之可也。君直处遵印代致伯希和所攫各物，闻印本每分约七十元，昨缃斋在此托留一分，弟要一分，其餘友人当属自往商订。执事有暇，盍过我作半日之叙。手谢，敬请
静安吾兄道安

昌绶顿首
初六日

十九

静兄阁下：

前一星期预备往矿山察阅，乃以大风阻行，并失尊约，歉歉。昨韫公来谈，托为转致，想悉炤。词目曾属草否？明日弟须往东城，又不克相商，奈何。弟意欲求公先作一稿，只书词名不加卷数，以便补填。在弟旧目外者可补于后，只分朝代不分次序，但以毛王已刻居前，有别本即注于下，未知可否？求裁夺。感感。此请
台安

弟绶顿首
廿七

此纸便于写目录，附上少许，乞查入。

二十

《曲录》感感，印价务请示下照缴。此上
静兄大人

弟绶叩头
初十

二十一

手示快读。烟卷十包、皮酒四瓶附上。公于皮酒似相宜。如要，来取可也。柳词经大校，精审无伦。又垂示劳跋，俾得成编。盛德闳业，感佩！感佩！《文学通论》亟求落墨。通人之旨，迥殊凡近，有裨晚季学人。暇幸顾我一聆绪论。《古泉汇考》分在绶处，只二册，因须录刘燕庭[①]题记复还授经，容录毕送上。

伯夔[②]家遭欝攸[③]，图书浩劫，其与授经咸受影响。刻尚未得确音。不知能馀万一否？言之慨叹。

---

① 刘燕庭：即刘喜海(1793—1853)，字吉甫，号燕庭，山东诸城人。清代道光、咸丰年间著名藏书家。

② 伯夔：民国时期有蒋翊武、袁思亮等人都字伯夔，此处指袁思亮(1881—1940)，字伯夔，湖南湘潭人，藏书家。北洋时期曾任国务院秘书、印铸局局长。

③ 欝攸：火气，火焰。

人间先生阁下

弟绶叩头

初八

二十二

手示拜悉。弟虽不往城外及绿柳庄，而各事有须调度者，连日亦不得闲。上星期有愆尊约，歉歉！

夔一处容询之。《南唐二主词》论定极当（祈作一跋，此外所得可作补选）。《姑溪词》请公改补。弟于汲古所刻均思有以易之（可易者约三十餘家），正拟作一目录，备记各本异同，此亦一家也。梦窗词诚如尊论，惟词体至此已数百年，天真之后不能免人事，性灵之中不能不讲功夫，能深入乃能显出，则梦窗超然独异，非西麓、玉田一辈比矣。白石近疏瘦，梦窗近绵丽。友人中郑书问[①]与古微分学之。古微（学词在我后）则成佛在后，升天在先者，其专挚不可及。此二人洵畏友，然亦各有流弊。专意振朱、厉、郭[②]之积风，又不欲强附常州流尔。遂成此面目，走故从而敛手。其之尊《梦窗》者正所以儆古散。此说甚长，容面陈之。

静庵先生鉴。匆次语不检拾，恕之。

昌绶叩头　顿首

二十三

顷惠顾，弟适倦卧，因便下惨涩，人甚疲困，失迓，歉歉。

《梅苑》诚如精鉴，其中缺字按之曹本，皆系后添，亦一谬也（《吟咏》一首虽多出，而实与《望梅》互错）。惟有数处被妄人依曹本擅改（如“人人”改“才人”之类），可恨！温陵一印似真而可疑。小重山馆胡篴江乃嘉庆间海盐钱萝庐[③]之婿，此书似从浙中来。

---

① 郑叔问：即郑文焯（1856—1918），字俊臣，号小坡，又号叔问，自署山东高密人。光绪元年（1875）中举，曾任内阁中书。晚清著名词人。

② 朱、厉、郭：此处应是指朱彝尊、厉鹗、郭麐。

③ 钱萝庐：指钱天树（1778—1841），字子嘉，号萝庐，浙江平湖人。有《是耶楼诗稿》传世，其画以墨竹著称。

公是否欲留之？如不留，弟拟畀以卅元，不知肯易否。姑为交与试之（如不敷再找补）。费神，感感。若公要留，好在同一收下也。另写一纸奉呈。
静翁先生

弟绶顿首

二十四

昨弟归，适公去。相违片刻，怅怅。大曲抄出一本，不得其句律，正在重录奉呈。兹将原底先送阅。明日下午能来谈否？
静兄阁下

弟绶顿首
十二

彦云书容转交。

二十五

镜里踟躇揽鬓华，尘中踯躅送年涯。朝衫贳酒官仍隐，病榻摊书旅即家。灯吐穗，窨移花，凤城春色几分赊。不知筋力新来孅，笑对西山看晓霞。

己酉岁除偶成小词，检《梦窗》，癸卯除夜之作用韵巧合，因亦以思佳客名之。庚戌元日甘遯志。

二十六

《说海》廿三册照收。检《教坊记》，曲名之后有大曲名（刊本杂入曲名内未提行），《踏金莲》以下，数之凡四十有六，窃疑《唐志》四十六曲之语不为无因。后来云四十曲，或举成数，或宋时有所减省，乞再考之。书二册，附还小词，并政
人间先生

弟绶叩头
初三

二十七

《史忠定词》略校一过，句读谬误甚多，误字亦未能正。求公细阅改定[①]。尚需饬人重录。拟集一二十家付印，并求赐跋。为叩
人间先生

绶叩头
廿一晚

二十八

汲古目中所注原几卷？弟处无此目。共有几处，幸为记出。

复读尊制，为斯道起衰绵至之思，高浑之笔，倾佩曷已。窃不自量，妄有吹求，想不为罪。望早日加之研削，写定一本，弟愿代刊，何如？格纸《山谷词》附上，又郑叔问词写本刻本三册，请鉴。《姑溪词》俟录出再缴。《平园近体乐府》毛本大谬，今附上，公可校入汲古本也。《山谷词》亦祈校对。《琴趣》亦旧本，盍依劳本所注，别钞一目存之。
人间先生

弟绶叩头
廿一日

二十九

二十星期，想公暇。弟欲携《花间》《草堂》各本求课考证。惟未知是日有人作古书会否？若无此集，准于三钟趋前面罄一切。敬请
静翁我兄大人即安

弟绶顿首
十八

---

① 原文中"细阅改定"四字旁有加画的小圈。

三十

多日未晤教言。大著必已付写，拙序尚难交卷，愧悚何似！日来忽头目眩晕，稍作憩息。有人托觅《全唐诗》精印本，公游厂肆之便，求代物色。倘有佩文斋《书画谱》，亦希垂意。至叩，至叩。

人间先生

弟绶顿首

廿五夕

《方回词补遗》俟写成即送览，并求题记。

三十一

《昌平山水记》《香研居词麈》检得奉缴。《送袁树五》诸作洵堪喷饭。彦云“越女”“如花”二语及后阕前半甚惬，餘亦平平。此册愈看愈奇！其所谓今世文字有极好极劣二派，何至一谬，乃尔可叹，可叹。

人间先生

遯叩头

十一日

族叔子修[1]见贻新刻《杭州艺文志》，有词无曲，而元明人中不乏制曲名家，公盍来一阅，将曲部另补一卷，为吾乡胜事。

三十二

敝路开车礼柬，各署未能多送，兹奉上二分，乞分致韫公为荷。

静兄

甘遯上　拜

---

① 子修：指吴庆坻（1848—1924），字子修，别号悔馀生，光绪十二年进士，曾任四川、湖南学政，著有《悔馀生诗》、《杭州艺文志》等。

三十三

景元椠《此山乐府》送阅。批点皆依原本。此山词绝佳，元人中不可多得。陈众仲迂谬臭秽，无恶不备，只好割去，不能羼厕也。此山一册九月间当付印，尚有元椠《松雪》一卷可与相配。弟拟专寻旧钞旧刊有式可据者以付排印。授经处书云有二册，且云将与瑞翁易书，俟易成即奉上。

人间先生

甘遯上

十三

三十四

于《夷坚志》中寻得巫山神女《惜奴娇》大曲九阕。公如未见，必为大喜，便中盍来共读。弟意世存宋代大曲多不传，存者有限，至元已绝。竟当令为钞出，未知尚有何处可寻。

人间先生侍右

弟遯顿首

初九

三十五

昨适有小事赴路局一行，知兄与韫公欲枉顾，失迓，歉甚。

《梦窗词》札记皆在沪，与古微录存，未遑订补。《梦窗》事实不过如此，若再搜得，尤感。后跋一篇，亦弟作也。迨刊成，弟已北来。古微持示叔问，谓其校写未善，大有间言。遂废然庋阁。此古微来信云然。不谓市中还有传本，可胜惭恧也。细看实不好，翁走在南，必不任其如是。古微独学无友，难怪其简率也。公寓目所及，幸为修改，将寄示古微重加正定也。《阳春白雪》颇可爱，不知公何处得来，可代觅一册否？卢疏斋曲本不传，见选集者凡若干阕，拟合其文诗词汇辑。《天下同文》《元文类》，顾侠君《元词选》。此外见于何处，乞留意。弟补出二词，授经昨来见之，谓如是则非《天下同文》本相，其说良是，已汰之，留别成一

编也。除夜无事率书。敬叩
人间先生新喜

甘遯再拜

见韫师千乞致意，弟拟在家歇息数日，有便可来谈。

三十六

荣简襄校，欣贺，欣贺。弟廿七移居甘石桥东斜街转北穿堂门内，与旧居不远，即在直北，仍依皇城根。新屋较宽。月初当治尊奉，约兄与韫公惠临。不知何日进场，共需几日。伯希和处已将拙辑交巩伯送去，闻廿八已行，果否？所印各件，先睹为快，并有友拟多印一二分（顷絅斋[①]来函，亦欲得全分），未知交何处影照。公与韫师有新发明之说，似可合前目改订。弟亦思附缀数言也。承上
人间先生　道安

弟甘遯顿首
廿九

三十七

静安先生：

久未上书，至念。尊示收悉。授经近日暂往天津，须回来方移榻敝寓。正文事了，无见有目，吃亏不浅。缪小翁[②]寄售之书，与弟重习录板（此授经误交正文者）。另有数书正向索取。不知公与韫公有寄件否？授经代韫公欲让弟数书当交者呈韫公，均此不另承购龚札，至感。承购唐人写经，感谢！已代购经卷残帙，日本匆匆，一切俟授经归时代陈。

---

① 絅斋：指吴士鑑（1868—1934），字絅斋，号公察，钱塘（今浙江杭州）人。金石学家，藏书家。

② 缪小翁：指缪荃孙（1844—1919），字炎之，又字筱珊，晚号艺风老人，江苏江阴人。光绪二年（1876）进士，曾任国史馆纂修、京师图书馆监督等职。中国近代著名藏书家、目录学家、史学家、金石学家。

夏剑臣代小坡刻《清真词》，弟不以为然。此事惟公考之最详、最确。兹寄上，求公随笔纠其谬误。至所引各书，无一古刻，专以毛本、王本词萃、词律为言，可谓托体不尊矣。欧公二词已成，尚未印来。今接刻放翁《酒边》，并授经所让，及《芦川》，元本《草堂》《凤林草堂》，大约有十二大册，须明年或可望成。此请
道安

弟绶启

十月卅日

三十八

示悉。《天下同文》卢疏斋外均在。元人《草堂诗餘》中有原已入选者，有为樊榭所补者，惟秦刻大误，如古荼蘼、新荷叶，乃是对句，秦刻不知，误“古”为“乍”，遂不可句读。他皆类是。不知顾刻凤林本何如。其词皆甚佳。精鉴，佩佩！且俟君直跋来，若未详尽，尚须求公作跋。杨刻《天籁集》即半唐所缮祖本，弟未之见。《周此山全集》容抄毕奉呈。宋元说部集部俟热河四库书到学部必可尽见。
静兄

甘遯

廿九

三十九

静安先生鉴：

曾两寄书与授兄韫兄，未得复，不知达到否？弟一切如常，惟俗冗。自寓冰窖胡同后，省每日二次乘车，而午后转无暇也。陶子麟[1]已通问，欧词二种日前寄二百元属其速刻（旧历秋间可成）。叔问词一册亦交龙华斋，刻将成。兹请韫公先书“樵风乐府”四字。附上纸式，能即日见赐，尤感。自诸公行后，弟与文字隔越万里，遥想海东

① 陶子麟：湖北黄冈人，清末民初著名刻书家。

谭艺之雅，能无神往。缪小翁亦久未通信矣。手此，即请

道安

弟绶顿首

四十

人间先生：

正盼念间接读手书，欣慰无似。诸公得宝，弟则昏冗日甚，奈何！《琬琰集》迄未见，极欲得之。伯羲祭酒[1]遗书，仅收一《五代史》(宗文书院刻，究是元本否？求为一考)，《玉台新咏》，明抄《铁网珊瑚》《人物志》，又《牧斋书目》(李南涧抄校)，及四库校抄原本数种。《酒边词》亦购到，俟欧公二词刻竣，即当续刊。艺风老人病起，有书云为我景抄《芦川词》，合之放翁，已有五种，聊自娱耳。叔问词刻成，专候韫师书"樵风乐府"四篆字。恐前寄式样遗失，今再寄一纸，务求敦促写[2]示。至叩，至叩！

如得旧刻佳钞词，求公为垂意，虽极昂，不靳费。候示即行寄值。至祷，至祷！

四十一

刻《雍熙乐府》《草堂诗餘》之荆聚，原来是一内监。公想早知之。公有《雍熙乐府》全本否？弟搜括老谭所有各卷，尚多缺页(大约全书二十卷，有三十餘册)。

尊词不自刻，何妨寄弟刻之。公等居近山水间，欣羡不置。弟在南口五阅月又归西城，深悲薄福。今年湿甚，病大作。

日来甚忙，不克详陈。敬问旅祺不一，不一。叔韫、授经二公均此，恕不另缄。

绶上

九月二日

---

① 伯羲祭酒：指盛昱(1850—1899)，爱新觉罗氏，字伯羲、伯熙，斋号郁华阁，隶满洲镶白旗。光绪二年(1876)进士，曾官国子监祭酒。精诗文，工八法，潜心金石学，为著名收藏家。

② 原文"写"字下画有两个圈以示强调。

四十二

我本天公虮虱臣，万人海里著吟身。战寒酒力禁持夜，侠座花光供养春。簪胜巧，换符新，几家箫鼓动城闉。众中乞与清闲法，障面车轮九陌尘。

庚戌元日再赋《鹧鸪天》呈
人间先生正和

弟昌绶

四十三

顾谈甚快。求假《新唐书》，一检辛氏事。或将《旧唐》并付下，阅后即缴。
静兄大人

弟绶顿首
初八

四十四

后邨《最高楼》词有云："且缄了、淳夫三妹[①]口，更袖了、坡公三制手。"此篇惟《大全集》有之。"三妹"字如何舛误，"淳夫"是否范祖禹，公能检其出处否？盼，盼。
人间先生

绶上

四十五

沤尹[②]寄来《后邨词》五卷，弟意可将新刻本裁开粘缀词名，仍低

① 妹：应为"昧"。
② 沤尹：指朱古微。

二格题目，仍作双行。求公审定。节后即商付刻，何如？《熏习录》已成大半，惟刻词须另定版式，乞筹之。此上

人间先生

弟绶顿首

初八日

卷中空缺甚多，如毛本或闽词抄所有未便据补，只能仍之。

四十六

《熏习录》首册居然寄到，已写样汇付刊工。

闻公目疾未愈，托叔韫代为致候，日来已安好否？念不可言。弟畏热不出门，未获走叩。南中弟来书甚寥寥，可恨，可恨。只得秋间专人往取。栋亭刻本《都城纪胜》附奉采阅。《廔楥词》刻成，送去五本，乞为分致朋好。敬叩

静兄大人痊安

弟绶顿首

廿八日

四十七

《宋大曲考》细读一过，略有献疑，得暇乞顾我一商。《提要》云毛西河《词话》纪曲文渐变戏剧诸说，公曾见之否？弟欲得此书及陈霆《渚山堂》、方成培《香研居》、蒋剑人《芬陀利室》各词话，公至厂肆，幸为物色。

又丁某[①]《听秋声馆词话》四册亦可收。弟昔均有之。又厂肆有《西泠词萃》否？因弟手头无《箫台公餘词》《无弦琴谱》。

人间先生道安

弟绶顿首

廿八

① 丁某：指晚清文人丁绍仪。

四十八

日前所商拙辑词目之名，反复思之，竟无善法。拟于首行直题曰“双照楼词目”，次行署名，三行以下为书，分三卷。其式如下：

词目一：别集上（或云五代宋人别集）；

词目二：金元人别集；

词目三：总集。

如零章碎义无可归宿，或另为附录一卷于后。词话、词韵寥寥，决计去之，或附总集后何如？

每词之下各著其来处，似不嫌攘美。乞兄为更筹之。倘有善法，必遵改也。日内拟先做出十餘家，求兄审定。注语不少，随文忽见。如《乐章》《白石》皆最难做者，因始终未有定本。宋本《酒边集》校以《乐府雅词》，悉合，真可贵重。拙校太草草，有不应改处，公为正之。

四十九

示悉。“锦鞯”一阕，承为检得出处。“湖上”一阕，重检侯本，云出《琼花集》（此明人辑者，书有别下斋丛书本），发视采有之。方回佚词已得，来历惟如粹编《琼花集》，均明人所编，亦必另有出处。姑照录之，再寻祖本何如？

尊著二十前必缴上，惟拙序苦思未能写出，俟晤再商。

人间先生左右

绶顿首　顿首

五十

李上交《近事会元》，公有其书否？偶见《畿辅艺文志》，谓有乐曲一类，幸考之艺风，云曾以《花草粹编》与《历代诗餘》对堪，或有或无，决非同出一源，此言果否？《清真遗事》小跋即当交卷。

人间先生

弟绶上

十八日

五十一

昨在古书会，座无车公，为之怅怅。授经新得明万历本《花庵词选》廿卷，甚佳，合以嘉靖本《花间》《草堂》，倘得合以石印，岂非大快？公暇盍来一阅。忽见《花庵》评魏华父词，谓《雀山集》皆寿词之得体者，乃知竹垞[1]但见此语而未窥本集也。专上

人间先生

绶顿首

十五日

五十二

近为俗冗，屡次失迓。今日约吕幼舲在十刹海小叙，恐路远遂未拉公作陪。散时尚早，与艺风诸君同至图书馆一览。

弟注意《溧水县志》，自往寻之，初谓无此，及往检，果有四厚册，乃康熙十五年重修。知县事者有周邦彦。《名宦传》中有小传十餘行。又有文一篇、诗二篇（似为瑞竹等类，名胜各类或尚有文字），匆匆翻过，想全书必尚可搜采。艺风先生虽许付时钞示，恐未能完备。最好请公得暇亲往一看，自行抄写，必大裨清真掌故。或俟叔韫先生去时偕往。此事请询韫师便悉。若不果行，则弟出月觅一暇日往抄亦可。

静安先生

弟绶顿首

廿九日

---

① 竹垞：指朱彝尊（1629—1709），字锡鬯，号竹垞，浙江秀水（今嘉兴）人。清代诗人、词人、学者。

五十三

《天下同文》戏以活本印出，居然可观。附上十册，乞分与韫兄为荷。劳跋亦付印矣。

近日碌碌，久未与公一谈，两示拜悉。韫公归来，乞先道候。劳钞《盘洲集》题字，曾录入《碎金》卷中。定庵[1]自刻诗弟亦有之，若得《己亥杂诗》及词最妙，或所刻内典诸书尤足珍也。顷往南中，购来丁氏刻《杭州往哲遗书》，公如要可来检阅（《湖山类稿》亦在其中）。陈定宇词极盼，极盼。暇拟约公与韫兄小酌，容再奉订。此请

人间先生道安

昌绶叩头

十七日

五十四

《曲录》一部中有缺页，送请换付，并望代印十部，由弟缴价，以寄友人（弟得暇当以朱笔为校读一过，俾可修改），为公广不朽之傅业。想允可。

人间先生

弟绶再拜

作《红楼梦曲》之高兰墅，名鹗，乾嘉间翰林，《红楼梦》沁芳亭后各卷有人云亦高作。

五十五

叔韫兄处《说篆》共若干册（《青楼集》一册在弟处），求公便中代借一观。岁阑无可消遣，手头又无一书，徐刻《太平乐府》及《梦窗》新刻本尊处有之，亦求暂叚。敬叩

---

① 定庵：指龚自珍（1792—1841），字尔玉，号定庵，浙江仁和（今杭州）人。27岁中举人，38岁中进士，曾任内阁中书、宗人府主事和礼部主事等职。清代思想家、文学家及改良主义的先驱者。

静安先生年喜

弟绶顿首

廿八

五十六

《梅苑》二本弟拟留之。送上银洋三十元，乞转付。此书首既缺页，中又多误，特以旧抄存之耳。

静翁先生

绶上

廿九

五十七

沤尹寄到尊词，来函极道佩仰，谓颇有疏荡之致，然志不离于方罫者。又附上《半唐定稿》[1]一册，后有新刻《剩稿》，均祈察收。大雀自定《樵风乐府》，只百十馀阕，当先刻成五卷，再以未刻词续之。亟欲刊成，以旌其志。敬上

人间先生

甘遯叩头

重九日

五十八

南中取到书无多，然有陆氏丛书。等公暇，盍过一阅。此上

人间先生

弟绶顿首

二十日

① 《半唐定稿》：指晚清王鹏运所著《半塘定稿》。

五十九

曹是做书之主人翁，林是书中之主人翁，岂曹假以自述欤。如是立说则向来一切稿砌冤案皆可了结。因旧时以曹在局外而为此书，不免疑议。若即曹即林，一切冰释矣。

忽思林黛玉之父是两淮运使，而曹雪芹之父是两淮盐政，岂曹借林自喻耶？此说有人考及否？又怡红院、悼红轩必有缘故。敢质方雅教之。

人间先生

甘遯上

廿二日

六十

连日未晤，为念。授经送来日本金泽[①]唐本《文选》，绝奇，想公在韫兄处已寓目。弟细加整理，凡得十七卷，有完有缺，全书分百廿卷，只存七分之一（名曰“集注”，小字本同。其正文与善注[②]、五臣注[③]互有出入）。李善、五臣注与今略同，而虚字极多，知今本曾经删节（中有小字半卷，比大字者注语尤详）。别有所谓钞曰者，有称音决者，有称陆善经本者。此三种，中土所无，弟当为详校，仍须求助于高明也。公往韫兄处，能代检日本书目二三种暂假，尤感。《隋唐志》亦希一查。弟无书可翻，奈何。

静兄大人

弟遯顿首

初四

六十一

昨顾谈，甚快。《酒边集》草草校出一本，请公为之复勘。尊藏

---

① 金泽：日本本州中北部日本海沿岸的一座城市，物产丰富，风景秀丽。

② 善注：指初唐时李善对《文选》的注本。

③ 五臣注：指唐代开元时吕延济、刘良、张铣、吕向、李周翰对《文选》的合注本。

亦可传校一底本也。宋本精审处多，亦有一二误字，比毛刻则一胜矣。弟所校太粗率，授经《六十家词》多经校过，将来当以公所校与之传写。此请

人间先生道安

弟绶顿首

初八

六十二

静安、叔言、授经兄同鉴：

两月以来未得示言，极深驰系。近状如何？至盼好音。弟凡皆如常，但尘冗耳。手问

旅祺

弟昌绶谨启

八月廿一日

商承祚[1]致王国维

（1封）

静安姻丈大人尊前敬肃者：

久违道范，无任依驰，敬维康强，逢吉为颂！

侄客腊南归，本拟开春往沪亲聆训诲，猥以俗事，遂尔不果。正月中旬已遄返津门，未尝不神驰左右也。雪堂师去冬自沪归来，云侄所辑《殷文类编》已代求序于长者，幸蒙俯允[2]。雕虫小技，或者得藉品题以重声光，足徵长者奖励后生不惜咳唾。百拜感谢！此书削青，已渐次工竣，计端节前必可出书。都下手民能刻篆文只数人，故剞劂较迟耳。序文能早赐下，尤所殷盼。兹将刻成者印出二纸邮呈钩览，不审尚可用否？专肃，敬叩

崇安

姻愚侄商承祚顿首

正月廿九日

---

① 商承祚（1901—1991）：字锡永，号契斋，广东番禺人（祖籍东北铁岭，隶正白旗）。古文字学家、金石篆刻家、书法家。自幼随父衍鎏学习。1921年至天津拜罗振玉为师，从治甲骨文、金文。后入北大研究所肄业研究生。1925年起，历任东南大学、中山大学、北京女子师大、清华大学、金陵大学讲师、教授和研究员等职。1945年后，任四川教育学院、重庆大学、女子师院、朝阳学院等校教授。1948年回广州，任中山大学教授至终。为广东省民盟副主席、广东省书法家协会副主席、西冷印社理事、五届全国政协委员。著有《殷契佚存》等。

② 1923年，王国维为商承祚《殷墟文字类编》作序。

沈祥煦[①]、余霖[②]致王国维

（1封）

敬启者。《通志》结束办法，现由省署岁拨二万元为纂定之用，二年为满。除省署经管委员处约提二十分之一为开支外，其餘一万九千元分为十股办理。顷由乙老处草拟分配。主、分任各人名单及大概办法属先寄呈台阅，再行讨论，认定功课。专此奉达。敬请
静安先生台安
附单一纸。

沈祥煦
仝启
余　霖

① 沈祥煦：生卒年不详，清代贵州松桃厅（今松桃县）人。曾任泗州直隶州知州，为政清廉。著有《读史编略》四卷。

② 余霖（1873—1941）：字楫江，号了翁、歇庵，浙江嘉兴人。清代时曾任盐运使署监印官，民国时曾助沈曾植续修《浙江通志》。

升允[1]致王国维

（1封）

静安老友足下：

年前奉到来函并大集一部，流览一过，深服精博，善乎！君之言曰考证之文多致用之文少，仆以为非实有致用之本领者必不能为此言。以君之年之才之学，他日必能充实光辉，以补斯集所未备，则尤为尽善尽美矣！新年又承分惠廉泉，却之不恭，受则滋愧耳！耳目昏不能作字，命儿子代书致谢！此候

时祉

升允顿首

---

① 升允(1858—1931)：字吉甫，号素庵，姓多罗特氏，蒙古镶蓝旗人。光绪八年(1882)举人，历官山西按察使、陕西巡抚、闽浙总督等职。

张美翊[1]致王国维

（1 封）

静老先生有道：

别来正深驰系，忽奉手翰，借谂佳想安善为颂。毛公鼎第一重器，拓片且索重值。承嘱转问周君，弟明知敝乡多金者不能为此豪举。兹接复函奉览。雪堂为京旗振事，晤谈数次，恻然仁者之言，老年进德，洵可佩服，却未暇问及鼎事。鄙意不如请雪老设法告徐东海[2]，索性用国债证券数十万购存国子监，与石鼓并存周代古物。民国本来负债亿兆，何必惜此区区。幸便中商之雪老，以为何如？复问

道祺

愚弟张美翊顿首

十七夕

---

① 张美翊（1857—1924）：字让三，号简硕、蹇叟，浙江鄞县（今宁波）人。曾任上海南洋公学总理、宪政编查馆咨议。著有《土耳其志》《东南海岛图经》。1923 年 8 月，张美翊与王国维、罗振玉、王秉恩等二十人联名发起成立东方学会，以促进中华传统文化研究。

② 徐东海：指徐世昌（1855—1939），字卜五，号菊人，又号东海、弢斋，天津人。光绪十二年（1886）进士。1918 年至 1922 年任中华民国总统。

刘世珩[1]致王国维

（10封）

一

静庵先生大人阁下：

奉书，敬承一一。李、陆两《南西厢》附于王、关五剧之后，系从六幻本也。抽出固多两种，跋上须另声说《四声猿》，分四目书又见少。其于梅村祭酒[2]三种分目殆相类者，鄙意仍肆搜求，能得六种则大佳（仍奉足下于坊间及藏书家觅之）。若四种，则绝意将李、陆两种抽出。元人杂剧世无善本，足下能为选廿种，弟决计刊刻，即在京付写，写校毕仍付南中上板，务求足下董理此事。惟格式一仍冰丝馆例，尤为精雅，可即定议。须另购善印本，请足下访之。应值当照缴上尊处。写宋字系付某家，每万字价若干，祈示知。格纸样须交上否？分神，至感。簿书旁午，复终日持筹握算，尚有餘闲理此种韵事，亦殊不自谅耳。一笑。右复。敬叩

著安

刘世珩顿首

二月廿六日

① 刘世珩（1875—1926）：字聚卿，号葱石，安徽贵池人。刊刻、收藏、鉴赏名家。辑注有《吴应箕先生年谱》《秋浦双忠录》《贵池二妙集》等。

② 梅村祭酒：指吴伟业（1609—1672），字骏公，号梅村，别署鹿樵生、灌隐主人、大云道人，江苏太仓人，崇祯进士。明末清初著名诗人。

二

鄂归奉书，敬承一一。传奇成者近只《牡丹亭》先奉，餘皆校修未毕。《四声猿》、《紫钗记》有善本，乞假一校。别有佳种传奇，能为见假二三，则尤感也。右上

静庵先生史席

弟世珩顿首

五月初八日

三

手教敬承。吴炳《绿牡丹》已付刊。馀四种幸为改之。元曲可选廿卅种。公既有前言，务求践之。至叩

静庵先生

世珩顿首

三月十九日

四

《旗亭记》尊录已见，注“金椒”或即“全椒”之误，与雅雨先生是别一本。又得《影梅庵传奇》，附上，乞正定示知。荷，荷。元人杂剧选得否？

静庵先生阁下

世珩顿首

九月十七晚

已见传奇二种：

《盂兰梦》。江苏丹徒严保庸撰，嘉庆己卯解元，官山东知县。

《瑞芸阁》。上月友人送来求沽，索五元，计二册。弟未购，亦忘何人著矣。

已购未寄到一种。月内寄到，即呈阅。

《桃花影》。湘潭李××著，与曾文正会榜同年。著者梦一美人，自称桃花夫人。后继娶某氏，貌类梦中美人，且住桃花庄。因填此词。其裔孙李麓石

维藩现在学部丞参堂供职，似是八品录事。

又，弟藏有《词餘丛话》一册，兄见过否？

五

静庵先生著席：

奉示，敬承一一。《浣纱记》请即交下。《石渠五种》中之《绿牡丹》与吴炳所作当是两事否？元本《荆钗》《琵琶》皆另刻，一影存其真也。元曲承审定，廿种至佳。写样各价尚求见示。荷，荷。大著《宋大曲考》《唐宋优语录》得能早日惠教，尤所愿也。时雨快人，惟兴居佳胜。

世珩顿首

三月十三日

六

静庵先生著席：

久不相见，我劳何如。近想起居佳胜为慰。拙刻传奇，意在搜罗卅种，兹已得廿四种，尚少六种。尊藏最富，祈为觅六种足成之。无任感泐！原单附上。将来每成一种必先奉审也。手上，敬请
著安

小弟世珩顿首

二月廿二日

七

日前上一书，想登记室。求觅传奇，必荷见许。《临川四梦》《石渠五种》皆至精之作。《四梦》已刻。尊处能为觅得《石渠五种》，可谓双美矣。切恳，切恳。右上
静庵先生著席

世珩顿首

三月三日

八

《园林午梦》亦六幻本所收，亦系咏西厢事。六幻本闵遇五所刻，校勘颇精审。各传奇或写样或待图，有印本即奉审别。再上
静庵先生

世珩顿首
廿八

九

手教敬承一一。《石渠五种》能为访觅，至感。汲古阁《六十种曲》初印，敝藏有此。乞公为检定某种是盼。此请
静庵先生大安

世珩顿首
上巳

《石渠五种》名祈示知。

十

奉书敬承。《四声猿》乞于罗三处一假。明人传奇目能先示，为感。右上
静庵先生阁下

五月十二
世珩顿首

唐兰[1]致王国维

（5封）

一

静安先生大人左右：

敬启者，违教久，辄忆前请益之时，殊萦怀抱也。近闻方治《公羊》，兰亦稍习其书，未知可不鄙愚鲁有所启迪否？奉上敝馆讲演集一册，中有拙作《名学》一篇，万望教之为祷。未悉尊寓，特请罗先生转致。此后如蒙时锡教言，则故末学所馨香以祝也。耑此，敬请
著安

乡后学唐兰白

兰于专修馆已卒业，顷在无锡羊腰湾无锡中学任教务，阴历二十归里嘉兴项家巷。

二

静安徵君先生大人几杖：

得赐简，敬悉。承惠借文存，感激之至。

---

① 唐兰：(1901—1979)，字立庵、立盦，浙江嘉兴人。著名古文字学家、史学家、青铜器专家。曾直接受教于罗振玉、王国维。历任北京大学、燕京大学、清华大学、辅仁大学、西南联合大学等校教授。新中国成立后，先后任故宫博物院副院长、中国科学院历史研究所学术委员、全国政协委员等职。著有《殷墟文字记》《古文字学导论》《中国文字学》《卜辞时代的文学和卜辞文学》等。

兰近治金文范围较广，拟分纂《古籀统释》《燔餘类考》二种。《统释》全本《说文》(奇字附后，𢆶乎等，各附本字，不见若呼下)，《类考》拟分三门，句读、读若、徵经、韵徵为一门，礼类、官制、宫室、车制、冕服、人名、氏族、史事、历类、地理为一门，礼器考、军器考(此以吉金器形考之)、吉金史及目录为一门。方抄集考释作长编。此书若成，于三代文献佀当不无少益。未知先生以为然否？兰记问疏陋，亏尊著，妄致疑义，先生不以为渎而教诲之，感荷不已！《乾凿度》历用元蔀首月法日法，并与三统不同，而所推月日则甚近(诸历皆相近)，故前函引之。共和前年数则三统自有之，唯确不？不可必耳。兰窃谓古历既亡，苟欲推之，必立定法，然后以经传所见月日合之，合之而准即其法是也，而不准即其法非也(此中却不可勉强)。《七历》所出虽晚，然并用此法，而杜征西为长历迁就传文以推月日，则视古历为无法，恐违治历明时之意也(心所未安)。且待开岁，当尽究七历，一絜甘[1]长短，刻下苦无暇也。兰近著《卦变发微》一篇，由系辞刚柔相推而生变化诸文，悟出乾坤相推而生十二消息，六子相推而生三十杂卦，八卦相宅而生十六游归，合之经文而尽通。盖三千年来未有知者。荀、虞曲说皆可纠正，亦一大快事也。

岁将單[2]矣，十九或二十当返里，便过上海，当携以就正也。雪堂先生顷闻在申，未审何日首北？兰得及见之不？如相晤乞具道兰饥渴也。耑此，肃请

著安

乡后学唐兰敬白

十一日

三

静安前辈先生大人左右：

久阙问候，时复驰思，似承謦咳也。自去年来婴于尘网，学业日退，殆无寸状足陈左右者。唯小学尚未尽芜耳(近著《切均疏证》脱稿后当呈政)。昨闻主讲清华，衷怀勃勃，颇欲乘此获聆教训，惜势

---

① 甘：同“箕”。

② 單：通“殫”，尽。

有不能，徒怀懊丧耳。

同学有王蘧常者，字瑗仲，与兰同里，今年二十六岁，平昔留意史学，著《商书》若干卷，诗文稿八卷，又释清《艺文志》及《历代群籍源流考》等。其人旧从沈子培翁受诗学及书法，与兰同毕业于无锡国学专修馆，近任无锡中学高中部教员、无锡国学专修馆教员，兼任浙江教育厅顾问。夙日仰慕先生学术至深，本欲报名与试，以人事罣误，竟至愆期，而明岁又以种种关系万难求学。乃以兰曾辱一日之知，嘱代转询左右，可否设法通融，许其补考入学，或由浙江教育厅咨送，以慰其向往之忱。兰以其志甚笃，故为函请。望即赐以可否为祷。馀别详。

肃此，敬请

教安

后学唐兰再拜

回示请寄天津英界达文波路四十号周寓唐立庵。

四

静安先生大人左右敬启者：

海上一别忽已年馀。去腊仍乞罗先生[①]转上一缄，并附敝馆讲演集一册，想均达记室矣。拙作《名学》一篇，深惩近人以诡辩为名学之失，惟学力不深，文笔钝拙，似无足取。苟蒙教之，则幸甚矣！

正月杪以罗先生之介，来津主周立之[②]观察处，教其二子。至时曾在哲嗣在山兄处一候起居。而杂事忽忽，未遑通笺启也。顷承罗先生命临王仁煦《切韵》(有裴务齐加字大内本景照)，付石印顾考。王、裴生平迄不可知。因思左右精熟各史，未知能有见诏否？此本于韵学至有关系。十五均又上平声，目下具存吕静、夏候该等五书，毕留平声二卷，而卷目相连阳。唐升在江下，又只一百九。未知左右曾见之否？前承示《式古堂汇考》《唐均序》，知亦至有关系。后闻曾作一跋，甚

---

① 罗先生：此指罗振玉。

② 周立之：即周学渊(？—1953)，原名学植，字立之，晚年自号息翁。清光绪二十九年(1903)癸卯经济特科二等第四十名，曾为广东候补道。喜读书吟诗，遨游山水，曾与辜鸿铭等组建诗词社。

悬思一读，未识可写示否？作《韵英》者确是元廷坚，作陈者乃陈王友元庭坚之误。庭坚事实详。《太平广记》鸟类退食，餘暇幸一检之，似可补《韵学餘论》之未备也。

尊著《五声说》推本戴、段、江、孔诸说阴阳之分，确实有据。惟谓《声类》《韵集》当为阳一阴四，则窃有二疑焉：

一、吕静韵目见于王仁煦《切均》，所载上平声异同（此《法言》原本所有），则《切均》正承李吕之旧，略有损益，必无古（指三代音）今韵之大异。

二、宫商角徵羽必与四声无涉（此谓非即四声，非谓了无关系也），亦与古韵无关也。所谓与四声无涉者，四声起于齐梁之际，盖有显证。《陆厥传》："汝南周颙善识声韵，为文皆用宫商，以平上去入为四声，以此制韵。"《周颙传》颙"始著《四声切均》，行于时"，《沈约传》梁武帝问周捨何谓四声，捨曰："天子圣哲是也。"（捨即颙子）《谈薮》（引见《广记》二百四十一）梁高祖问重公曰："天子闻在外有四声，何者为是？"重公曰："天保寺刹。"刘孝倬曰："何如道'天子万福'。"梁钟嵘《诗品》曰："至平上去入，则余病未能。"兰按据此诸文，可推知四声实起于齐，时人犹未能识，故梁武帝《清暑殿联句》犹以去入通押（见顾宁人《音论》）也。"四声切均"者，即谓以四声制韵。又葛洪有《字苑》，而《和名类聚抄》引《四声字苑》，然未必一书也。而五音则盛，起自魏晋，其原本已不同，陆云为文已用李登之韵（见云集《与兄机书》），岂有梁武时人而犹不识宫商？则是梁武所问四声决非宫商可知（四声之说当时本有两途，尊著谓专为文用，则似太狭。若周颙之著《四声切均》固明是用以辨音也）。且五声之来久矣，《大师职》曰："文之以五声，宫商角徵羽。"《诗序》曰："声成文，谓之音。"（注谓宫商角徵羽）是五声成音者实乐之曲折（即声调矣），是以诗颂之不用韵，以其用宫商也。三百篇有无均，无不协宫商。西人诗不用韵者，必有节奏，我国白话诗去均并去节奏，则徒成话柄耳。钟嵘曰："古曰诗颂，皆被之金竹，故非调五音，无以谐会。若'置酒高堂上'，'明月照高楼'，为韵之首，故三祖之词，文或不工，而韵入歌唱。此重音韵之义也。"（兰按：此亦误以韵为声）与世之言宫商异矣。今既不备管弦，亦何取于声律耶？是则五声之自乐出，而非即韵，断无可疑。

盖杂比曰音，单出曰声，此为一类（即八音也。本出于乐，即后世之双声也）；在六书曰声，合乐曰韵，此为一类。本出于动物（如言语），即后世之叠均也。声韵判然两途。自宋而下动称古音，其实并是古韵（此说似违前人，然实非误，幸细详之。如有人先已言者，尤望见告）。

左右疑阳一阴四之韵，即是五声，殆亦由此而误。然尊说故是未定，不足为疵病也。窃观尊著于隋唐韵书，考析精矣。而于隋以前之本原未有辨说。兰昔常疑叔然始制反音，以为必不能凭空杜撰（二字一声不足为反语根据，本字自反则偶然相遇耳）。及读汉《艺文志》，歌诗家内有《河南周歌诗》七篇，《河南周歌声曲折》七篇，《周谣歌诗》七十五篇，《周谣歌诗声曲折》七十五篇，恍然知声学之所出。盖以声合歌诗，则某字属某声（谓宫商），较然明矣。又汉五行家亦传声学，京房吹律定姓，晋嵇康曰："地之吉凶有若禽虎，不得宫姓则无害，商则为灾也。"（集中释张辽叔《难宅无吉凶摄生论》）又曰人姓有五音、五行，有相生云云（《五行大义》未知有关此说否？行囊无此书，不能一检，为恨）。《南齐·舆服志》：伏曼容善识姓声，不复旁假吹律，能识远代之宫商。周颙驳之曰："三代姓音，古无前记。裁音配尚，起自曼容。"兰按：周说非也，据嵇说，盖当时确有此学。而《汉志》五行家有《五音定名》十五卷（《白虎通易》《是类谋》《大戴礼》并无吹律定名），观其名曰定名，又多至十五卷，则似非但述定名之法，而且（必）以五音配定一切之名也。自许叔重作《说文解字》述形声綦详，而韵学粗具。郭氏《古今字指》（此疑即诂释《汉志》一卷之古今字者。指即指意，此书亦一卷也。张揖《古今字诂》，疑亦诂古今字耳）。卫宏《古文官书》等亦有益韵学。盖汉人所称古文多有假借，然可据以知叠均字也。故诸书引《声类》，均系多称某字古文某某字或某字也。声韵两学基础并具，而当时儒先并有究心，读为、读若，长言、短言，楚语、齐语，舌腹、舌头，迭有发明，于是孙氏起而总两学之轨，集一代之成，而反切之学兴矣。当时郑、服、王肃并从其说，李登《声类》盖亦起于此时。考《释文》引《声类》有庚韵，《陆云集》引李氏云雪与列韵，则其书似当以五声为经，以均为纬（不分四声）。其书一万一千五百二十字，较《说文》一万五百十六字仅多一千四字耳。然则均学之出于《说文》盖信而有征也。郑君遵用许说，孙氏当亦用之。《均集》则承李或小变动耳（似但训义变动）。由是而至齐梁王融、周颙、范晔、谢朓、谢庄诸人，始倡四声制韵之说，声韵之学为之大变。盖五声与四声之别较之西乐至为明晰。五音者音阶也，如 1 2 3 之类，比较之高低声也（横行，与中乐似十二律，此不析为十二者，与乐上异矣。一析呼等则较十二律更细）；四声者，音名也，如 c d e f 等，截然之高低声也（直行）。自是声韵之组织渐密而韵书则并合五声为一部，而分隶于四声矣。五声之义唐人尚明之，至郑渔仲谓古人知直有四声，不知横有七音；又徐景安以四声配五音，后人多从之，其实皆误也。既又析五音为七音，而印度声学传入，则七音之中又析为卅六字母，四声之中又析呼等，而法言以下一派韵书兴矣。

隋以前声韵学之原大约如此。拟更籀绎而作一说，敬先陈概略。伫候教正。幸恕其僭妄赐以辨正。切祷，切祷！顷方校《经典释文》分类（如孙音、郑音、徐音、刘音等各归一类。昨阅尊著，述治法与拙见合，窃引以自喜也），索其分类之法与变嬗之迹，又校慧琳《音义》，以索《韵英》等声韵之学，俟有所获当再肤陈也。近读殷契，略有新得，并考其地名，亦有眉目。书词已冗，故不复陈。五月间至京当更奉谒。近校《水经》，新得几何。专此，敬请

道安

后学唐兰白

三月四夕

通信处：天津英界达文波路25号周公馆唐立厂。

《周金文存》本拟带趋，行箧不便，留待下次至时当带来也。

五

静安徵君先生大人阁下：

古学蔑弃久矣，先生上索甲龟先文，下及词曲，或勾深索引，扶绝存残，或协和宫羽，从容风雅，盛业不朽，服膺久矣！兰少年愚妄，以为孔子之学始于《诗》《书》，究于《易》，所谓十五志学，五十知天命也。学诗书则当多识诂训前言也，故颇留意小学，于《尔雅》《苍颉》《方言》《说文》《释名》《字林》《玉篇》皆有校本。又为《说文注》（拟卅卷，成二卷），于甲龟金文亦颇有肯论，已略举之，自羞于罗先生叔蕴矣。先生以为可教则教之也。谨先具书左右。谨候

夏安

生唐兰白

如蒙赐复，请寄浙江加兴项家漾。七月八日以后寄无锡国学专修馆。

尊刊《切韵》（或是《唐均》，已忘之矣，惟非蒋氏之《唐均》）于何处发行耶？可不见示？兰甚欲得之也。

章梫[①]致王国维

（2封）

一

前日所谈事，令亲处已去信否？刘祭故文附呈台阅。另请
著安
静庵先生鉴

弟梫顿首

二

静菴先生台鉴：

久未通问，歉，歉。公在清华，得教育英才之乐，聊以为慰。

有第三院学生湖南人齐希潞，号博缘，年廿零，奉志行，学问何似，性情脾气何似？有友为小女执柯。务乞详示为盼。弟自去春大病之后，精力日逊，唯有杜门养息而已，无一快意事可言。泐请
著安

弟梫顿首
三月十五日

现寓法界拉都路三百六十号福寿庐。

---

① 章梫(1861—1949)：初名桂馨，字一山，浙江宁海人。光绪三十年(1904)进士，曾任京师大学堂译学馆提调、监督，国史馆纂修，北京女子师范学校校长等职。工诗能文，晚年笃好草书。著述有《一山文存》等。

孙德谦[1]致王国维

（6封）

一

静安仁兄大人阁下：

不通音问，行一年矣！国事如此，真堪浩叹！去秋江浙战争，苏地幸免遭殃。惟弟则以次子荒唐，贱眷避难来沪，而彼则将家中一切物件尽以归之他人，化为乌有。即弟所藏书籍，节缩所得，虽不能多，而储有十数箱，皆烟消雾灭，殊可恨也！然弟正当乱离之际，内外交忧，写定《太史公书义法》都五十篇，其中创获甚多。实则人自不善读耳。已缮有清本，俟时局稍平静即拟付刊。今以目录奉麈宏览。尚希海正为幸。闻公就清华国学院之聘，考古之学得公为之主持，发挥光大，岂不可庆！吴雨僧兄与弟为新知，情意极相契，自谓中学未能深造，持属一言之介，请公不厌提命，为彼所至愿。

呈上拙著《六朝丽指》及《刘向校雠学纂微》，祈惠存。此二书东方学者颇加赞许。彼都文部大臣江木千之并为进呈其摄政太子，而《大东文化》评弟为中国硕学一人，且谓弟之学派近西洋知识分类学。弟全无凭借，能为异邦人研究学派，亦足以自豪矣！专肃，敬请撰安不宣

弟孙德谦顿首

乙丑元旦书

① 孙德谦：生平简介见前“蒋汝藻致王国维”(一)。

二

静安先生大人执事：

昨孟劬来，在翰兄处笑谈，直至六钟散，甚快！今日翰兄请公晚膳，亦可畅叙矣，何乐如之！闻翰兄言子勤已由园中辞谢，此却子勤之选也。惟此席虚悬，愿承其乏，公能为弟谋之乎？浙局自六月后脩奉不送，弟所进无多，实有竭蹶之虞。弟近年得肝病后精神不能振作，又家用浩繁，须任其责，不能稍作退步。故每一念及，觉意兴毫无万一。蒙鼎力可以成绪，感铭无既矣！又妙在一无事事，如同干馔，于弟身子尤宜。间作文字，弟则不惧。此次即可报效寿文一篇。公或即借此层说入，何如？

但事须秘密，切勿张扬。最好与前途说话，出公之意，不着痕迹，尤为得诀。弟于公无事不谈，承公爱我，皆敢奉求所有。孟蘋等处，皆不必言及。事之成否，却不可知也。公今日祈早临，先到弟处略商。甚盼之。拜恳。敬请

道安

此信阅后付内为幸。

弟孙德谦顿首

三

静庵仁兄大人阁下：

承借《草窗韵语》，因取《吴兴备志》检阅其经籍，征闵元衢[①]按语云，胡元瑞《诗薮》谓见《公瑾集》。检余比部处钞本，也题曰“草窗”，中甚有工语，不类晚宋诸人诗咏。《咏琵琶》一首尤可观。今观集中却有《琵琶》一章，则所谓钞本者，即从此本出也。但闵氏是据《诗薮》为说，胡元瑞记系明人，不敢臆决，公试一考之。然《草窗》此集

① 闵元衢：生卒年不详，明代考据学家、方志学家。

固见之记载，何以藏书家竟绝无著录？亦可异也。孟蘋得此法物，绘为《密韵楼图》，属弟纪其事。有《备志》足添资料矣。敬请
撰安

原书奉赵之检存。

弟孙德谦顿首

四

静庵先生大人阁下：

回苏经旬，昨始来沪。贱躯服药四剂，尚不能复元。以年近残腊，馆事必待结束，无可迟滞，然亦苦矣。培老《乙卯稿》及拙著《举例》均出版[①]，奉上各三册，一分奉赠，二分祈转赠叔蕴先生及富冈君为荷。夔笙昨来纵谈，意欲邀公与弟至彼处一叙。但弟初到，尘事丛集，尚未与定时日也。此上，敬请
著安

弟孙德谦顿首

五

今日在孟劬处叙谈，并有审言在座。请公即往彼处为盼。即在孟劬家晚餐，无需客气也。弟本拟诣府闪行，缘疲倦不能周到也。乞恕我为幸。敬请
静庵道兄大人著安

弟孙德谦顿首

即大通路吴兴里。

---

① 沈曾植著有《寐叟乙卯稿》，孙德谦著有《汉书艺文志举例》。

六

吾辈以曲局之故杜门不出，遂致咫尺天涯，无由谈艺，良可叹恨。奉上乙老诗卷样本一册，原稿谅在尊处，尚祈校雠。校后仍交弟为荷。近有所造述否？论学失得不妨以书牍往还也。敬请

静庵仁兄大人著安

弟孙德谦顿首

大通路吴兴里。

金蓉镜[1]致王国维

（2封）

一

静安先生阁下：

昨从禾来，携旧集四本呈政。请评议之。此十餘年前作也。诗文无可观，内惟《时务论》二篇、《太极图说》二篇于学术治乱之故颇能言之。《衍极》一种，略备考证耳。汉时胡种荡尽于蒙古，至今不复能辨某为某种之后，先生能考定之乎？《潜书》十六篇是缘汤海秋《浮邱子》而作也。《痰气集》皆以牍文极诋新政，与台司抗议，略见风采，惜无人领悟，以至于亡，此则不疚于国不疚于民者也，讫今尚有面目见新学诸人也。另卷函请

鸿笔题词为幸。此请

撰安

弟金蓉镜顿首

二

静安仁兄大人阁下：

前得修老函，知荣拜内直，喜跃万分。非特觇吾浙有人，亦见国势将转。何日北行，颇拟走谈。本朝高江村、王渔阳皆由外廷特擢，

---

① 金蓉镜(1855—1929)：初名鼎元，字学范，又字殿丞、甸臣，号潜庐、潜庵，又号香严居士、香严老人。浙江秀水(今嘉兴)人。光绪十五年进士，历官湖南郴州知州、永州府知县等。著作合刊为《潜庐全集》传于世。

公能继之，亦职官志中一重佳话也。弟回家两礼拜，今日到沪，先命简布贺。敬请
荣安

弟金蓉镜顿首
二十日午后

子勤同年是否偕行，并此致候。

王秉恩[1]致王国维

（2 封）

一

静安先生经席：

十三晨奉十二手教并抄函，领悉。已照录一分，仍付邮奉缴，祈察入为荷。专复，即请

撰安

弟秉恩顿首

六月十三日

二

静安先生经席：

违教兼旬，至念。贵邑周松霭先生春[2]著有《西夏书》十五卷，如公藏有之，拟借抄何如？有友新撰《西夏史》，须征引此书也。孟蘋兄藏书最富，有此否？专上，即请

著安

弟秉恩顿首

八月廿三日

---

① 王秉恩(1845—1928)：字息存、雪澄，号茶龛，四川华阳(今成都)人。同治年间举人，曾任广东布政使、贵州按察使等职。藏书家、书法家。

② 周春(1729—1815)：清代浙江海宁人，字芚兮，号松霭，晚号黍谷居士，又号内乐村叟。清乾隆十九年进士，曾任广西岑溪知县。学识渊博，著述丰富，有《尔雅补注》《西夏书》《海昌胜览》等。与王国维为同乡，故此处说“贵邑周松霭先生春”。

附：

王秉恩致况周颐[①]

昨晤王静庵先生，言及王文简公引之与陈恭甫书札，借去石印。弟归来检查，经铁冲甫借去，须日内取回，再行送与静翁付印。祈速代达勿迟，费神，谢谢！望代陈此心，免静翁徒劳往反也。铜鼓有确音否？天晴何日同看绿梅？定期示复何如？

夔笙道兄

弟恩顿首

三月朔

① 这封信后转至王国维处并留存，故录于此。

恽毓珂[①]致王国维的诗

（1首）

芷姓[②]、静安两先生奉召入直南斋，不日北上。于其行也，诗以赠之。风云俶扰之迹，友朋离索之感，盖不敢形诸楮墨也。

联步趋中禁，先朝本近臣。几年为异客，今日又王人。
楼蜃迷沧海，宫莺啭暮春。衣冠循汉腊，犹胜义熙民。
启沃原非易，端居格圣心。考工资象译，泮水绝鸮音。
宝录千秋境，薰弦五柱琴。北门新学士，长念受恩深。

南兰恽毓珂初稿

① 恽毓珂（清末至民国初年）：字瑾叔，号醇庵，江苏阳湖（今常州）人。
② 芷姓：指杨钟羲。

马其昶[1]致王国维

（1封）

静安先生左右：

久不见，惟道履增胜为慰。敬有启者，敝邑汪生吟龙，文采斐然，实后来之秀。顷携其诗文稿一册，乞柯凤老[2]一言，以介绍于公，凤老欣然命笔，适册内夹有孙君名片一纸，凤老遂误以为一人也。特此更正。汪生如趋谒，希即赐见为荷。手此，敬颂

台安不具

马其昶启事

① 马其昶（1855—1930）：字通伯，号抱润，晚号抱润翁。清末著名桐城派古文家，曾任学部主事、京师大学堂教习。著有《抱润轩文集》《毛诗学》等。

② 柯凤老：指柯绍忞（1850—1933），字凤荪，又字凤笙，号蓼园，室名岁寒阁，山东省胶州市人。光绪十二年（1886）进士，曾任湖南学政、京师大学堂总监督等。民国时曾任参政院参政、北京大学国学门导师。著有《文献通考注》《文选补注》等。

王文焘[1]致王国维

（2封）

一

静安先生大人史席：

月前奉读华翰，敬悉。

正拟肃柬奉候，今晨阅报载，昨晨禁御有祝融之灾，匕鬯震惊。同时潜邸火兆焚如，报纸电传真象未睹，惟闻我皇上深宵指挥，外人听命，始克扑灭，足徵神武英勇出自天授，中兴之期指顾间耳。据报云为电线走火。文焘往岁在粤开办电力公司，深悉凡属电线未能久用，多则五年，少则三载，必须更换。若房屋深邃阴湿，线未明装，尤恐鼠虫啮损。宫廷高大，北地干燥，阴湿自可无虑，惟历年既久，虫鼠或恐不免。典守者是宜时为省察，如线外树胶少有损裂，即宜速换。如遇雨期，尤为可虑。先生如晤执事者，不妨告知。西人工艺固属精巧，然必时为修理，方能历久不敝。此又不独电灯为然也。家君阅报后当即偕古老同诣贵阳尚书处，合词函请内大臣代奏，恭请圣安。文焘去冬恭逢大婚，曾蒙御赏春条，本拟附名，惟文焘职位稍卑，未敢列入。因思先生日侍讲筵，必知圣躬曾否受惊，用特专函敬问。区区微忱，不敢上陈，敬求示知。俾悉当时情形，稍舒鄙怀耳。火为离象，主文明，同时并火，重光之兆，可为预卜。

承示新出石经，又见三方，倘可寻觅，恳求代各觅一纸。近闻金陵亦有一方，为一宦洛阳者所有，已托人往觅，倘可多得，当以一分

① 王文焘：王秉恩之子。

奉上。文焘正撰《魏石经图考》，倘此四石俱获，可望蒇事，敬当缮呈，敬祈指诲。故亟欲一睹此三残石文字。先生如已蒦得拓本，可否景樵一纸先惠？《益稷》行款，尤为新颖。方今圣道西行，欧人崇尚中学。月前时报载留德学生函偁，德人上自政客，下至走卒，莫不手执辜译四书五经高声朗诵。故二千餘年埋土之石经亦一一出现，圣道大昌恐不待五稔矣！此间教会学堂放暑假时，主教切告学生暑假中务须自修中学，下期开学将变更学程，有读经一课矣！此则近今所闻者，谨以附闻。专此，敬请

道安

后学王文焘谨状

五月望日

家君命笔致候。

二

静安先生大人阁下：

都城小住，畅聆教益契文匋款，并荷鸿题，顿为增价。只以匆匆遄归，未获走辞，至谢至怅！匋款文焘尚有四册，拟由邮呈，奉求价题也。

近惟侍从南斋，校书天禄，释周室中兴之器，撰圣朝雅颂之章，翘企矞辉，曷胜忭祝！焘杜门侍亲，乏善足陈，日惟摩挲金石，钻研图史，惜长者在北，每有阙疑，无从就正，为至慊耳！昨闻赵叔孺云内廷散盘近已寻蒦，其友某君得有拓本，伊已蒦观云。旋晤徐积餘[①]，亦云金巩伯[②]得有一纸，闻有原盘照片，上有当日命赵太常秉冲崇释，有太常臣字款之题释。此次寻得后，闻又奉命先生与马叔平、徐森玉两君再审释之说。闻听之餘不胜忻慰。此盘贡入天府，外间传说纷纭，有谓罹圆明之劫灰者，有谓阿雨窗匿而未呈者。所以《西清续鉴》《宁寿鉴古》等书俱未著录。今本尚存禁御。数千年至宝自有鬼神呵护。祈示详情。亦吉金中之佳话也。敬恳设法代觅一纸，

---

① 徐积餘：指徐乃昌（1866—1946），字积餘，号随庵，安徽南陵县人。清光绪十九年（1893）举人，官至江南盐法道兼金陵关监督。藏书家、刻书家。

② 金巩伯：指金城（1878—1926），字巩伯，一作巩北，号北楼，浙江吴兴（今湖州）人。画家。

并恳赐题于上，将为世守之宝。文焘海上栖迟，学识浅陋，深羡马徐二君之遭际，得瞻天府奇珍，引颈北望，不禁神驰。专肃，奉恳。敬请

撰祺。鹄盼环云。

后学王文焘顿首　四月廿六日

家君命笔致候

魏正始三体石经菁秋文公残字。分两段景樵。[①]

① 后有石经文字并说明五页。从略。

章鸿钊[①]致王国维

(1封)

敬庵先生大鉴：

一别十餘载，思胡可支。回忆曩在沪渎肄业时，朝夕过从，迭闻教益，此情此境，胡可再得耶！颇思修简有所谘承，蹉跎至今，弥自悚歉。去年遇叔言师，倍询起居，借知一二。今在君兄自沪归，又为弟言，益为之怀想不置。兹奉上拙著《石雅》《三灵解》各一册，伏希教正，幸甚，幸甚。我公著述日富，如蒙有所赐教，俾识指归，尤所愿也。敬颂

撰安不一

弟制章鸿钊顿首

二月十三日

---

① 章鸿钊(1877—1951)：字演群，改字爱存，浙江吴兴(今湖州)人。地质学家。年轻时曾赴日本留学，回国后历任京师大学堂地质学教习、南京临时政府实业部矿政司地质科长、中国地质研究所所长等职，新中国成立后任南京市人大代表、中国科学院地质学专员等。著作有《石雅》《三灵解》《中国历学析疑》等。

朱汝珍[1]致王国维

（3 封）

一

静安先生阁下：

日前奉访，叨承麈教，复扰鲭筵，感幸，感幸！本年两太妃七旬正寿，同人理应进奉。袁玨老已愿承办。津中同人已托温毅老逐一通书，兹以奉闻。想阁下亦必与名也。连日大雨倾盆，已成水灾之象，不知尊处受水患否？念念。手此，敬请
撰安唯照不宣

弟汝珍顿首
六月七日

二

静安仁兄大人阁下：

久违大教，念念。前闻阁下有西河之痛[2]，未及慰问，抱歉何如！人之修短，有数存焉。请作达观，勿太伤心为要。弟八月初请假南旅至沪，闻办事处改组，遂以十月之望遄返津门，如无下文，当再南下。乃承召对，温语慰藉（于去年各事，一切谅解），旋命办理交派事

① 朱汝珍（1870—1943）：字玉堂，号聘三，别号隘园，广东清远人。光绪三十年以一甲第二名赐进士及第，授翰林院编修。著有《词林辑编》《词林姓氏韵编》《中外刑法比较》等书。

② 西河之痛：指丧子之痛。王国维长子王潜明于 1926 年病逝。“西河之痛”，典出《史记·仲尼弟子列传》：“孔子既没，子夏居西河教授，为魏文侯师。其子死，哭之失明。”

件，不胜惶惑之至矣！吉帅来正初八日七十正寿，同人拟送诗屏（瑞老承办，每条一元三角五分），如阁下与分，请向瑞老索取。拙诗一首，录请斧政。残年放假，如台从入城，贲临赐教为幸！手此，敬请
台安

弟珍顿首
十二月十一日

三

静安先生阁下：

违教，念念！顷接温毅老手书，属将去月十八日回赏之件带津（弟拟由初九早车前往也）。如该件系由公代领去，请于初八晨掷交舍下为幸。该件尺幅大长，不妨拆开撤去垫纸，以便携带。初八晨弟当在万庆馆舍下拱候同行。特布，敬请
台安唯照不宣

弟汝珍顿首
八月四日

沈曾植[1]致王国维

（20封）

一

快雪时晴，南风送暖，晨起心神颇爽。书一册收到。三传同异与李鹗相类，颇可思绎。经疏蜀本殆可定论。此请
静庵先生刻安

植顿首

二

昨罗世兄[2]来，见有车在门边者，不知渠官何处？甚盼望早或晚来谈也。云公有微恙，尤深驰系。专此，奉候
静盦先生　台安

植

三

有画数件，待公审定。有暇请过我一谈。
静菴先生

寐上

---

① 沈曾植：生平简介见前“王国维致王潜明”（五）中注释。
② 罗世兄：指罗振玉。

四

叔言寓所乞开示。北风不敢出。晤时希先代候。唐人乐书不知有可借否？比者思考所得，大都陈氏已得之。从前读此书殆如未读也。此请

静盦仁兄大人台安

植顿首

五

磁器五件送上，请转呈法家一鉴。为郎窑？为郎窑价值若干？能消洋庄否？雅费清神，统容晤谢！此请

静盦仁兄大人台安

植顿首

六

昨复泄泻，困卧一日。驾临失迓，为怅！《新元史目录》及《西域诸王传》乞检付一读。此请

静安先生仁兄著安

植顿首

七

头眩颇数日，昨始略愈。今日往访雪堂何如？公来同行最佳。候示。此请

静盦先生台安

植

八

雪堂来沪，喜出望外。弟今午甫归，连日头眩足弱，颇疑与饮料不净有关也。明日台从能枉过，偕往一访如何？复请。书收到。
静盦先生仁兄台安

弟植顿首

九

《新元史》二百二十卷以下请检借一读。此请
静盦先生台安

植顿首

十[1]

长井江[2]先生以《说文》谈汉易，今日真绝学也。谨介绍与公一谈。病暑不能同谒，为歉。此请
静盦仁兄大人台安

弟植顿首

十一

不晤近一星期，正思驰询起居，札来果抱微疴，心灵诚不隔手。弟昨亦草一《穆天子传书后》，录奉教正，不知有可存者否？阅后请教示一二。大作当细读，或亦继作。电气脚垫有用否？此请
静盦仁兄大人台安

植顿首

---

① 自第一封至第十封信(除第七封外)，所用为清华学校信笺，信纸上均有“清华学校”字样。

② 长井江：指日本汉学家长井江衍。

十二

手教诵悉，小别怅然。鄙近来感冒缠绵，涉历旬馀未解，所谓无药可医至老者也。火车劳顿，心神亦当善为节养。四体碑稿暂留数日，录对缴还。此请

静菴仁兄大人台安

植顿首

叔蕴希代候。沽上新斋何名？

十三

静盦先生坐右：

一别遂经半载，邈想高踪，辄有安期羡门之思。比日惟起居安吉为颂。浙志得公相助，且为湖山生色。旧志“星野”一门颇为俗人讥笑。然十二宫邦国灾祥，希腊、埃及皆有之。公能为一考否？《山海经》会稽以下诸山，亦思略加疏证。公谓如何？此请

著安

弟植顿首

十四

昨晨忽发寒热，眩不能起，至晚十钟乃定。台从偕富冈君来时，正在呻吟时，失迓为罪，千万代致不敏！奉去书四种、茶胺二包，希费清风饬纪转送。书件容稍迟缴上。此请

静安先生道兄　著安

植顿首

十五

石刻二种藉公转致湖南，扇诗颇有微旨，不知渠能寻绎否？试

以意略示之何如？北语云有动机。桑山一纸，并希代致。
静盦先生

沅叔[1]北京住址不能知，故作舍弟信。

十六

承询字母古学，自唐以后，陈氏《切韵考》已得会通。第六朝与隋唐似不能绝无异同，两汉与隋唐则显有异同。凡在后世为类隔者，在前世皆音和也。《释名》纯是双声，且为音和之双声。昔尝以此证汉与隋唐同异。过此以往未易可言。然循此以往，亦非必无可言者。公神智濬发，善能创通条理。兹说若何？请教之。

十七

《和林三碑跋》抄出奉览，此稿可留尊斋，不必见还。又元碑有三灵侯碑，极荒诞，敬知曾费考索，不知伯尼君有说否？
静盦道兄先生

植顿首

十八

《志稿》细读一过，明辨精确，即此已增辉越纽，再加充拓，益复详博，钦佩何已！杂识分类，云南《阮志》似已有之。可知吾辈思念所及，果当于理，古今自然暗合也。公有目疾，细书过劳，或能佣一书人，由局贴一书记生费（月十二元），如何？肃泐，再请
著安

植顿首
腊前三日

---

① 沅叔：指傅增湘。

十九

静安先生大鉴启者：

结束通志事，赖众擎责，实课功须有断限，庶不致仍蹈迁延致末。昨议会拟自本年九月起排匀功课，分主分任，按目纂述，务存体要，每月须有成绩若干。卷多少随事实详略定之。虽难刻求，亦当核实凭卷发薪。无卷者即将应得薪资扣留主处，俟成卷补发。每半年由主任汇齐各卷，公同阅看，以示区别。杭沪两处临时择一适宜之处，或住宅或公所，总期于便。现在应照单分配各事，即请吴、金二公主持就杭沪两处分办。再杭委事已属林君同庄就近接洽，小事则周君左季任之。专此布达。顺请

撰安

愚弟　沈曾植顿首

九月一日

二十

静安先生阁下：

敬启者，浙省《续志》经一再展限，现距截止之期约九个月，同人从事多年，自应如期结束。尊处所纂补遗考异各门务希先期整理，届时汇交敝处，以便勒成全志。其有稿本繁多需人钞录之处，乞发人清缮，由局给资。专此奉布。敬请

台安

沈曾植顿首

张尔田[1]致王国维

（67封）

一

静荐我兄惠鉴：

昨谈极欢。《史公年谱》校读一过，考核精慎。尝谓君学极近歙派，而尤与易畴[2]为似，使东原[3]见之定有后来之畏。仆学虽尚考证，然喜杂名理，诚自愧不及先生之粹。然能听曲识真，自信并世舍仆莫属也。《年谱》字未合，或改为"系年考略"较妥。原稿奉上，祈检存。旧词数阕附往，先生于回肠荡气时读之，未识有秦七[4]风味否？专肃，敬颂起居不一

小弟孤子张尔田顿首

永遇乐　乙卯秋客燕都作[5]

萤飐衰灯，鼠翻虚塌，秋动凉馆。渚雁稀逢，龙莺渐老，人

---

① 张尔田(1874—1945)：一名采田，字孟劬，号遁庵，又号许村樵人，浙江杭县(今杭州)人。清末曾官刑部主事。1921年后，历任北京大学、北京师范大学、光华大学、燕京大学教授。历史学家、词人。在王国维先生保留下来的他人信件中，张尔田所书者数量仅次于罗振玉。此处选录67封，接近现存张尔田致王国维书信总量的一半。其中第38—59这22封书信曾发表于《浙江树人大学学报》2012年第6期，此次修订时增补录入本书。

② 易畴：指程瑶田(1725—1814)，字易畴，号伯易，安徽歙县人。乾隆三十五年(1770)举人。曾官江苏嘉定教谕。精考据之学，工音律，善书画、篆刻。

③ 东原：指戴震(1724—1777)，字东原，安徽屯溪人。是乾嘉考据学久负盛名的"皖派宗师"，其哲学思想对晚清以来的学术思潮产生了深远影响

④ 秦七：指北宋文学家秦观。秦观排行第七，故称秦七。

⑤ 信后共附词四首，此处录其一。

意新疏扇。蓬莱烟霭，铜驼坊陌，十载旧狂曾遍。风光对、繁华帝里，去来尽成销黯。　　潘郎骑省，悲杨颓翻，镜里岁将愁换。帐冷鸾栖，屏闲蝶舞，心事遥山远。珠尘飘滴，花街踏马，骖逐五陵游伴。殷勤口、梁间燕子，夜闻碎叹。

二

静莽我兄执事：

得惠书，以病月，未及答。

尊文畅朗条达，自是学人佳构，弟颇喜之。弟文未免太闹狡狯，当其下笔，殊不自知。然因此反为世人所推。生平之学，竟为之掩，可谓不值。海内交游虽广，能知弟之学者，惟兄与益莽耳。所寄尊文小部在益莽处，竟未交来。倘出，兄能再以全部赐我，尤感也。陈君重远①，提唱孔教甚力，其太夫人七月十二寿辰，拟征海内能文者为母寿。嘱为介绍，事略再奉上。渠拟将来刻一书。如肯为作诗文，随时可交。不急，不急也。此请

著安

小弟尔田顿首

三

静莽我兄惠鉴：

久未得君书，岂为著书勤恁无暇耶？弟入秋以来多病，馆课餘闲但浏览内典，聊以养心。人年四十已长进不多，又处此不悦学之邦，无良师益友为之观摩，其不进而退也宜矣！都门一班老辈大抵冢中枯骨，其高者比之游魂为变，惟桐城马通伯②尚不失为儒者，其

---

① 陈重远：即陈焕章(1880—1933)，字重远，广东高要人。曾在广州万木草堂受学于康有为，与梁启超同学。提倡孔学，主张变法维新。为光绪三十年进士，1907年赴美留学，1911年获哥伦比亚大学博士学位。1912年返回上海创办孔教会，任总干事。1923年在北京创办孔教大学，任校长。1933年病逝于香港。

② 马通伯(1854—1929)：号其昶，安徽桐城人。博览经史百家之书，深得桐城派义法之要旨。著有《诗毛氏学》《金刚经次话》等。

所造述虽未深，皆粹然有君子之养。然近亦退而学佛矣。而大学堂方不惜出其魔力摧残学术，后生小子趋之若狂。不及三十年中国将无一学者，可断言也。共和不过七年，而江湖日下已如此。我辈不幸而读书，又不幸而有智慧，其所感痛苦，较凡民殆尤无央数。伏处蓬荜者或未之知，一涉世则立见矣。奈何，奈何！

近有一事差可喜。大学堂教员胡适所作《墨子哲学》，其根本缪点，弟前函已言之。前月夏穗卿[①]以其书属为审定，弟即草一书，洋洋数百言，痛驳其误。一日穗卿函约过谈，云有好音相告。急往，则胡君适于昨日来，穗卿当面出鄙书，大乐之矣！晚间饮席有林琹南[②]，弟偶述及此事，琹南急出席握余手曰："虽与君初交，今日之事，不可不一握手！"嗟乎，自大学为陈独秀、胡适辈一班人盘踞，专创妖言，陷溺后进，有识者殆无不切齿，亦可见怨毒之于人深也。兄不来此，真有先见。望便转告益莽，以为笑乐。吴瞿庵[③]在校，彼辈已议其太旧。以瞿庵之雅俗共赏而尚以为旧，若使彼之教育普及全国，则我辈之不受坑也盖已仅矣。言念前途，不寒而栗。古微丈闻游西湖，近日归未？培老[④]想常晤。弟归计尚未决，居停主派赴日本，家中无人代为照料，不能不需其归再做行计也。此间天气已凉，沪海何如？得暇乞常示音问。专此，敬颂
著祺不一

小弟尔田顿首

四

静莽我兄有道：

损书知动定清佳为慰。尊词循颂，颇有黝栗之色，故当佳作。并世词流，夔笙要为一作手，彊邨终觉努力，不如其自然耳。

---

① 夏穗卿：即夏曾佑(1863—1924)，字遂卿、穗卿，号碎庵、碎佛，笔名别士，浙江钱塘(今杭州)人。光绪十六年(1890)进士，授礼部主事。民国时曾任教育部教育司司长、北京图书馆馆长。致力于中国历史的研究，有《中国古代史》存世。

② 林琹南：即林琴南，名林纾(1852—1924)，原名群玉、秉辉，字琴南，福建闽侯(今福州)人。文学家、翻译家。

③ 吴瞿庵：即吴瞿安。

④ 培老：沈曾植，字子培。

弟本多病，近又感流行病，委顿两星期始霍然。此间天气早寒，已重裘围炉，蜷伏不已。温焬经史，阅宋人经说数种，虽不及近儒精湛，然亦有近儒不能及处。拟取通志堂所刻遍阅一过，必当另开一径也。

近晤马君夷初①，其人新治小学，颇有心思，惜尚未成家。居停主赴日本，至今未归。弟须其归方定返南之计，但恐今年不能遽归。得便望常示音问。敬承
著安不一

弟尔田顿首

五

静菴我兄惠鉴：

久不得书，正深驰系，忽邮到诗柬，发函伸纸，如亲故人言矣。诗意沉鸷，于近日鱼龙蔓衍之局可谓妙肖。适有友人在座，读之亦深喟也。弟近日亦有小诗二律，写上采览。

近为馆役所牵，不能潜心素业。大学堂有马君彝初，其人者颇可谈。与之研讨竺典，饶有兴味。渠欲得尊著一二种读之，惜弟行箧未曾带来也。浩吾云在沪曾晤兄一次。弟拟旧历年终返沪。现在沪寓已移贝勒路同益里矣（二弄九号）。知念附闻。此颂
著安不一

弟尔田顿首

六

静葊我兄大人惠鉴：

得报书并新诗三章，讽咏不能去口。并世能为玉溪派诗者，

---

① 马夷初：即马叙伦（1885—1970）字彝初，改字夷初，号石翁、寒香，晚号石屋老人。历任上海劳动大学校长、清华大学及北京大学教授等职，1946 年发起组织民主促进会。新中国成立后曾任教育部部长、全国政协副主席等职。古文字学家、书法家。

兄得其典实深稳，君直[①]得其感怆清峭，若弟所作，未免伤于华。近颇思以沈郁药之，惜积轴不足以驱使耳。兄谓生平读诗不多，大抵此事非我辈所尊，譬犹鼷鼠饮河，但取满腹，然学问深则出语自然异人，正无取乎多读诗。若近日号为诗家者，集部书满架，全不知向学问中求之，枵腹而貌[②]古人，其不流为白话诗几何！弟尝谓经史根柢之学不讲，则诗文一道必日趋于断港绝潢，今已兆其端矣。

弟为馆役所牵，意绪阔落，非复往时。然窃自念故国已矣，惟修史自效，庶酬万一。幸《后妃传》已告成，差足正野乘之诬。近为《刑法志》，于宣统末争新律者晳录，尤不敢苟。国可亡，史不可亡，或者稍存正义于几希，此亦穷而在下者之责也。

比阅市，以廿饼金买得明程刻《论衡》一部，同时又见一通津草堂本。拟取两本与日本刻、鄂刻对校一过。此书谬误太多，非勘一善本殆难读诵。曾见君直藏宋刻残本数卷。兄生平亦见有佳椠否？仲任[③]两汉通人，其书亦自开户牖，曩撰《史微》，颇有意准之。今老矣，尤嗜之不厌，谈助之学得无为兄所哂也。

弟岁暮本拟南旋，与诸故人聚首，惟弟之归必须先与馆中交涉，薪水照寄方能坦然就道。若不得当，首途当又从缓矣。去岁溢馆，薪水已为扣去半年，今故不能再蹈此覆辙也。乙老明岁七十，兄等皆有嘉篇，弟亦当在献言之列，惟迩来文思奇涩，心如眢井，奈何，奈何！益葊解馆何时？想常晤谈。古微丈有西河之痛，闻意兴索然，为聘山诸公拉游湖上，久未得只字，殊念，殊念也。专肃，敬颂

著祺不一

小弟尔田顿首

《续声均考》是否即《唐均后考》？翰怡拟刊之丛书者。窃谓兄此后所著，自以刻木板为宜。若哈园排印本，久必散佚。即此一端，悉见新者易敝而旧者能久也。

---

① 君直：此处应指王益保（1867—1931），字君直，天津人，曾任学部主事。

② 貌：通藐。

③ 仲任：东汉思想家王充，字仲任。

七

静莽我兄惠鉴：

前肃报缄，当邀察及。数月前弟因梁君殉清[①]，曾与陈君重远一书论之。不幸海上诸公见者大加訾謷，此事虽微，而关于弟一生志行则甚大。兄知我者，敢一陈之。

梁君之死，其志诚可嘉，但吾人持论当为后世标准，则必当绳之以经谊。所谓贤者俯而就之，不肖者跂而企之。考六经，以事死君难者盖有之矣！未闻以殉君见褒者也。崔杼弑齐君，晏婴赴之。人问："婴死乎？"曰："君非为己而死，吾安得死之。"逢丑父与齐君易位，以诈晋师。以后儒论之忠莫如丑父，而董仲舒谓丑父当服上刑。且父子，至亲也，不胜丧而死，比之不孝。夫妇，至亲也，公叔文伯死，妇人自杀于房者四人，其母敬姜不以为然。夫以父子夫妇之亲，圣者尚不忍责人以死，况君臣之以义合者乎？君不能私天下为己有，臣亦不能私君为己有。此非弟之言，黄梨洲[②]已先我言之矣！君之定诂本有广狭二义，《广雅》乾官元首主上伯子男卿大夫令长龙嫡郎将曰正君也。此已不局于帝王，故士之妻称女君，而学者亦可称君子。若以狭义言之，嫡安得儗帝，而学者以太子自居亦嫌非分矣。凡弟所发明者皆古之谊，古之谊不行于今也盖久。昔汪容甫[③]作女子许嫁而婿死从死及守志议，见笑当时。弟今亦以此论得罪清议。

立言不慎，千古同慨。虽然，弟之为此言也，盖亦有以。彼辛亥之役岂辛亥所能告厥成功哉。彼以二十年之功，披其枝而颠覆其根本，始有今日之效。今欲兴复之，必须先扶其根，而后徐理其枝叶。为培本计，非昌孔教不可。昌孔教非先以国教立之础不可。国教一定，则上可握教育之权，下可改造舆论。以五十年为期，我身虽不及

---

① 梁君殉清：1918年11月10日，梁济（字巨川）自沉于北平积水潭"殉清而死"。梁巨川为光绪十一年（1885）举人，曾做过内阁中书、民政部主事等官职，他是著名学者梁漱溟的父亲。

② 黄梨洲：指明末清初思想家黄宗羲。

③ 汪容甫：指汪中（1744—1794），字容甫，江苏江都人。乾隆四十二年（1777）贡生，后无意于仕进。清代乾嘉时期的著名学者。

见，我子孙必有幸丁其时者。则我列祖列宗在天之灵慰矣！而当兹国教未定，欲委蛇以达此希望，则又不能不济以权道。《春秋》重反经，《大易》贵随时，《礼》以义起，《诗》《书》无达诂，从变从宜，六经诚证，较然明白。弟于故国位在四品，不可谓卑，天泽大义，宁不素讲，顾乃不忍老死空山。仆仆焉冒不韪而为之，亦以弟所处之时非梨洲、亭林之时耳。故弟之言论，其见于重远处者，皆弟之策略，而非弟之学术。弟诚不敢爱惜名誉，而欲为天下播此一粒种子。七载以邈，长图大念者何心？草间偷活者何事？每一枨触，未尝不仰天椎胸，泣尽而继之以血也。而今已矣，既不见谅于新，且不见谅于旧，吾倡焉而无人和，吾导焉而无人相，则吾之道其终穷矣乎！

益葊[1]勉我少说话，亟感良箴。此后当学金人之三缄其口。但愿世人谓此物愚、此物不识字，则是我生获忠肃之谥也。不胜猥濊，聊复为兄一吐心膈。知我而外，望勿示人。裁书布臆，临题黯然。专肃，敬颂
著祺不一

小弟张尔田顿首

八

静葊我兄大鉴：

得惠书，敬悉一是。梁君事本不必论，以弟言既出，有关于弟人格之处，故与兄私论之耳。培丈相知最深，当必无异议。闻渠已迁居，是否威海卫路，门牌几号，兄知之否？便望示及。岁暮不能遽归，弟所纂《刑志》已半年未交卷，缘此书预定四卷，成则顿成，不能论页数零缴。现馆中新章，每月必须有工课，否则扣薪。弟已在例外，故必须俟成后或先交一卷，方能请假作归计也。实则弟归沪亦无所事事，而史料此间为多，反不能握笔矣。

益葊想常晤，明春何时到馆？凤老《元史》已裒然成书，厂市书坊多有卖者，惟购者不多耳。此复，敬颂
著安不尽

弟尔田顿首

---

① 益葊：指孙德谦，字益葊。

九

静莽我兄惠鉴：

昨晚奉报书，当复一椷，想早察入。顷又得益莽书，知培丈确已迁居威海卫路，惟门牌第几则益莽忘却。弟刻有致培丈一书拟付邮，恐失遗，而敝寓仆人新换，又恐送误。兹特寄上尊处，祈代封饬人送去为荷。拜托，拜托！益莽云二十二返苏。近君直嫁女在沪，想常晤谈。餘详前函，不赘。专此，敬颂

年祺不尽

小弟尔田顿首

十

奉书极慰。弟前书，因读书偶有所感，故不觉为知己一倾吐之。亭林[①]不云乎，既以明道救世，则于当今之通患而未尝专指，其人者亦遂不敢以辟也。虽然，此言也，不欲令一般普通者闻之，闻之转伤于薄。唯我与兄默喻可耳。世变滔滔，殆无可为。我辈事业，惟有著书，但使沧海中留此一粟，则异日不患无发生之用。是即所以报先氏者也。拙扇蒙书就，感甚。用特遣一力走领。餘容面谈。此颂

静莽我兄大人著祺

弟尔田顿首

十一

中古学术实以三种合成，曰政，曰教，曰学。自古儒者于此多有所偏重，惟亭林一以贯之，度越诸子，实在于此。今人多讳言孔子为宗教，不知六经非无教。特所谓教者，譬如盐然，已调和于百味之内，若欲于百味分析出之，此必不能。不能而强为之，适足见笑于人。然因此遂谓百味无需乎盐，甚或呰仁义裂彝伦，则又与于淡食

① 亭林：明末清初思想家顾炎武号亭林。

无异。人未有淡食可以长久者，此今之学者所以衰茶不及古人也。虽然，此亦有由。中国学术本系政、教、学三者合成，教其精神，学其血脉，而政譬则躯壳也。自政变以来，躯壳亡矣。躯壳亡精神始无所丽，既无精神则血脉又安能灌输？

故今日所谓考据之学、词章之学，以及目录、校勘一切之学，虽有为之者，循此以往，亦不过待时而尽耳。呜呼，世变至此，书契以来所未有也。人之一生有始有壮有究，人类之一期亦然。意者其殆邻于究乎！世既滔滔，天仍梦之。亭林不作，吾安适归。弟怀此意久矣。聊复，为兄一发之。

尔田又启

十二

不面已积思诣兄晤言，又懒出门。近读亭林集，颇有所感。夫所谓遗民者，大抵皆古人最伤心之事，上焉者不能为夏臣，靡下焉又不能为翟义。身老矣，道既不行，不得已托于遗之一途，犹且曰仁以为仁，犹且曰君子之道死而后已。彼其心固不蕲乎后人之称之也。然而后之人读其遗书，睠然流涕，未尝不慨。想其为人，若今之遗民，则皆无所事事者。叙杯酒通庆吊，阳阳焉如平时。及其著之篇章，乃及有许多门面语。亭林言大江以南昔之号为魁梧丈夫，改形换骨，日益不似。亭林所谓不似者，改形换骨耳。改形换骨予人以共见，尚不失为魁梧丈夫也。若今之所谓不似者，则不在形而在神，不在骨而[在]髓。使亭林见之，其累叹又不知何如也。

嗟乎，古之处乱世者靡哲不愚，而今之处乱世者靡愚不哲。吾独奈之何。亭林诗用典极精，然亦有小误者。《刘谏议祠》[①]诗："自古国亡缘宦者，可怜身死尚书生。"唐代制科，不论已仕未仕。蕡对策时已擢进士第，其后历秘书郎，终司广参军，是蕡早释褐，非书生也。未识徐注如何？便而一校送上。祈惠书敦煌诗词。敬承
静莽我兄大人著安

弟尔田顿首

① 刘谏议：指刘蕡。

十三

损书及诗，知敦煌丛残一一考出，快慰生平。兄之精勇真不可及。内典关于摩尼教者，《大毘婆沙论》有其二事。一事云西方有蔑戾车[①]（此云边地），名曰目迦，立如是论：父世衰者及遭痼疾，若能杀者，得福无罪。又一事云，西方目迦立如是论：母女姊妹及儿妻等，于彼行欲悉无有罪。此二事皆绝可笑。《俱舍论》亦有此文，云波剌私[②]作如是说：父母老病，若令命终，得免困苦，便生胜福。又云波剌私瀆于母等行非梵行，波剌私即波斯异译。证以慧超《往五天竺传》，波斯此种恶德即起于祆教。目迦、慕阇对音相准，向疑目迦即摩尼，今知为摩尼教僧名，亦犹佛教之苾刍[③]矣！摩尼实为邪教最古者，正理显宗诸论驳斥彼教中义尚多有之，其非明指，不具录。闻叔言参事有《摩尼教源流考》綦详，尊藏倘有，乞假一观。

《凤归云》者，仰有两阕，调各不同，其一阕略近唐词，而亦小异。前以扇索乙老书，乙老见之喜，嘱各依唐调和一章，然至今尚未首唱也。近读《国语》，深爱其懿，可想见三古文化。拟以餘晷再研核《左传》。国朝治《左氏传》者唯汪容甫《释疑》一篇堪称杰出，惜其述义未成。梁氏、刘氏皆非其俦。恨架上鲜藏书。我辈为学譬之小贩，但乏资本耳。一笑。得暇当趋候一观尊著。益莽想晤谈，弟已数日未面矣。此颂

静莽我兄大人撰安

弟尔田顿首

十四

闭户清修，耽味叶典，读古德书，多渐悔从前所得粗犷。佛之根源全在十八部。居士而探迹毘昙，当以弟为始矣。前日至培老处，谈艺殊畅。培老于乐律近又有所得，云可补正西河、次仲。弟此学

① 蔑戾车：又译“弥离车”等。梵语意为“外国人”，引申为“野蛮人”“恶人”。

② 波剌私：古西亚细亚的一个大国，地理位置相当于今之伊朗。

③ 苾刍：即比丘。

肤浅，惜无从赞一辞也。

《少室山房笔丛》买得一部，阅之似不脱叔庵诸人习气。大抵学不难在博而在精，同辈中博雅者关不乏，而弟独服兄者，以其精也。世变云诡，令人忆庚子年。弟自近岁即注意北校，今谂矣。尊著《明堂考》顷有所翻检，乞假我一阅。此颂

静蒋我兄著安

弟尔田顿首

十五

明堂之说纷如聚讼，兄所考近情理，与《吕览》合。即揆之考，二亦无抵牾。前陈君重远书来，欲为孔会建堂，仿明堂式，大旨亦遵《月令》，属为复核，颇疑四周既建四室，中央太室与四室相背，必有天井，此天井何以古人未之言？阅兄书知太室即四室之广庭，上覆重屋，与四室相合。前疑涣然，当举似陈君也。

能仁教义实源于婆罗门，凡经中名辞，尚多沿其旧。《四韦陀经》英有译本，宇文周时达磨流支[①]亦曾翻译，名《婆罗门天文》暨《五明论》，今不传。藏中有《金刚针论》，虽系攻驳婆罗门经之书，略可见其教义。惟弟所欲知者，实灭佛以前《胜论》《数论》诸书及佛以后传派胜宗有十四义论，而数论不度此土。至佛以后传派则以说一切有部及经部为最大。有部书略备，经部《毘婆沙》元奘[②]至西域尚见之，今则只《成实》《俱舍》二论。而鸠摩罗多暨日出诸师著述多不传，成实已是经部末义，《俱舍》则但取经部评量，有宗皆不足窥其全也。往治六艺，深恨西京今文家说多亡于汉魏之际。今治佛学亦同此慨。弟生平为学，喜探原成一统系。此但体例上之不同，至所用考索之方法，一遵国朝诸老，无所出，无所入也。

世变日亟，闭门商榷旧学，亦殊自得其乐。尊著一册奉上，祈检收。何时能过我剧谈否？此颂

---

① 达磨流支：我国南北朝时北周译经僧。原摩勒国人。

② 元奘：即唐代著名僧人玄奘。

静莽我兄大人撰安

小弟尔田顿首

罗叔言先生所刊《唐三藏取经小说》能假我一阅，以消永昼，尤感。

十六

明堂须作模型，当转告重远。弟来时其地初始经度，在西城，面大街，地名灵境，面积宏敞。不数月闻门楼已建成。此君毅力殊不可及。世衰道危，留此硕果以待后来，庶几亡而不亡，然亦仅矣。

毘昙有二：一佛自说毘昙，一佛敕弟子舍利弗所说毘昙。今所传毘昙皆舍利弗支流也。佛自说毘昙嘉祥大师云盛传西域，不度震旦。读《摄论·纲要分》云阿毘达磨大乘经中薄伽梵前已能善入大乘菩萨，为显大乘体大故说阿毘达磨，即毘昙异译。知无著此论正为决择佛说毘昙而作。凡大乘法相即从佛说毘昙出，安慧所糅杂《集论》即其一种。而《瑜伽师地论》实无异佛说毘昙之《大毘婆沙》也。大抵弟子所说，后人别之为论，而佛说则尊之为经。是佛说毘昙有杂于众经之中者，如《解深密》《密严》等经，皆其族类。则虽谓佛说毘昙已度此土也可，由此可知大乘二派马鸣、龙树所弘者为方等，无著、天亲所弘者为佛说毘昙。大乘非伪，亦其一证。此皆古德所及细判者。因兄书云能仁教义出于毘昙，故聊复一陈。《唐三藏取经诗话》一册已阅竣奉还，祈检入。手此，敬颂
静莽我兄大人著安

弟尔田顿首

十七

连雨闷损，下帷不出。久未晤谈，为怅。

重远书来，索兄所著《明堂考》。前书系刊《雪堂丛刻》中，恐难拆寄。未识另有副本否？如无副墨，兄倘有暇可否代绘一图，附以简要之说明？我辈考索三代礼制，大半冥搜，每苦不能见诸绵蕝，藉此存一稽古之成绩，亦美谈也。弟告陈君，明堂建成，当详为一

考，刊之于石以昭。核实大要，又非宏撰不可矣。其工程预算十馀万。重远拟以毕生营之。“既克有定，靡人弗胜”，虽老矣，尤愿乐观其成焉。叔蕴所刊《穀梁》（麋信注），如在案头，能假我一翻否？此颂

静葊我兄大人著安

弟尔田顿首

十八

损书知动履违爽。前在培老处即闻之，嗣晤哈园姬公①，云兄病已愈，故未奉候，歉歉！脚气为中国古病，今惟日本尚流行此病，殆不宜于江南卑湿之地，以转地疗养最宜。何时北行，望示知。鄙意路中须世兄同行照应较妥。

送上新印白纸《玉溪年谱》一部，倘见叔蕴先生，希代呈正。

如行期尚缓，弟明日午后当过访也。此颂

静安我兄大人道安

弟尔田顿首

十九

麋信《穀梁解》收到。虽与大谊无所甄明，简当似过范书也。薄寒牵引宿泪，连雨兼旬，病乃不尠，乱离瘼矣。纤儿侧监蟠及四方，国之大事而孩童焉比谋。我辈何知，但有颓涕耳。近来每览古籍，辄悲从中来，亦殊不自觉。我乐也，无知乎？我寐也，无吪乎？龚生夭年，光伯槁死，恐为其续，如何，如何！写上小诗，聊以代面。《明堂考》图，兄有兴则为之，不急，不急也。肃颂

静葊我兄大人著安不一

弟尔田状

① 姬公：指姬觉弥。

二十

顷叶浩吾[①]来谈甚畅。今日下午五钟约在小花园古渝轩一叙。请兄作陪,千万勿却。为盼!此颂

静莽我兄大人刻安

弟尔田顿首

二十一

昨聚极欢。叔蕴先生所录敦煌书目祈假一览,拟钞其中关于内典者。培老唱刻全藏,弟建议于藏外另编辑佚一门。凡敦煌逸典,其全者入藏,其残阙不完者即归此类。而古德逸书亦可沓辑。培老颇韪之。明日五钟赴隘堪[②]约。容再畅谈。此上,敬承

静庵我兄大人起居

弟尔田顿首

二十二

不晤又数日。敦煌书目两册已课舍甥录出,原本奉上,乞检存。孟蘋委编《画记》,弟于此道实门外,不敢以未学欺人。今拟决然辞去。

兄谓如何人生最悲者?绝所望而身之穷饥不与焉,启多问于来学,待一治于后王。古之人所以自慰者安在?此亭林诸公所未遭者,而吾辈遭之矣。士处今日,最下者当为亭林,即又不然,便当一往不受人怜。然而难矣!小诗两章附呈采览。何时得暇再诣谈。不尽,此颂

静庵我兄大人著安

弟尔田顿首

---

① 叶浩吾:指叶瀚(1861—1936),字浩吾,浙江余杭人。1902年与蔡元培、章太炎等发起成立中国教育会,民国时期曾任北京大学历史系教授兼研究所国学门导师。有《清代地理学家传略》等传世。

② 隘堪:孙德谦号隘堪居士。

二十三

明日（十一日）下午六钟约欣木、夔笙在寓便餐，请兄届时惠临，藉以畅谈。勿却为盼！大学又有书来劝驾，词意更殷，万难再却。孟蘋事已丐益莽为我婉辞矣。弟大约十八日即须俶装。小词一章附呈和政。此上

静莽我兄

弟尔田顿首

二十四

静庵我兄有道：

接惠书，敬悉。《文选集注》多载公孙罗等古说，闻之狂喜。天津售书处是否叔蕴先生所开？坐落何处？便望详示。当托此间书估往购也。

弟每日授课之暇，又须编讲义，笔舌互用，殊以为苦。近日上海学潮牵连罢课，弟得藉此休养，亦云幸事。然大多数生徒颇不以此举为然，其中好学者仍拟逢课期相率到弟寓中讲授。闻上海波诡云谲，颇呈奇观。此间则尚无何等动作也。北校派别极严，新旧至不相闻问。弟所授系旧学方面，故所往来者亦旧学为多。弟又简于人事，授课毕归，则闭户读书，或到史馆。乐数晨夕者，不过瞿安[①]辈一二人而已。差觉清静。

夔笙事大约暑假前难成事实。然学生中颇欢迎，至有向弟询其进止者，尚不至绝望。当从缓为图之耳。益莽常晤，想兴致依然。彼所著《六朝骈文话》一册，颇可为讲演时启发之资。见时祈为我代索寄来，能从速尤妙。缘每日讲两点钟，预备资料殊觉枯窘，得此可以助我思索不浅也。孟蘋未抵京，闻到汉口，又返沪五香室，想时时欢聚。亦念及都门，尚有一数耶！此颂

---

① 瞿安：吴梅（1884—1939），字瞿安，现代曲学大师，1917年被蔡元培聘为北京大学教授。

著安不一

弟尔田顿首

二十五

静蓉我兄大人惠鉴：

顷接天津今是园寄到尊札，诵悉一是。《文选集注》已先由此间书客向津购得矣(价洋与所示相同，约十一元有奇)。近来编讲义得此参考，裨助良多。陆善经注《文选》向所未闻，善经著书多见于日本，现书目《唐书·艺文志》则不著只字，盖亡佚久矣！

学潮渐平。此间有上课消息。生徒中用功者颇多，但经、小学则全无根柢，故讲授极为困难。弟近日教法纯用旧式，每月出两题命诸生程试。暑假后尚拟为之讲《毛诗》《尔雅》，惟以多病之躯而兼任之，实觉劳苦。然性之所耽，亦尤能自已也。尊著《宋元版本考》何时勒成？此复，并颂

撰安不一

弟尔田顿首

二十六

静蓉我兄大人惠鉴：

前肃一缄，想察及。《文选集注》已命书估购得，其中所引有《音诀》、有《钞》、有陆善经注，真秘笈也。间及五臣，其书当成于开元以后。现在课诸生治《文选》，专讲文法，并兼训诂。弟所编讲义名曰《选学述义》，将来成书，当呈郢削。近日学生虽罢课，而每逢课日仍相率到寓请业，又兼改文，苦不可言。校中薪水至今无着，而购参考诸书则已用去百番矣！奈何，奈何！得暇乞常通音问。此颂

著祺不一

弟尔田顿首

二十七

静莽我兄惠鉴：

得手毕，敬悉近祉。夔笙梅兴勃发，菊梦再酣，以六十之翁与裙屐连茵接席，可谓光风转蕙矣。

尊词善道人心事，固宜为所激赏也。此间上课尚无消息，恐又将酝酿事端。居长安[1]久，意绪颓然。惟诸生对于弟之感情，服从甚殷。虽有一二害马，近亦驯扰，若能善为之导，北校文风当可丕变。惜弟多病，实无此精力专注耳。

近购得冯孟亭《李义山诗注》初稿，早于详注二十年。其书尚名笺注，颇有初稿，是向改本误入歧途者。曩撰《年谱会笺》，尚未见此本，今得此，为之一快！迩来闭门习静，诸生来则为之讲习，因物付物，不似初时努力矣。惟买参考书颇不赀，尚觉不能敷用，奈何，奈何！

益莽返苏前曾有信来，此次归里大约为期不久。闻培老多病，亦常见否？此间多希望其诗集早日刊成，屡向弟询此事，晤时盍不促之。此老疏懒，非我辈为之料理，殆无成望也。手肃，敬承
著祺不一

弟尔田顿首

二十八

静莽我兄惠鉴：

久未笺候，比想履祉兴适。此次战祸发生，近畿都中幸未波及。迁徙虽多，大抵无故自扰。弟长物全无，故亦不惧。暑假中本拟返沪，因薪水讫今未领，迁延至今。今则交通阻碍，更不能归矣！

顷有学生来言，校中下学年聘请我兄，闻有允意。此间国文一班皆有旧学知识，驯良可教者多。校中同事虽新旧杂糅，与我异趣者尽可不相往来。鄙意此席似尚可就。近日海上文字生涯渐成市

---

① 长安：此处代指首都北京。

道，绝非我辈所能久居，委随其间，使人短气。北校尚有优礼学者遗意，如兄必来，弟亦可多一良友。倘携眷入都，尚可与兄共租一屋同居，盖弟下半年亦拟将家眷接来也。

都中经此次事变，政象当可一定，必无再有他虞。即或有变，必在四方，决不在中央矣。沪宁闻风声又紧，全省戒严，将来战事或即发轫于斯乎！北京天气奇热，弟终日不出，翻纸故书自遣。益莽常晤否？弟前所抄《敦煌经目》一册为培老借阅未还，见时倘能代我索之，尤感。夔笙事校中已不提及，大约渠必怨弟。总之凡事皆有机缘。夔笙无缘，安能相助，知我罪我，亦惟有听之而已。专肃，敬颂
著安

弟尔田顿首

二十九

静莽我兄惠鉴：

顷诵手毕，敬悉履候兴适为慰。现在大局虽渐平，而都中财政奇窘。此间校薪已积欠至三个月，弟本有意接眷，看此光景又不能不从缓。现在距开学大过一月，返沪亦徒劳往还也。大约南归当在年假时矣！

史馆因财政上不能支持，已自行解散，我兄既不就大学，不妨暂作北游，藉作良晤。近来天气奇热，弟亦终日不出，阅《颜氏家训》自遣。著述之念已渐灰冷，兴会阑落，奈何，奈何！生平本预定欲成者三书，今惟《俱舍》一书尚未发明，大约非十年不能写定。人寿几何，不能不兴赵孟徂年之叹矣！益莽归吴，何时适馆？乙老近况仍旧否？前所借去敦煌经目，想已无可追寻。好在钞自我兄处，将来当不难重写一通也。比来患目，不能多述。专肃，敬颂
著祺不一

弟尔田顿首

三十

静安我兄大人惠鉴：

前肃一缄，想早察入。《蕙风词》已于报纸发表，情语渐入绮障矣！弟近因授课触热，出感风邪，壮热两暑夜，遍体红疹。比虽小愈，尚觉困惫，钝于构思，已向校中乞假调理矣！

近有日人武内谊仰，系内藤湖南高足，由东京持内藤书来谒。其人颇深于汉学，渠拟便道到沪，欲与兄一见，嘱为介绍。已为之书一名刺，来时望即与之接洽可也。渠并拟一谒培老及益葊，亦乞代为介绍。彼云内藤得有《章实斋文集》，钞本甚夥。望转告益葊，倘有出于刘刻外者可以借校，亦一好机会也。

弟病中无事，翻阅《华阳国志》遣日，喜其朴雅。我兄近来有何著述？五香室亦常聚否？文选学书虽多种，大约以朱珔[①]《集释》为最精当。《旁证》一书多不可据，其所引六幻本作某者以茶陵袁本校之，多不符。不知当时何人为聚敛成此书也。《集注》殊难定其为日人作，亦为中国人作，以所引《音决》《钞》不见于唐宋史志言之，恐或为日东故藉，亦未可知。专肃，敬颂

著安不一

小弟尔田顿首

三十一

杜门数日，目疾增剧，北上尚无定期。顷接马君幼渔一书，云兄致叔平信已允来京就聘，与弟前函两歧。岂兄近有幡然之意？即今之国学教授，与元初儒学命自朝廷者迥别。山林晚暮，固为独往之脱城市者为，亦非殉人之学。孟子之论伯夷、柳下，本有不屑就、不屑去两派。兄果有意，何时入都？便望示及。弟当稍待与兄同行。惟幼渔信语焉不详，或恐有所误会。原书送上，阅后仍祈掷还。一二日内走谒。不一。此颂

静葊我兄大人春祺

弟尔田顿首

---

① 朱珔(1769—1850)：字玉存，号兰坡，安徽泾县人，嘉庆、道光年间著名文人。

三十二

静莽我兄惠鉴：

前日有书，想赐察。顷见古书流通处书目，有刘邵《人物志》明刻本，请便中代一询价示知，奉托，奉托。

顷在夏闰枝处见培老画山水一立轴，系数十年前作，意境之超，皴法之密，直合墨井、西庐为一手。培老善画，前固闻之，意亦不过学人馀事而已，不谓竟是一作家。惟培老不书款，借署李橘农人，固知橘农不长于画也。兄倘晤培老，为我辈三客各索一便面如何？三客固一时之隽，而培老画尤不可多得。修门再入，真不虚矣。

附上拙编《入论讲疏》[①]前言三分，一交益莽，一请代呈培老，有舛误希指正。专布，敬颂

动定安隐

弟尔田顿首

三十三

清恙霍然否？昨在古渝轩雅集，深以兄不在座为怅。古微丈述一方，治赤痢有神效。用猪粉肠数段、槐花五六钱煎汤浓饮，能兼食猪肠尤佳。据云亲串中近有患此症者，中西医皆束手，得此而愈。祈便中一试如何？连雨闷人，望晴趋候。不一。专肃，敬颂

静莽我兄大人起居

小弟制尔田顿首

三十四

尊恙打针后想有起色，甚念。猪粉肠系猪之支肠，肉肆中均可买。已询之彊老。原简奉阅。其症责在肠，于消化殊有关，似不宜多用心，务望摄卫为要。

---

① 《入论讲疏》：《入阿毘达磨论讲疏玄义》的简称。

弟明日赴杭，须四五日始能归。容再趋候。匆肃，敬颂
静莽我兄道安

弟制尔田顿首

三十五

前偕益莽造谈文艺之乐，海滨安可复得耶。蒸业栖闲，乱思逸老，运极明夷，深以圣文埃灭为惧。宋儒之泽支五百年，汉学昌明亦逾二百[年]，文质循环，穷则必变。居今日而谈六艺，若不能自开户牖，所谓断港绝河，不及再传，必为异说浪淘以去。生平谩见，妄思以西京大义振之，启多闻于来学，待一治于后王。而凡鞶帨之华辞，支离便巧之章句，皆不足语此也。嗟乎，八表同昏，四牡靡骋，匪兕匪虎，谁知率野之悲。呼马呼牛，终是徇人之学，盱衡世变，能不怆然！

曹君夔一①属转呈《礼议》两部，一以赠公，一祈代贻叔蕴先生。即希察存为盼。彫年急景，望数数相见，慰我遐轸。此颂
静莽先生有道动定不一

孤子张尔田叩头

三十六

前谈殊畅。田近日忽患喉痛，继又变为肺管炎症，发热痰喘，委顿已数日矣。今虽小愈，喉间尚觉作呛，尚有微热，四体已不自由，惟思想无恙耳。

乙盦②诗已命工写成一样本，益莽昨日送来，其中误处甚多。田病困不能复校。兹谨寄上，乞公便中代为一校。想不以为烦拥也。至恳，至托。病起容再走谈。敬颂

---

① 曹夔一：即曹元忠(1865—1923)，字夔一，一作揆一，号君直，别号云瓿，晚号凌波居士，江苏吴县(今苏州)人。光绪二十年(1894)举人，曾参与“公车上书”。历官内阁侍读、资政院议员等。民国后以遗老自居。曾遍览皇室及翰林院藏书，精于《三礼》、医学，工词章，藏书丰赡。

② 乙盦：沈曾植号乙盦。

静莽我兄大人起居

小弟制尔田顿首

三十七

今日病小愈，尚觉呛咳，疲困万分。乙盦丈书来，有人以义山题名令狐绹书索题，嘱往一观。拟明日午后抗病一往。玉溪书当时颇有盛名，宋元人皆推尊之。今已不可多见。此虽片羽，定为稀世之珍。我公如有暇，能同往如何？

尊著汇为专册，想已订成，尚希见赐也。敬颂

静莽我兄大人动定

小弟制尔田顿首

三十八

昨得尊著，即就病榻披览，极益人神智。读《〈尔雅〉释例》一篇，颇有足为余转注之说证明者。盖乙老所举权舆、蠸舆、弓藿蓊三名皆转注，非假借也。乙老云孰为本义孰为引申假借之义，盖虽难言之，诚然。假借则有本义，转注则但有本音，如以本义求之，则三者皆本义可也，皆非本义亦可也。君谓权及权舆皆黄色之意，盖古人之创字也，必先创一黄色之意之音，以为万物普通之公用。及著之文，则变其形以表之。其在草木也，则变其形为权舆，其在昆虫也，则变其形为为蠸舆，而音原即寓于其中，非不可知也。

转注、假借二者皆不离引伸。转注之引申也，以声为重声，无形者也，非变其形，则人不易晓。假借之引申也，以义为主。义有域者也，故不必变其形，而但依声以托其事。此古人创字之微意也。六书皆创字之公例。尝怪后世讲小学者假借多而转注乃不一见，若如余说，则所谓转注者俯拾皆是矣。先生以为然否？生平为学长于发端，但使我言而确、公诸四达之衢任人挹注，亦一快也。

午后至乙老处谈，公如同访，可迁往以便剧谈。匆匆，肃上。敬颂

静莽我兄大人道安

弟制尔田顿首

三十九

久病新愈，炎熇困人，未克趋谈。比闻京耗，当食为之落箸。智者作事不可违天，天苟未至而以人参之，鲜有倖者。念之殊懔慄也。心绪烦擁，惟期君来以晤言消之耳。

明日哈园广仓学会姬公嘱张砚孙来，坚邀不能却。君能同往，尤善。闻乙丈已作北行，信否？手肃，敬颂

静荠我兄大人著祺

小弟制尔田顿首

四十

时事如春雷，启蛰五年，椎心泣血之痛为之少舒。白日再中，倾羲复旦，意者终有实现之一日乎！君直先生来沪，今日下午五钟邀其在敝寓晚餐。奉攀我兄移玉同叙，以便欢宴，千万勿却。此上，敬颂

静荠我兄大人起居

弟制尔田顿首

四十一

竟日炎蒸，骑秋一雨，略有凉意。适审言以无题诗索和，义本大招感兼郁，伊盖为乙丈致慨也。久不作诗，勉步一律，寄请观之，想君当亦有同情乎！敬希削正为盼。祗颂

静荠我兄著祺

弟制尔田顿首

天荒地变竟磋跎，一下南台感若何。顾兔凄凉沈碧海，牵牛清浅隔银河。故交有泪滋兰芷，旧隐何心负薜萝。添得空山猿雀怨，淮南丛桂告无多。

四十二

静莽先生左右：

前谭殊快。鄙著《玉溪年谱会笺》刊刻将次断手，弁首鸿文，拟得君加墨数行，以志纪念，序中但述我辈交谊及十年来踪迹。惟有一意甚佳，似可畅发。弟之学有宗主而无不同，生平极服膺康成家法，而《诗谱》《诗笺》皆郑氏所创。此书其于谱也，经纬时事，即用《诗谱》之例；其于笺也，探索隐迹，即用诗笺之例。似可即以此义引端至两浙学派，亦可略叙浙东自梨洲、季野、谢山以迄实斋多长于史，浙西自亭林、定宇以迄旁出之东原、若膺多长于经。浙东博通，其失也疏；浙西专精，其失也固。弟初从若膺、怀祖入手，后始折入季野、实斋。故虽尚考据，而喜参名理，有浙东之博通而不至于疏，有浙西之精专而不流于固。此实弟一生为学之大旨。于序中能插叙数句，尤善。此外则君对于学问之见，及与弟相同之点，皆可一为发挥。至关于玉溪，略为映带可耳，以益莽诸序已详言之也。近见君文兴殊酣，故敢以为请。如须阅原书，容当将红样呈览，但所出未全耳。手肃，敬颂

著祺不一

弟制尔田顿首

四十三

昨归晏，失迓为罪！奉读赐序，适如人意中语，足以为拙著光矣。而弟所尤心折者，尤在"其所用仍周汉说经之家法"一语。弟昔撰《史微》，议者多谓破坏家法金句，亟至移书相规，谓六经皆史，有似教外别传，恐为世道人心之害。弟答之曰：为学而不使人标一独得之见，标一独得之见即目为异端，则学术已入断港绝潢，虽不讲学可也。君之此言洵足为我洗冤。合当抄付劂氏，聊抒感忱。饭后得暇望走谈。不一。此上，敬颂

静莽我兄先生道安

弟制尔田顿首

四十四

静莽先生有道：

别经旬矣，修门再入，尘累烦拥，欲寻一栖闲之地自薰净业，亦未能果。回忆遵海之乐，与君及益莽辈商榷旧学，跌宕文酒，此怀何及！

史事无可言者，古称秽史当有体例。今则人自为传，棼如作丝。既已羁绁政，未易即去耳。比想造述日宏，此间多不悦学，出门则惘惘，以此益思君不置。近作《寿翰庵诗》二首，小有意，寄上，祈与益莽共观之。

知天涯故人沦落之馀，文采尚不减畴曩也。乙老想常晤。夔笙北行，何姗姗来迟耶！敬颂

道祺　便望随时示以音问。不悉。

小弟制张尔田顿首

四十五

静莽我兄大人惠鉴：

奉手书，欢若面对。尊诗金支翠蕤，皆从积轴中出，自是杰构。惟结尾转韵似与古不合，此体自以不转韵为宜也。

政局又呈解纽之象，各机关金融停滞，如果薪水领不到，则弟亦将归矣。凤老颇念兄不置，且深以未入史局为憾。尊札已于座示阅矣。都中盛传兄有东坡海外之谶，弟为疏通证明之，始哑然。息影林柯，冥寄尘外，亦一佳话也。

隘莽已到沪，想常晤。明年任哈园校事，当较著作暇豫。相见匪遐，此白无伸。敬颂

道祺不一

小弟制尔田顿首

四十六

静莽我兄大人惠鉴：

前复一缄，谅察及。政局解纽，势将割裂。内阁出现，又可苟安数日。尘海浮沤，聊作壁观，惟世衰道丧，忧生之嗟剧于念乱。学问直无可谭者，殊寂漠耳。弟所藏经、小学书，皆存置永年，不可取近。始又买得高邮、栖霞书数种。旧业温焊，殊饶兴趣。始叹国朝诸老训诂之学洵踰前哲，而根柢则实基于古音之发明，衍而为校勘，流而为金石，皆此一恒干也。其弊也，讲校勘则搜罗精椠，讲金石则爬剔残珉，夸多斗靡，已渐失诸老创通斯学初旨。又其甚，则专以鉴别庋藏名其家，则章实斋所称“横通”是矣！今日横通一流塞破宇宙，辄有所挟以傲我辈，学术安得不衰！虽然，学术之衰，根柢失也，非培固根柢不足以药之。古音为国朝一代学术之根柢，兄前欲考古双声，以上溯音类分合之原，此盛业也，盍弗并力成之。弟之学素偏重义理，近始晤义理亦非从根柢出不可，否则为驾言为剿说，此道、咸以来讲今文家所以多未成就也。惟斯事折衷最难。西京师说既等诸酒诰，俄空而群籍所引，断句则又金鍮互错，非取今文古文经说一一对戡之。而核之于古，殆无从定其是非（近日菲薄今文者多横通一流，可不必与辨）。生平所欲著者，为《两汉今古文经义类征》一书，此书成可以补许叔重《五经异义》，可以媲天亲《俱舍论》。笔墨佣八，杀青无日。亦惟要之皓首而已。

现在馆纂修《后妃传》，其资料则印丞所鸠萅，极完备。惟剪裁殊费经营。每撰一传，融会各书，心血潮涌。反观历史，辄叹古人真不易及也。弟又担任《刑法志》，竟似一屋散钱，更无从著手矣。奈何，奈何！

闻叔蕴先生又来沪谭艺推襟，想甚忙碌。所刊秘笈关于经部各书能为我丐一分否？培丈谅常晤言。久未通书，见时乞为道及。思兄不置，灯前裁书，不觉累累。暇望带示音问。不一，敬颂

著祺

小弟制尔田拜状

四十七

静莽我兄大人惠鉴：

风雪中步出东华，得手书，呵冻读之，湛若渊对，慰甚，慰甚！

前日日本博士内藤湖南到馆参观，索鄙著挟之而去，云在彼都

已三薰三沐矣！覆瓿短书，何修而得鸡林之誉乎！然而圣文埃灭，学在四夷，又未尝不以自痌也。凤老佩君甚挚，每见必言之，尝推君为当代学人第一，固非阿好之言。渠有子极聪，令拟从君问业。京海棣通，当可函授。凤老之意勤勤恳恳，属为转致尊意。云何弟谓吾辈辛苦半生，藏之名山，固尤当传之其人，想君子之为，或亦有所乐乎此欤！便望示及，以便磋商为盼。闻与夔笙、益葊数数见，弟则佣书贩舂舂，谭艺之乐邈若山河，既羡且妬矣！

翰怡所刻拙编《玉溪年谱》已印红样，嘱杨子勤先生复校，未识已校竣否？如见益葊，乞代一询。因吴君向之索观甚急。渠著《唐藩镇年表》将付刊，急待鄙书一勘也。专肃，敬颂
撰祺不一

小弟制尔田顿首

四十八

静葊我兄大人惠鉴：

损书谨悉。凤老函已面交，渠不日当有复书。比来撰著何似？襍文想督成，已付印否？隘葊书来，《玉溪年谱》装订成帙矣。兄如见隘葊，可往索一部也。

此间风气日兢奇衰，为学则金银铜铁融为一炉，为文则高语六朝有句无章，隐然吐弃一切。前岁旅京，闻士大夫言论，以诋毁龚定庵为多，今则竟有菲薄汪容甫者矣。谓容甫之文薄，谓容甫之文不脱八家，甚者谓容甫之文貌取六朝实未成就。总之立意必欲将古人说坏而后快耳。居长安久，不谈学则亡，谈学皆此辈，沿尚不止，三十年后中国将如长夜，可预言也。弟史课始如归，即蛰处一室，不与人接，温浔旧业，藉以自怡。即生平小有所作，亦不欲此辈闻之。徒自贬声价而已。

培老想常晤。此间奇冷，盲风日作。天时人事，感合之理宜然。沪地何如？得暇望数赐书。惟此为盼。匆匆肃复，敬颂
道安不一

小弟制尔田顿首

四十九

静莽我兄有道：

顷奉惠缄，敬悉。近日年假无事，阅厂市买得旧书多种，炳烛观之，殊饶意味。时或与夏穗卿、叶浩吾辈剧谈，依然少年时故态。

尊书谓当分划经自为经，今文为今文，古文为古文。即义理，古人之说与己说亦不可不分。此言良是。弟尝谓从来讲今文家多未成就，即病在得一只义便思兴风作浪，将自己义理寄生于古人。虽亦有与古闇合者，然已不胜其支蔓矣。降及晚近，益复诽谗，不可容诘。推原作俑，庄方耕氏实不能辞其咎。弟所以欲著《两汉今古文家经义类征》一书者，即拟先从分析入手，盖深知后世讲六艺者门户纷纭，受病之原，非此不足以澈底澄清也。兄意以为如何？弟从前为学，往往伤于太华，近颇有趋于朴实之倾向。新刻《玉溪年谱》虽与前所著体例各别，其涂辙间兄观之亦微有不同否？大抵学问如旋螺，然既入其中，为进为退即自己亦殊不能知。故欲得兄言以自考也。

益莽何病？近想愈矣。夔笙辈常晤否？此间天尚不冷，惟风霾可畏。暇望常示音问。敬颂

著安不一

小弟制尔田顿首

五十

静莽我兄有道：

昨肃一缄，谅察入。风老有致兄一书，属为转寄，兹由邮递上。其世兄年甫志学，居然能为考订金石文字，实可造材。幼年有此奇禀，异日当突过我辈也。弟所纂《后妃传》近将断手，每日趋馆，未免自废旧业，又不得一二共学之人，辄复惘惘。大抵学问，为者牛毛，成者麟角。未尝无好学者，往往浅尝即止，以此多无成就。即弟之学，亦不过作得一半耳。奈何，奈何！益莽闻已返苏，然否？匆上，敬承

道安不一

弟制尔田顿首

五十一

静萶我兄惠鉴：

得手书，具悉。凤老一函已交去，渠住太仆寺街衍圣公府隔壁。兄如通讯，迳寄不误。王子庄文弟未见，大抵台州学派好作理窟语，尝谓中国人百学皆可为，惟不可谈理，理无界限，最易启争。立吾说于此，人尽以其胸议之。吾说不变，而观者万变，支离怪诞，何所不至！生平治经，不欲与人言微言大义，即是此意。佛学亦然。近日所见，已多吃菜事魔一流，识曲听真者寡，故宁效净名杜口也。吾人为学当使眼光常有馀于学之外，既知其不容已，而又能预防其蔽之所柢，斯为善学。对于古人，固不可崇之太过，亦不可诋之太苛。平实高量，古人何遽不引为益友。而乃一出焉一入焉，识者早已窥其中之无物矣。且今之诋娸古人者，皆其于古人无与者也。譬如拙著《史微》，首引实斋之言，欲诋鄙书，即不能不诋实斋。诋实斋正所以诋张尔田耳。文章则薄容甫，考据则笑高邮，彼固各有其目的所在。我辈方信其真与古人为难也，亦见其惑矣。总之，学而伪不旋踵且立萎，学而真虽公诸四达之衢而人不能窃。人贵有以自立，老矣，尤将强著一书，锢以铁函沈之井水，以待后世之子云。安能以有涯之生逐无涯之毁誉哉！书日昂，将来学问必为贵族所专有。此固可虑，而弟所虑者，则恐中国将来无一学者，皆为东西强邻攘之而去耳。则神州大陆乃真泯泯棼棼如长夜矣！奈何，奈何！

益萶已到沪，晤否？此间天气奇暖，竟不类冬，令沪地何如！得暇望常赐教，以慰杼轴。专肃，敬颂

道安不一

小弟制尔田顿首

五十二

静萶我兄大人惠鉴：

得手书，湛若渊对。新校《唐本广韵》嘉惠来学当非浅鲜。此间白云观道藏系《正统藏》，合《万历续藏》，其渊当出于元。宋藏既不可见，此最近古，其中秘笈兄拟商议抽印数种，印臣辈亦有此意。但

此时则不必预言，言则道士方面恐有阻碍。俟将来付印时我辈均可点品也。但斯事体大，恐集股一时非易，弟拟倩人先抄数种。但接洽不知如何耳。其招股启已由弟托益葊代撰，交与沅叔诸公矣。晤时可告之。外有致夔笙一书便希转交。此肃，敬颂
著安不一

弟制尔田顿首

五十三

静葊我兄惠鉴：

久未接君书，殊念。弟佣书碌碌，旧业全荒。间有所作，大抵禽犊之资。君近日雠书亦有佳趣否？闻古微丈在苏为叔问题主，失足一跣，竟至中风不遂。老年构此，奈何！究竟情形，便望一诵夔笙详细示及，以慰悬悬，至要。叔蕴前月来京，近已归沪矣。弟一时尚难遽归。培丈常晤否？得暇故希报我数行。专肃，敬颂
著安不一

弟制尔田顿首

五十四

静葊我兄惠鉴：

得惠书，事冗，久未报。夔笙来此数日，随之征逐，醉饱过差，遂患腹泻，困顿殆不可言。

弟自《后妃传》断手后，又修《刑志》，苦其干燥，意兴都尽。故时随朋辈嬉游，期以晤言消之。每念君隔海千里，末由合并，辄怅然。闻瞿安言大学堂下学期拟仍聘君任文学，此中鱼龙曼衍，恐不能行其志。惟弟私心所愿望，则亟盼君来，可以晨夕过从谈艺耳。

近校《一切经音义》宋本，当有佳获。迩来复有所造述否不？昨与夔丈访梅，即得小诗一首，颇有玉溪风，寄请观之。匆肃，即颂
道安不一

小弟制尔田顿首

五十五

静蒋我兄惠鉴：

连雨坐愁，思故人不置。近同志于城西鹫峰寺结一净社，为习定所。其地花木幽篟，颇得栖闲之胜。弟每课余，即往游焉。惜患目疾，废书不能观，殊可恨耳。此间尘壒扰扰，无佳事可以告知也。

近大学有胡适者著一书曰《墨子哲学》，其论《经上》《经下》六篇为《墨辩》非墨经，尚精，惟好以西人名学皮傅为说。夫谓古名家即今之名学可也，谓古名家即用名学之式则不可。西域因明已不同三段法，公孙龙所称藏三耳、坚白石、白马非马，其公式皆不可知，安能妄加推测。迩来风气，讲中学者多喜附会西籍，久之必使中学渐失其独立精神，为祸于学术盖不小也。其书又谓墨子为宗教家，极为穗卿、浩吾所赏。然彼却不承认孔子儒道为宗教。仆当用因明法立一量驳之。曰墨学非宗教，宗周秦人无称墨翟为教主，故因喻如孔子。兄观此哑然否？

久不面，裁书为笑。益蒋闻为翰怡校《章氏遗书》，且傅札记，可谓勇矣！想常晤也。夔笙南旋，尚未得其只字，近况当佳胜。兄之襍文何时印成？出版便望寄我一册，尤盼！凤老之《元史新编》将次杀青，命名乃与柯维骐《宋史》同。两家优劣正未知若何耳。匆匆，肃颂

著祺不一

小弟制尔田顿首

五十六

静蒋我兄大人惠鉴：

不得君书数旬矣。又兼河鱼腹疾，监寐寤叹，如何可言。学术之衰，至今日已入断港绝潢，一二学者知所业为社会所不容，一变而为啖饭宗旨。我辈孜孜，谥为大愚。静言思之，真令人不爱此世也。某名士语我：海上作者譬饮春药，北京则直泻萎不举矣！此语虽谑，亦有至理。盖根本之地既亡，而又事事求胜古人，不谅力之所负，绝膑为之，遂至于斯。我辈或尚不致此乎。

夔笙信佛渐淡，其初发心本从恩爱中来，早料其不足恃。《楞严》所谓因地不真，果招于行曲也。渠近日作何消遣？久欲通候，因不知其移居住址，晤时望代寄声。弟自问聪明材智了不异人，乃出而观世，则已如我者少，而不如我者多矣。长安冠盖，求一可语者而不可得。聒而与之言，则又为人嘲弄。故每与君通书，一发其所蕴，以当萱苏，君亦哀其愚而怜其志乎！培丈想常晤。所编诗集能照刊式付椠否？弟大约三月底四月初间南归。专肃，敬颂

著祺不一

弟制尔田顿首

五十七

静莽我兄大人执事：

得惠书，比之空谷跫音。近况想恒纳宜。校书烦拥，当思有以论之。我辈拘牵人事，往往不能潜心素业，不妨每日分数小时温理遗经。使密尔之地有味津津，亦古人薰修之一助也。

昨在沅叔座上晤白云观道士，其人尚朴诚，允弟就观阅藏。弟拟钞于吉《太平经》及《道家源流》。当可有端绪矣。沅叔并欲招股石印全藏，惟资本浩大，未识能集事否？旅京已半年，闻见多不如人意，兹一事差可喜。馆课困人，无计驱遣，每遇好天良夜，辄复惘惘，若有所失。瞿安拉之酒楼妓馆，听歌度曲，聊尔乱思。然而老大逢欢，益复使人悲诧。赋得小词数阕，坿呈一首，便乞郢政。闻夔一至沪主孟蘋家，相见否？弟拟三月杪南归，届时当可快晤。凤老数数见，每见必道及君。老辈怜才求之，并世殆不多观矣！专肃，敬颂

道安不一

小弟制尔田顿首

五十八

静莽我兄大人惠鉴：

久旅长安，目见耳闻，渐染尘俗。顷得君书，烦虑为之一祛。近况无可言者。欧力东渐，虞将不腊，况益以内阋耶。得死为幸耳！现纂《孝钦传》，循览戊戌以后士大夫言论，觉新旧两派所持各有至

理，乃兢走极端，遂致酿成宗社之变。今则鹜新者益复变本加厉，实亦竺旧者之反响耳。总之，新旧两思潮永不调和，激战不已，必致两败俱伤。旧者既日就消亡，新者亦必无所附丽，而不能发达。循此以往，徒使外人拱手而收其利。则吾不知所税驾矣！闻海上复子明辟之谣甚炽，然否？此事万不宜轻举妄动，或者异日竢德胜日后提此以为媾和一条件乎？事或有望。若此时则先发者败可断言也。但恐某派利用，以为奇货之一掷，则万劫不复矣！望密告培丈，有以防之。

新文学说发始于北京大学，闻已实行，凡讲义皆用白话，其教授之书为《红楼梦》《水浒》《儒林外史》，闻之使人喷饭。蔡元培这厮吾早料其无好把戏，今果然矣！

夔笙数见，近日渠作何消遣？对于佛学信根退否？晤时乞代致意。益蕣近想抵沪。渠所寄寐叟《乙卯稿》十册已照收矣！望一并告知。昨与夏穗卿、叶浩吾谈，夜归感微寒，体中小极。匆匆奉复，敬颂

著安不一

小弟制尔田顿首

五十九

静蕣我兄大人惠鉴：

海上聚别，二十晚抵都，修门重入，触景增悽，又非前年兴状。大学已授课，每星期四日，每日两点钟，苦不可言。学生程度甚低，而批评却是其所长。弟系学生指定聘请之人，故差能相安，然亦仅矣！现授选学。惟箧书无多，参考殊觉困难。闻敦煌有残本《文选注》，又有日本人《文选》古注（书名不记），为叔蕴所刻，能为我函索各一部否？叔蕴书二本甚巨，不敢求赐，当备价购取。便祈示知。盼，盼！夔笙事正在商榷中。益蕣见时乞致意。此布，祇颂

著安

弟尔田顿首

六十

静莽我兄左右：

得惠书，具悉。内外之辨分析至精。自念与益莽二十年论学，得益亦正不少，而彼近来实为报章及应酬文字所累。学之为道求真求是，我不必同于人，亦不必强人以同于我。我辈生丁乱离，既无他嗜好，聊借此以自寄其心。然既已为之，则必期于不苟。语曰“不诚无物”，凡骛外为人及浅尝辄止者，皆于思诚之道有所未尽也。

生平学友中，弟最服兄有定力。以此年力就衰，不耐繁博，颇思约之以治一经。近阅《礼记》孔疏，取《皇疏》残本对照，略以硃笔分出所引旧疏。此后尚拟一读《仪礼》《周礼》两书。此间罢市罢工罢课，甚嚣尘上。闭户翻纸，一无闻问。炳烛之乐，惜不能与良友共之耳。古老闻自北来，数星期未见。孟蘋处亦久未去。都中近况何如？暑期能一作沪游否？手复，敬颂

著祺不一

弟尔田顿首

六十一

静莽我兄大人左右：

久未通候，想动定纳宜。近阅杂报，兄竟为人奉为考古学大师矣。日与此辈研究礓石者为伍，得无有陨获之叹耶！弟尝谓周孔以前有何文化，不过一堆礓石而已。此种礓石愈研究愈与原人相近。再进则禽兽矣。

顷读《周易》，颇悟乾元之意。乾元者，太极之一，号人类所曰首出庶物者也。人类惟能战胜庶物而为之君，始有此至尊至上之徽号。故“元”字与《春秋》之元同义。人类何以有元，以有文化也。文化由人类而成，亦可由人类而毁。发达至于无可发达则毁，对于文化本身发生怀疑观念则毁。毁则人类复返于庶物而无元矣。凡一国文化，入其中者如饮食然，日用而不知方能凝固而持久。以其为古也而考之，则已离乎文化围范，其考之也愈精，则其离之也愈远。

久之信任古人之心亦愈薄。故考古学者破坏文化之初步也。人但知宋学末流为空疏，而不知三百年学术末流为破坏。此亦亭林诸公创始者所不及料也。虽然天下事固未有无病者，惟讲去其病而不废其法方为善学。斯意也，惟我与兄能知之耳。

多病早衰，不复能再事著述，旧撰《史微》，近日无事刚改数十处，又补注数十条，粗可人意。使天之将丧斯文欤，则此戋戋者又何足惜；如其未也，异日者中邦文化之复有大贤如朱子者出，而酌取焉，亦足以毕区区之志矣。拟石印数本，分之同好，庶不为恶其害己者所去。我方仪图之。古老刻其词集定本曰《彊邨语业》，弟为作一序，古老极赏之，谓能道其人格。兹奉寄两册，其一册请送吴君雨僧，因吴君曾征弟此序拟登报也。手肃，敬颂
道祺不一

弟尔田顿首

六十二

静莽我兄大人惠鉴：

顷得手教，极慰。弟近读书，方实信得夷夏之分、人禽之界、中国之与外国夷夏之分也。今日穷发以北之与世略[①]各国，人、禽之界也。

家居无事，研究畜狗。狗无宗教，道德、法律无论矣。而尤其者，狗无私产。弟颇欲劝此辈研究礓石者研究动物学。研究动物则可以真平等，否则仍是孔子所谓天地位万物育，非天地育万物位也。前书兄必疑吾过言，实则弟之言未尝违反科学原则也。学问之道，有一种可以即时示人以证据者，有一种不能及时示人证据，必待事变之来而吾言方验者。当事变之未来也，人往往以空言忽之，而不知实非空言。前者弟名为横的考据，后者弟名为纵的考据，然二者皆不免流弊。前者易毗于疑，后者易毗于信，要须待后人证明之耳。今日者实吾人证明古哲学术之好机会也。兄以甲骨金文证明上古史迹，弟即以种种事变之集合证明古哲之无空言。我辈所能为者，如是而已。至于事变之来，固非吾力所抵制。然苟就吾范围中指明

---

① 略：疑为"界"之误。

其末流之所极，俾后来人无或归咎。创始者是亦学中应有之一附带条件也，而卫道之说不与焉。兄以为然焉否耶？

此间校舍移往吴淞，弟每星期去两日，然已往返劳顿，颇思得当辞去。但苦无机缘耳。培老诗古微为刻成一卷，全书尚未杀青。近日江浙战谣甚盛，流离之祸又恐不免矣。奈何，奈何！手肃报讯，敬颂

著安

弟尔田顿首

六十三

静荠我兄左右：

顷奉惠书，敬悉动定。清华拟添聘弟讲授，此事前吴雨僧兄来书亦曾述及。此间自校舍迁往吴淞，往返倍形劳顿，而又无说以自脱。有此北都一行，或可藉此息肩于私，计亦良得。但未卜天心人事果如所期否。

关外瓦解，棋局骤变，泯泯棼棼，意者殆将与赤同化耶！岂徒赤族，亦且赤国。辛亥以后，事变乘除，如轺石千仞之冈，不至地不止。此固意中事耳。

海上自培老下世，老辈结舌谈艺之乐阒然。益荞暖姝自好，而弟复多病早衰，较之兄前在沪时又一世界矣。吾身尚未死，而光景之变迁不可把玩已如此，更何论后来所恃者不与万法为侣，赖有此心而已。尊诗致佳，为何人作殊不易揣，闽县似不足以当之，此外则非弟之所能知矣。附上小诗两章，阅后祈交雨僧先生，或可充报林也。闻大库发见顺治二十二年题本，为李牧斋所得。此事弟终蓄疑。若谓世庙尚在宫中，遵用顺治年号可也。既系题本，必经内阁，未免与事实不符。颇疑有人添改以炫世者，非亲见原物不能定。兄以为然否？手复，敬颂

道祺不一

弟尔田顿首

六十四

静荞我兄大人左右：

得手教，知考证金元佚闻，业已削草。读书之乐，令人遥羡。

无锡近有木活字铺两家，尚不恶劣，且价极廉。尊书如付刻，何妨一试。此事托陈乃乾可办到也。我辈生丁不辰，躯壳久已敝屣视之，惟此聪明苦无安顿。研究学问亦可减轻缘累，但切不可向外驰求，如此未有不招烦燥者也。吾见之多矣！大抵人之智慧愈高，则悲闵之心不期而自发，然亦必以偶尔流露者为真。若惯作此等语，久之则隳志矣。而伪托者且得乘间而入。亭林所以致叹于江南之人日益不似也。

弟多病畏烦，精力已不如往昔。所欲著之书多以乏参考而阁笔。惟浏览内典，养心习静而已。清华添聘之说，此议发自雨僧。雨僧古谊殷拳，极为可感。至于事之成否，原可不论。晤时祈以此意转达，劝其勿萌退志也。古丈近词另纸写上，请交雨僧登诸报端为托。古丈此词系咏去岁十月事变者，本不欲发表，弟则以为外间恐无人能识也。

尊款久为家人挪用，年内殊无以归赵。想不罪耶！手肃，敬颂
年祺不一

弟尔田顿首

六十五

静荞我兄左右：

自去腊一书，久未报讯，兼以京畿俶扰，或恐台从避地他处。比来小见清夷，敬想动履无恙，当符远祝。

弟春初胃疾发动，卧床月馀，今始能起。旧撰《史微》订补约一百馀事，命及门钞成札记一卷，附刻于后，今春集赀重印数十部。兹谨以一部邮寄就正。祈察存可也。闻都中学校因搜查赤党多有停课者，或不致扰及我辈。手肃，敬颂
道安不一

弟尔田顿首

六十六

欢迎会弟有事先逃，席散时想当不早也。本月二十七日晦闻约兄公园来今雨轩一聚，属代邀。原简奉阅。此上，敬颂

静安我兄大人道安

弟尔田顿首

四月廿五日

六十七

静菴我兄左右：

昨有一缄。弟近患红疹，壮热两昼夜始愈。已与前途商议减少上课钟点，大约暑假后开学时可以解决。彼时夔笙事当亦可望成，大约由弟与瞿安分给钟点。此时且不必告知使之希望也。顷阅高似孙《史略》，载有苏易简《文选钞》，未知即《集注》所引否？小词一章附上。

采桑子　病中梦醒有作

年年花发恹恹病，珍簟凉铺。燕馆清都，一霎秋波似五湖。江南行尽知何处，水阁灯初。暮雨萧疏，枕上吴山画鹧鸪。

小弟尔田顿首

陈邦怀[1]致王国维

（5封）

一

静安先生执事：

邦怀之幼敬闻名德，岁月绵邈，识不能忘，十稔钦迟，卒未奉教，耿此寸心，殊怅惘也。

往者友人以《殷虚书契考释》见诒，罗氏于书契之学可称具体，其中所列尊说如“西”字、“凤”字、“昱”字、“畢”字之属，亦皆精确无伦，仇亭诤友允为先生矣。厥后又见《洛诰笺》《三代地理记》《明堂庙寝通释》诸书，亦足信今传后发前人所未发也。一昨友人道及学术丛书中有大著《殷卜辞中所见先公先王考》及《殷周制度论》，两书皆言卜辞之学者。邦怀亟欲读之，以其列在丛书，末由购致。邺架倘有单本，能惠假一读否？不胜盼切。邦怀近为《殷虚书契考释小笺》，尚未断手，叔翁固为父执，学术至有本源，愚者一得，宁敢矜秘，拾遗补阙，是亦后学之责也。顷于友人行箧借得戬寿堂《殷墟文字考释》，仅见零篇，未窥全豹。闻此书亦出先生之手，惜乎学会未印单行本也。其中如释“勺”字、“卣”字，尤所心折。是则匪第援据金文考定卜辞，且可正许书之违失矣。先生谓卜辞衣祀即古之殷祭，

---

① 陈邦怀（1897—1986）：字保之，江苏丹徒人。中国古文字学家、考古学家。曾任南通图书馆编辑员、无锡国专教授、天津市社会科学院历史研究所研究员、天津文史研究馆副馆长等职。从事甲骨文研究，著有《殷虚书契考释小笺》《殷契拾遗》等。在1984年中华书局出版的《王国维全集·书信》中有王国维写给陈邦怀的信5封，而书后也有陈邦怀写的跋文一篇。

亦至精确。邦怀尝用康成衣读如殷之说以证卜辞，而聃敦衣祀为祭文王，与卜辞合，诸祖祭之已稍违异。往获此说，沾沾自喜，及读大著，知与先生暗合矣！《小笺》写成，拟就正于左右，不识许我否乎？唐突主臣，不复一一。寒中惟为道卫摄。

后学丹徒陈邦怀顿首

冬月廿九日

二

静安先生阁下：

顷奉赐书并承寄尊著三册，披读之馀，欣抃无极。

《殷先公先王考》及《殷周制度论》，怀于去岁腊杪属吴君果卿在哈园售书处购得，彼为两种合装一册(系丛书本，石印隶书签，非铅印宋字签，《殷考》《续考》在前，《制度论》在后)。据吴说，购此书颇费周折，乃从一庄姓手中得来。然其值较两册学术丛书(三编)犹过之也。岁首已将此书细读数过，《殷考》中如王亥、王恒、上甲诸条，精确无疑。说王恒一条尤所心折，梦寐不能忘也。《制度论》言殷周礼制至详，考二代之礼者，必当取资于此矣！“闵”字检视甚感。怀以古泉汇有闵字币，故前疑卜辞闵字亦为地名，今始知其非也。拙撰《考释小笺》于正月上旬已写一本，现复删改，约在二月间可毕。俟录净本寄求匡谬，或不以为濡滞邪！孙仲容先生《契文举例》何如？先生谅已见之。其所著《名原》，玄夏购致一册，其中考释卜辞文字多未敢信，如释卜辞“嬉”字、散盘“堳”字是其精说，如讹“九”为“七”，误“彤”字“初”字为“五”字重文，则未必沿止舟人之失。此实妄发，非敢私议硕儒也。昨阅叔言文《书契待问编序》(光绪甲辰，家君尝与叔老同事羊城学务处。近闻叔老返国，现寓何所？至念)，知其于考释外复有补释，未知曾写定印行否？怀亟欲得而见之，便求示及为祷。《书契后编》早晚当购来细读，重承远道借书并蒙指示一切，心感之至。新书三册另邮奉缴，乞检入转至哈园。专此奉谢！敬请

道安

后学陈邦怀叩首

尊称万不敢当！称谓与门弟子从同，可乎？幸勿客气也。

再启者，兹汇上银币四元，请将汇票转交哈园售书处，属其即寄《书契后编》一部，并求先生属其选择完好者用厚洋纸包好，以免邮局压坏。因前在哈园购书间有破页污损，此次故求先生一言知照。冒昧渎神，勿罪是幸！外附上寄书邮票一角，用单挂号为要。

邦怀再叩

三

静安先生著席：

奉读教言，曷胜私幸！尊著两种，前属沪友物色，答书谓载在丛书，恐不可致，以故上笺假阅，顷获友牍，知已于书肆展转购得，非久即可带来，尔时披而览之，其增益眼学者当非尟也。前者南林刘氏以《玉溪生年谱》见寄，大叙以凾皇父敦证郑君说诗之确。古今文之有益经训如此，然而微先生又焉能决毛郑之是非哉！惜邦怀侨寄海滨，不得侍教左右，时闻先生之绪论也。拙撰《考释小笺》比正倩人写录，俟毕奉教。叔言参事所辑书契前后编都未一见，邦怀仅得《书契菁华》及《考释待问编》而已。《待问编》有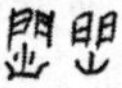字（并《后编》卷下第四十二页），又有（前编卷六第三页），（卷七第三十二页），（卷七第二十一页），未知是地名否？便求检视为请。稷雪奇寒，草草不究。专肃，敬请

道安

后学陈邦怀顿首

新春节

四

静安先生执事：

前奉初五教言，敬承一切。藉审《书契后编》已属哈园邮寄，感谢无穷。顷阅汪穰卿[①]丈《芷言录》记斯丹游历中亚所得古物一节，

① 汪穰卿：即汪康年（1860—1911），初名灏年，字梁卿；后改名康年，字穰卿。晚年号毅伯、恢伯、醒醉生。浙江钱塘（今杭州）人。光绪二十年（1894）进士，1896年参与创办《时务报》，1907年办《京报》。1911年逝于天津。

谓其在昌海近处得木札若干，皆晋代物；又在敦煌西北长城址得木札二千，大半为汉代物（是何字体？皆草隶否？）间有数札直秦代物（所记何事？是小篆欤？抑草隶欤？），纪年自天汉三年起（此是纪何事之札？是草隶否？），至元和四年止云云。未知罗参事所景印之流沙坠简即斯丹所得者否？穰老所言有讹误否？先生曾为考释，知之谅审，敢求赐示一二，曷胜快慰！闻坠简印本非十四饼金不能得，故穷居下邑者末由一读也。冒昧数渎，勿罪是幸！专肃，敬请
道安不一

后学陈邦怀叩头叩头

二月初十晨

谨空

五

静安先生几席：

昨奉初八日手教并《殷墟书契后编》二册，披读之馀，可胜欣快！猥以纤琐，上渎尊严，已深罪过。先生欲以饼金赐还，尤所不敢承也。盖邦怀所寄书值未能及蟫隐庐定价三分之二，今先生慨然见寄，为惠已多，铭诸肝腑，永永不忘，至所短之数，拟续邮呈，否则亦当有所寄奉，匪敢以云报也。大著《戬寿堂殷墟文字考释》昨已由舍弟代致一册，非久带来，当细读之，其所迪启管窥者，想非尠耳。拙撰《书契考释小笺》，稿草粗具，数日内即寄求教益。如蒙盻睐讥弹，荣幸为不浅矣！专肃，敬请
道安

后学陈邦怀叩首

十四午后

张元济致王国维[①]

（6封）

一

静庵先生大鉴：

昨领教言，并蒙介绍，俾访先人遗像，感幸何极！承赐写印《切韵》及影印五代雕板佛像，濒行忘记带回，兹特遣人走领之，检付为荷。敬颂

著祺

弟张元济顿首

二月六日

二

敬安先生阁下：

献岁发春，伏惟动定纳福。前承开示《四部丛刊》续编目录，当与同人商榷，略有增减，兹印成草目一帙，聊代誊写，今呈上一分，谨祈鉴察。所增各书如有未合者，仍乞加以删汰。又何书以何本为宜，亦祈指示，即就原目下注入掷还，俾可汇印续目，再向各家商借。

① 在本书编者对这批书信资料进行整理的过程中，2007年商务印书馆出版的《张元济全集》"书信"部分刊出了张元济的这些书信。为保持王国维来往书信的相对完整，故仍依原计划录存于此处。张元济生平简介见前"蒋汝藻致王国维"（六）注释。

不胜感祷之至！专此奉恳，祇颂
台安，兼贺
新禧

弟张元济顿首
十年二月七日
庚申除夕

三

静安先生惠鉴：

昨晚归自嘉兴，今晨到公司，展诵手教，谨悉。属查《永乐大典》，碌碌竟尔忘记，悚歉万分。兹已查明，别纸开列，敬祈察核。南通图书馆前由敝处售去一册，亦以专函往讯，俟覆到再闻。手布，敬颂
台安

弟张元济顿首
九月五日

四

静安先生阁下：

久未通问，炎暑渐消，伏惟起居纳福为颂！前奉惠函，拟借敝馆所藏景元钞本《元秘史》校阅，兹托妥便友人带上，计全书陆册，敬乞查收示覆为幸！再，所托带书友人因在沪有耽搁，稍缓启行，又及。敝馆前印《四部丛刊》，出书后曾奉手教，多所指示，至为钦感。此事晌经五年，恐已不复记忆，谨将原信印成附览。所称《释名》之吕枬序、《春秋繁露》之楼郁序、《列子》之张湛序、李贺之《集外诗》、山谷之《外集》等均经觅得。至《元氏长庆集》《张说之文集》，均经阁下校补，可称美善。又明翻宋书棚本《岑嘉州集》，是否即扫叶山房[1]之《唐百家

① 扫叶山房：一家历史悠久的著名书店，由席氏初创于明朝万历年间，设店于苏州，清末在上海设立分店。民国时期扫叶山房在书界仍有相当大影响。据 1933 年所出《扫叶山房书目》记载，该店刻印书籍逾 2000 余种。扫叶山房于 1955 年停业。

诗》？抑或刊自他处？可否请以手校之本惠假一阅，俾得钞录照补。近因购者纷至，拟将是书全部再版。数年以来浏览所及，此外应行订补之处，度必陆续发见不少，并祈开示，冀得设法一弥前失，受赐者正不仅弟等已也。专此奉恳。祗颂

台安

弟张元济顿首

九月三日

五

敬庵先生大鉴：

叠奉九月十二日、十一月七日手书，谨颂悉。前闻我兄有西河之痛，正拟趋唁，忽闻文旆已经北行。旋奉大函，适为儿子完娶，琐务丛集，致稽答覆，甚为悚歉。吾兄所遭，至为惨事，然凡事莫非缘法，万乞勉作达视，至祷，至祷。

承示岑嘉州、张说之两集，即据密韵楼藏本校勘。其书已归敝馆，将来自当致用。元集宋本仅存两册，将来只可借用先生校本。叶祖德临东涧老人本若能借得，自属甚妙。容向授经求之。至《丛刊》他种，先生浏览所及，原本如有未善或曾校勘者，务祈见示，以便别求善本，免误读者。《续编》目录正在斟酌，拟定后当寄请鉴正。景钞《元秘史》在必收之列，此书并不需用，尽可从容留校，何必亟亟掷还。既交伯恒，必能妥寄，可祈勿念。先六世叔祖著有《词林纪事》，版久毁失，近用原刊本影印，顷已出版。谨呈一部，乞莞存，但恐寄到尚需时日。

属印《草堂诗笺》，久已在意，闻李木斋亦藏有五十卷残本，倘能凑齐，自更佳妙。手覆，敬颂

著祺

弟张元济顿首

十二月廿四日

六

敬庵仁兄大人阁下：

旧历十一月廿八日午后六句钟，薄具杯茗，奉钓驾临敝寓一叙。新得宋元本数种，欲求鉴定。座无杂宾，惟明训、孟蘋、石铭、翰怡诸君，皆有同嗜，可畅谈也。千万勿却，无任祷企！祗颂
著祺

弟张元济顿首

十一月廿六日

附：

张元济致罗振玉[①]

叔蕴先生左右：

昨奉惠书，敬谉安抵东瀛，起居康适，甚慰，甚慰！弟北行约不出月内。印道藏事，已就此间白云观残藏实点页数，虽非全豹，卷帙实所缺无几。按现见页数推加，大约不过拾万页，较沅叔所言拾伍万页已少三分之一，差易为力矣。如何印法，须弟到京后与沅叔诸人一决。发起人如借重大名，当遵示以培老列名否为断。俟晤培老问明再以奉告。静安先生素所倾佩，惟敝处于印行古籍一部分事尚系萌芽，遽延名宿实增惭愧。顷与敝同人商议，聘请与否一时尚未能定。古昔名物，近日考证之博，远过于乾嘉诸君，而著述寥寥，迄无汇萃，诚为缺憾。惟此事宏远，宿学如诸君发心编著，其于国学为功甚巨。但鄙见目前社会程度相去过远，销路必不能多，须经营有馀力然后可以及此。质之先生，当以为然。此叩
撰安

弟张元济谨启

六月三日

① 这封信是张元济写给罗振玉的，但最后为王国维收存，故一并刊于此。

后　记

《王国维未刊来往书信集》初版于2010年11月。在学界，这批王国维未刊来往书信最早的发现者是我的导师、北京大学中文系教授刘烜先生，早在20世纪80年代，他就整理了其中的部分书信。2004年，我领受刘烜先生之命，同时得到王国维先生嫡孙女王令之女史的授权和鼓励，开始整理这批书信。我为自己能较早接触这批珍贵资料而倍感荣幸，于是带着一腔热情投入这项工作。尔时我博士毕业不久，单位事情也不太多，因此一年中常有数月时间待在国图善本室，断断续续直至2010年才初步完成整理工作，书稿由清华大学出版社出版。

本书涉及的书信出自六十余人之手，笔迹差别很大，并且信中草字众多，加之其时我在文献知识和文字辨识两个方面的能力均有欠缺，因此初版付梓后，发现许多讹误。每念及此事，心中颇感遗憾，以为辜负了刘烜先生和王令之女史的信任。

2022年11月，责任编辑马庆洲兄建议将本书修订再版，而我也正有此意，于是一拍即合。之后的半年多里，我在工作之余又逐字逐篇细加校对，纠正已发现的失当之处，并增加了部分注释。另外，又增补了张尔田致王国维的信22封。这22封信是在《王国维未刊来往书信集》出版之后，我于2012年整理的。

本书的修订得到了许多师友的帮助。刘烜先生一如既往地给予支持，在初版时书中的部分内容就使用了先生早年的整理稿，他的宽容和鼓励给了我继续修改、完善的勇气；王令之老师多次为本书的修订提供参考资料，还特意为修订本撰序；我的老师北京大学中文系卢永璘先生，在百忙中慨然为本书题签；朱仙林先生、郑伟先生曾撰文指出了书中的一些错误；刘悦斌兄精于民国文献的研究，为我解决了不少疑难；马庆洲兄对本书的策划与编辑费力良多，并多次助我辨识字词；张军教授、秦露教授为本书的出版提供了经费支持；高宏存兄对字迹研判亦有贡献。对以上各位师友的帮助，谨表诚挚的谢意！

此外，还要特别感谢国家图书馆古籍馆编、中华书局 2017 年出版的《国家图书馆藏王国维往还书信集》。以前我依靠老旧阅片机观看胶片投影整理书信，胶片投影颇多模糊甚至不完整的地方，此次中华书局版的《书信集》为彩色复制，清晰一如原件，为修订工作提供了极大的便利。参考此《书信集》，以及王令之女史尊人王登明先生于 20 世纪 90 年代所写的《关于十四封家信写信时间的推算》，我对《王国维未刊来往书信集》中王国维致王潜明的信重新排列了次序；对中华书局版《书信集》中蒋汝藻致王国维的两封信存在的错简，我也在修订时进行了纠正。

恍然间，从初次整理书信到今日修订再版，不觉二十年过去了。此次修订，本人虽竭尽驽钝，但能力所限，书中错误在所难免，恳请读者批评指正。

马奔腾

2023 年 9 月 6 日于北京